全国职业教育“十三五”规划教材·城市轨道交通类

城市轨道交通车辆制动系统

主　编　卢桂云　冯　燕

副主编　可心萌　牛晨旭

主　审　刘玉民

北京交通大学出版社

·北京·

内容简介

车辆制动技术是城轨车辆的关键核心技术，本书主要用于高职高专学生的职业能力教育，或城市轨道交通车辆检修、城轨驾驶等相关专业的技术人员技能提升，满足相关岗位对高技能人才的岗位学习和培训需求。

本书共分10个学习单元、31个学习任务，主要内容包括城轨车辆制动基本知识、城轨车辆的防滑控制、城轨车辆制动控制系统、供风系统、KBGM制动控制系统、EP2002制动控制系统、EP09制动控制系统、SD型制动控制系统、HRDA制动控制系统、基础制动装置等内容。

本书内容较为全面、系统，每个学习单元都设有复习思考题，有助于学生对重点知识的复习与掌握，可以用作城市轨道交通车辆专业、驾驶专业制动技术课程的教学用书，也可供城轨列车运营维护技术人员学习参考。

图书在版编目（CIP）数据

城市轨道交通车辆制动系统/卢桂云，冯燕主编. —北京：北京交通大学出版社，2020.7
ISBN 978-7-5121-4199-5

Ⅰ. ①城… Ⅱ. ①卢… ②冯… Ⅲ. ①城市铁路-铁路车辆-车辆制动-高等职业教育-教材 Ⅳ. ①U239.5 ②U260.13

中国版本图书馆CIP数据核字（2020）第066875号

城市轨道交通车辆制动系统
CHENGSHI GUIDAO JIAOTONG CHELIANG ZHIDONG XITONG

责任编辑：陈跃琴
出版发行：北京交通大学出版社　　电话：010-51686414　　http://www.bjtup.com.cn
　　　　　北京市海淀区高梁桥斜街44号　　邮编：100044
印 刷 者：北京鑫海金澳胶印有限公司
经　　销：全国新华书店
开　　本：185 mm×260 mm　　印张：13.25　　字数：331千字
版 印 次：2020年7月第1版　　2020年7月第1次印刷
印　　数：1~3 000册　　定价：49.80元

本书如有质量问题，请向北京交通大学出版社质监组反映。对您的意见和批评，我们表示欢迎和感谢。
投诉电话：010-51686043，51686008；传真：010-62225406；E-mail：press@bjtu.edu.cn。

前言

当生活慢慢融入城市的节奏，便捷、舒适便成为我们的期待。城市的真正魅力来源于空间的广阔，城市轨道交通系统的出现使得城市空间的立体延伸成为可能，使城市空间得到快速扩展。

目前国外一些著名的特大城市，如纽约、伦敦、巴黎、莫斯科、东京等，均已形成一定的城市轨道交通规模和网络，且以地铁为主干，延伸到城市的各个方向。截至 2019 年 12 月 31 日，我国累计 38 个城市建成并投入运营的轨道交通运营里程达 5 970.51 km。北京、上海、广州、深圳等一线城市已经形成了比较系统的城市轨道交通网络，城市轨道交通成为城市发展不可或缺的基础交通设施。预计到 2020 年底，国内将有 40 个城市建成城市轨道交通，总运营里程约 7 000 km。

常见的城市轨道交通系统主要有地铁、轻轨、市郊铁路、有轨电车及磁悬浮列车等多种类型，大多采用全封闭道路、立体交叉、自动信号控制和电动车组等高科技产品和手段，其特点是行车密度大、旅行速度高、载客能力大，其疏通客流的能力与传统的道路公共交通工具相比，具有无与伦比的优越性。

制动技术是城市轨道交通车辆（简称城轨车辆）的核心技术之一，直接关系到车辆系统运行的安全性、舒适性和运营成本。我国的城轨车辆制动控制系统在制造初期大多全套引进欧洲或日本的成熟技术，并通过在生产运用过程中的消化、吸收和创新，取得了跨越式发展。

本书以城轨车辆为对象，从基本概念和基础理论入手，由浅入深地介绍了城轨车辆制动系统的发展、功能及要求、组成、制动控制模式等；重点讲解了城轨车辆制动系统中的供风系统、制动控制系统（包括防滑控制）、执行系统等；详尽介绍了当前我国各大城市城轨车辆正在使用的几种制动系统，如 KBGM 制动控制系统、EP2002 制动控制系统、EP09 制动控制系统、SD 型制动控制系统、HRDA 制动控制系统等的系统结构组成、控制原理及主要零部件的作用原理，内容较为全面、系统，旨在使本书成为城市轨道交通车辆专业、驾驶专业制动技术课程的教学用书，并为城轨列车运营维护技术人员服务。

教材编写过程中，得到了深圳、广州、郑州、常州、南京地铁公司及中车南京浦镇车辆有限公司、中车青岛四方机车车辆股份有限公司、中车长春轨道客车股份有限公司的大力支持。由专业院校的骨干教师及企业的技术专家组成编写团队，共同完成全书的编写及内容审核。

全书共分 10 个单元 31 个任务，以培养岗位技能为出发点，理论联系实际，图文并茂，便于阅读学习。本教材由郑州铁路职业技术学院的卢桂云、冯燕担任主编，并完成了全书整体构架，内容选取、确定，以及全书的统稿工作；可心萌、牛晨旭担任副主编；中车长春轨道客车股份有限公司刘玉民担任主审。其中单元1、3、4由卢桂云负责编写，单元2由张亚林负责编写，单元5、6由冯燕负责编写，单元7、8由可心萌负责编写，单元9、10由牛晨旭负责编写。

本书可作为高职院校、应用型本科院校、培训机构的城市轨道交通车辆制动系统及相关专业的教材和教学参考书，也可作为运营管理人员、专业技术人员的参考资料。

由于编者水平所限，时间仓促，书中难免有不周之处，敬请谅解，并恳请各位专家、读者批评指正！

编　者

2020-03-10

目 录

单元1 城轨车辆制动基本知识

【单元概述】

本单元主要介绍城轨车辆制动的概念、列车制动系统、制动模式、制动方式、制动性能、制动装置的特点和要求，以及城轨车辆轮轨关系和制动力的相关计算方法等。

任务1.1 制动的基本概念

【学习目标】

① 熟知城轨交通车辆制动的基本概念。
② 掌握列车制动系统的组成及功能。
③ 掌握城轨车辆制动模式、制动方式、制动性能。
④ 了解城轨车辆制动装置的特点和相关要求。

【教学环境】

可利用多媒体设备进行直观的理论教学，利用图片和录制的视频进行初步认知教学，也可以到现场参观城轨车辆制动系统的组成。

【教学设施】

教学用的PPT、视频及相关教学引导资料。

【理论模块】

1.1.1 制动的概念

① 制动。是指人为施加外力，使运动的物体减速或阻止其加速，以及保持静止的物体静止不动的作用。

② 制动机。使列车减速或阻止其加速的力称为制动力，而产生并控制这个制动力的装置叫作制动机，也称制动装置。

③ 制动的本质。从能量变化的角度理解，制动过程就是一个能量转移过程，是将列车运行所具有的动能人为控制地转变成其他形式能量的过程。制动效能的大小和制动施加的时机由人为掌控。

列车的制动过程必须具备两个基本条件：①实现能量转换；②控制能量转换。此时，制动装置也就是用以实现和控制列车动能转换的一整套装置。

④ 制动的目的。对于城轨车辆来说，为了使运行中的列车能迅速地减速或停车，必须对它施行制动；为了防止列车在下坡道行驶时由于列车的重力作用导致列车速度增加，也需要对它施行制动；即使列车已经停车，为避免停放的列车因重力作用或风力作用而溜车，也需要对它施行制动。

⑤ 缓解。对已经施行了制动的列车，为了重新起动或再次加速，必须解除或减弱其制动作用，这种作用称为制动的缓解。

1.1.2　列车制动系统

1. 列车制动系统的概念及其演变

为了能施行制动或缓解制动，需要在列车上安装一整套完整的可操纵并能进行控制和执行的系统，称为列车制动装置或列车制动系统。

在普通的铁路车辆上，列车制动装置通常分成机车制动装置和车辆（客车、货车）制动装置。由于城轨车辆与铁路车辆的编组形式不同，一般采用动力分散型的动车组形式，并且一般由动车和拖车组成，所以它的列车制动装置分为动车制动装置和拖车制动装置。

无论机车、客车、货车，还是动车、拖车，各种车辆都有它自己的一套完整的制动装置，在列车运行过程中起着施加制动和缓解制动的作用。

执行全列车制动功能的设备一般安装在机车或列车两端带司机室的头车上（动车组），头车既可以是拖车，也可以是动车。由制动装置产生的与列车运行方向相反的制动力是人为的阻力，它比列车在运行中由于各种自然原因产生的阻力要大得多，因此尽管在列车制动减速的过程中列车运行阻力（自然阻力）也在起作用，但起主要作用的还是列车制动力。

一套列车制动装置至少包括两个部分，即制动控制部分和制动执行部分。制动控制部分主要包括制动信号的发生与传输装置，制动执行部分通常称为基础制动装置，包括闸瓦制动和盘形制动等不同的制动装置。过去由于列车上安装的制动装置比较简单、直观，而且是用压力空气传递制动信号，因此我们称其为空气制动装置。

但是随着轨道交通技术的发展，制动装置中越来越多地采用了电气信号控制和电气驱动控制设备。特别是微型计算机和电子设备的出现使制动装置变得无触点化和集成化，并且使制动控制功能融入其他控制系统而不再独立划分，因此我们只能按现代方法将具有制动功能的电子线路、电气线路和空气制动控制部分总称为列车制动系统。

2. 列车制动距离及其现实作用

城轨车辆的起动、加速和以定速运行，要通过对其施加牵引力才能实现。同样，为了使运行的车辆能够迅速地减速、停车，也必须对其施加制动。牵引和制动是车辆运行过程中一对矛盾的两个方面，缺一不可，仅有牵引而没有制动的车辆是不完善的，甚至是危险的；如果一列车突然失去制动，列车安全和乘客的生命财产也将受到严重威胁。因此，从某种意义上来说，制动是一个比牵引更为重要的装置。

运行的列车从司机施行制动发出制动信号（将司机控制手柄推拉至制动位）的瞬间起，到列车速度降为零的瞬间止，列车在这段时间内所驶过的距离，称为列车制动距离。这是综合反映列车制动装置性能和实际制动效果的主要技术指标。有的国家不用制动距离而用（平均）减速度作为其主要技术指标，其实两者的实质是一样的，只是制动距离较为具体、直观，而制动减速度较为抽象而已。

列车的制动能力是指该列车的制动系统能使其在规定的安全范围内或规定的安全制动距离内可靠地把车停下来的能力，它与列车的运行安全直接相关。一般来说，城市轨道交通系统都有明确的车辆运行规程，特别对列车制动能力有严格的要求和规定。例如，要求列车在紧急情况下的制动距离（紧急制动距离）不得超过某一规定值。上海地铁规定：列车在满载乘客的条件下在任何运行初速度下，其紧急制动距离不得超过 180 m。这个距离要比起动加速距离短得多，因此从安全的目的出发，一般列车的制动功率要比驱动功率大 5~10 倍。从能量的角度看，制动的实质就是将列车上的动能转移出去。制动系统转移动能的能力就是制动功率。一般地，在一定的制动距离条件下，列车的制动功率是其速度的三次函数。而列车的最高运行速度与列车的牵引功率有关，但它更应该受到制动能力的限制。和其他轨道交通车辆一样，制动装置是城市轨道交通车辆的重要组成部分之一。

1.1.3　制动模式

根据运行的要求，城轨车辆主要采用了停放制动、常用制动、紧急制动、快速制动、停车保压制动和清洁制动等制动模式。

1. 停放制动

由于车辆断电停放时，制动缸压力会因管路漏泄，在空气压缩机停电、不工作等无压力空气补充的情况下逐步下降到零，使车辆失去制动力。停放制动不同于车辆运行中的制动作用，它是采用弹簧力来产生制动作用的。在正常情况下，弹簧力的大小不随时间而变化，由此获得的制动力能满足列车较长时间断电停放的要求。

停放制动由弹簧施加，制动缸充气时，停放制动缓解；制动缸排气时，停放制动施加，而且还需附加有手动缓解功能。由于采用充气缓解，所以停放制动为被动制动。停放制动仅在列车静止时使用，作用是防止列车溜车。停放制动可保证列车在 AW3 载荷的情况下列车可停在不超过 35‰的坡道上。

停放制动由车辆控制电路控制，并由控制电路和控制系统同时监控。正常时，停放制动未缓解时，列车禁止牵引。运行中监测到停放制动施加时，列车将封锁牵引。

2. 常用制动

常用制动是指在正常情况下为调节或控制列车速度（包括进站停车）所施加的制动。它的特点是：作用比较缓和，制动力可以调节，通常只用到列车制动能力的 20%~80%，多数情况下只用到列车制动能力的 50%左右。

在常用制动模式下，电制动和空气（摩擦）制动一般都处于激活状态。一般情况下[车载 AW2（半重车）以下，速度 8 km/h（可调）以上]，电制动能满足车辆制动要求，当电制动不能满足制动要求时，空气制动能够迅速、平滑地补充，实现混合制动作用。

常用制动在正常运行状态下使用，可由司机将司控器手柄置制动位或由 ATC 施加。常用制动时，电制动优先。空气制动根据减速要求提供其余的制动力。一般情况下，最大的常用制动平均减速度为 $1.0\ m/s^2$。由于电制动受踏面黏着限制，常用制动具有防滑保护和受冲动限制，其制动减速度约为 $0.75\ m/s^2$。常用制动是可以恢复的。

3. 紧急制动

紧急制动是一种“非常制动”，是在紧急情况下为使列车尽可能快地停车而施行的一种制动。它的特点是：作用比较迅猛，而且要把列车最大的制动能力都用上，一般情况下制动力要比常用全制动力大10%左右。

为了保证行车安全，根据车辆紧急制动“失电施加，得电缓解”的设计原则，现代城轨车辆都设有贯穿整列车的DC 110 V控制该制动作用发生的列车线，线路只要断开（如接触网停电），所有车辆立即实施紧急制动，以确保列车安全。

紧急制动不经过牵引控制单元（drive control unit，DCU）的控制，直接使制动控制单元（brake control unit，BCU）的紧急电磁阀失电而产生。具有如下特点：

① 电制动不起作用，仅空气制动起作用；

② 不管是什么原因引起的紧急制动，所有车辆必须以紧急制动减速度制动；

③ 不受冲击率极限的限制，在1.5 s内即可达到最大制动力的90%；

④ 紧急制动实施后是不能撤除的，列车必须减速，直到完全停下来（零速封锁）；

⑤ 具有防滑保护和载荷修正功能；

⑥ 在整个紧急制动过程中，所有制动控制列车线失效。

触发紧急制动的情况如下：

① 司机室中主控手柄的警惕按钮；

② 司机室中的紧急停车按钮（蘑菇按钮）；

③ 司控器钥匙断开；

④ 列车运行时，方向手柄拉至“0”位；

⑤ 车与车之间运行中脱钩；

⑥ 安全回路中断或失电；

⑦ 主风缸压力低于特定的安全值；

⑧ 列车运行超速；

⑨ ATO系统发出紧急制动指令；

⑩ ATP系统发出列车超速紧急制动指令。

4. 快速制动

当司机主控手柄位于快速制动位时，列车施加快速制动。快速制动以紧急制动减速度1.2 m/s^2制动而不断安全回路。快速制动为紧急情况下的一种制动方式。快速制动具有防滑保护、受冲动限制和载荷修正功能，由电制动和电空制动产生。快速制动命令是可恢复的。

快速制动与紧急制动的区别：快速制动模式下产生的制动力与紧急制动模式相当，但是紧急制动是不可恢复的，必须停车后人工恢复，而快速制动是可以恢复的。

5. 停车保压制动

停车保压制动是为防止列车在停车前的冲动，使列车平稳停车，通过BCU内部设定的执行程序来控制。它分两个阶段实施：

① 第一阶段，当列车制动到车速<8 km/h（速度设置可调，一般是8~12 km/h）时，DCU触发保压制动信号，同时输出信号给BCU。这时，由DCU控制的电制动逐步退出，由BCU控制的空气制动替代电制动，这时的制动为停车制动。

② 第二阶段，当列车速度达到列车设定的系统零速值时，BCU自动实施一个小于制动指令（最大制动指令的70%）的保压制动，瞬时将制动缸压力降低。如果由于故障，BCU未接收到保压制动触发信号，BCU内部程序将在车速降至8 km/h时自行触发。

注：郑州地铁1号线采用的是西门子牵引系统，其提供的电制动可以使列车减速到零，列车停车后，空气制动施加保持制动。若牵引系统提供的电制动不能使列车停止，当列车速

度降至 6 km/h 时，空气制动将替代电制动使列车停止。

6. 清洁制动

在通常情况下，电制动能力较强，可以满足整车制动力需求，因此全车（包括拖车及动车）上的摩擦制动在较高速度区段较少施加。为保证摩擦副处于正常工作状态，应定期采用清洁制动。

所谓清洁制动，即当列车到达某一设定速度后，由列车控制系统施加一次纯空气制动，使摩擦制动的摩擦副接触性能处于一种较正常的状态，避免由于较少使用摩擦制动（指高速区段）而出现摩擦副镜面现象（或称为第三层材料，也就是非正常摩擦副）。这种措施主要是为随时可能施加的紧急制动提供基础性保障。

对于空气制动系统来说，清洁制动至少每天一次，该制动可以选定在每天出车时（速度要达到要求）或每天收车前。通常情况下，并不需要特别考虑车辆载重，当车辆速度达到较高速度（从最高速度到至少 50 km/h）后施加纯空气制动，将车辆制动停车。但是，为了保证停车精度，当速度达到预先设定值时，空气制动会过渡为电制动。这个过程会反复进行，直至达到系统设定的制动能量值，当天的清洁制动才宣告完成并退出。

1.1.4　制动性能

城轨车辆的制动性能如表 1-1 所示。

表 1-1　城轨车辆的制动性能

性能指标	性能要求
常用制动平均减速度（车速从 80 km/h 降到 0，包括响应时间 t_R）	0.95～1.15 m/s^2
接触网吸收能力	0%～100%
常用制动冲击限制	0.75 m/s^3
电制动转折点（可调）	0～12 km/h
紧急制动减速度	≥1.2 m/s^2

1.1.5　城轨车辆制动装置的特点和要求

1. 站距及其制动要求

城市轨道交通的站距很短，一般都在 1 km 左右。例如，上海地铁一号线从虹桥南路到上海火车站，长 16.67 km，有 13 座车站，平均站间距离 1.39 km。

由于站间距离短，列车加速、减速及停车都比较频繁。为了提高运行速度，增加列车密度，必须使列车起动快、制动快、制动距离短。这就要求其制动装置具有操纵灵活、动作迅速、停车平稳准确、制动率及制动功率相对较大等特点。

2. 客流量波动特点及其制动要求

城市轨道交通的客流量波动较大，空载时列车重量仅为自重，而满载时列车重量却很大。例如，广州地铁的每辆动车空车重量为 380 kN，而满载（超员，载客 432 人）时总重量为 639.2 kN。因此，载客量对列车的重量有较大的影响，对列车制动时要保证一定的减速度、防止车轮滑行及减轻车辆间纵向冲动都是不利的。因此，制动装置应具备在各种载荷工况下车辆制动力自动调整的性能，使车辆制动率基本保持不变，从而实现制动的准确性和停车的平稳性。

3. 多种制动方式协调配合及其制动要求

城轨车辆在部分车辆甚至全部车辆上均设有独立的牵引电机，这就为采用电制动提供了基本条件。电制动功率大，尤其是在较高速度范围内能承担大部分的制动负荷，可以满足城轨车辆轴制动功率大的要求。电制动是一种非摩擦制动，没有摩擦副零件的磨耗和噪声，减少了维护保养，减轻了对环境的污染，因而比较经济。其再生制动可以节约能源，具有一定的经济效益和社会效益。所以，采用电制动具有积极的意义。但电制动在低速时制动力小，而且既要保证电制动失效时和紧急情况下的行车安全，又要满足停车和停放的要求，所以摩擦制动是一种必备的制动方式。在同时安装和使用几种制动方式时，若想充分发挥它们的最佳作用，则需要一套完善的制动控制装置，控制各种制动方式很好地协调配合。

4. 行车安全及其制动要求

城轨车辆一般运行在人口稠密地区，并用于承载旅客，所以行车安全是非常重要的。因而，要求其制动机：

① 具有紧急制动性能，遇有紧急情况时，能使列车在规定距离内安全停车；

② 列车在运行中发生诸如列车分离、制动装置故障等情况时，应能自动产生紧急制动作用；

③ 紧急制动除由司机操纵外，必要时还可由行车人员利用紧急按钮（紧急阀）等进行操纵。

任务 1.2 城轨车辆制动方式

【学习目标】

① 熟知城轨车辆制动的分类方式。

② 掌握城轨车辆不同制动方式的结构特点。

③ 掌握城轨车辆摩擦制动和动力制动的本质。

【教学环境】

可利用多媒体设备进行直观的理论教学，利用图片和录制的视频进行初步认知教学，也可以到现场参观城轨车辆制动系统的组成。

【教学设施】

教学用的 PPT、视频以及相关教学引导资料。

【理论模块】

制动形式的分类方法：按照制动时列车动能的转移方式不同，城轨车辆制动主要分为摩擦制动和电制动。

1. 2. 1 摩擦制动的本质及分类

摩擦制动的本质是通过摩擦副的摩擦将列车的运动动能转变为热能，逸散于大气，从而产生制动作用。城轨车辆常用的摩擦制动方式主要有闸瓦制动、盘形制动和轨道电磁制动。

1. 闸瓦制动

闸瓦制动又称为踏面制动，它是最常用的一种机械摩擦制动方式，如图 1-1 所示。制动时，闸瓦压紧车轮，车轮、闸瓦间发生摩擦，将列车的运动动能通过车轮、闸瓦间的摩擦转变为热能，逸散于空气中。

在闸瓦与车轮这一对摩擦副中，由于车轮主要承担着车辆走行功能，因此其材料不能随意改变。要改善闸瓦制动的性能，只能通过改变闸瓦材料的方法。早期的闸瓦材料主要是铸铁。为了改善摩擦性能和增加耐磨性，目前城轨车辆中大多采用合成闸瓦，但合成闸瓦的导热性较差，因此目前也有采用导热性能良好，且具有较好的摩擦性能的粉末冶金闸瓦。

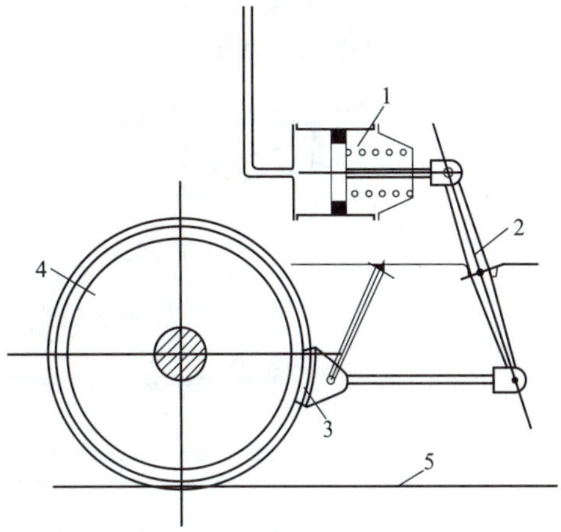

1—制动缸；2—基础制动装置；
3—闸瓦；4—车轮；5—钢轨。

图 1-1　闸瓦制动

在闸瓦制动中，当制动功率较大时，产生的热量有可能来不及逸散于大气，而在闸瓦与车轮踏面积聚，使它们的温度升高，使车轮、闸瓦间摩擦力下降，严重时导致闸瓦熔化（铸铁闸瓦）和轮毂松弛等。因此，在采用闸瓦制动时，对制动功率要有限制。

闸瓦与车轮踏面磨耗后产生的粉尘和热量对环境也会造成严重污染，特别在通风条件不好的隧道内，这些粉尘和热量将对乘客和设备产生严重影响。此外，频繁使用摩擦制动，将使闸瓦更换频繁，车轮踏面的修正镟削量增加，不仅维修成本高，而且车辆修理时间也长，车辆的使用率就会随之降低。与闸瓦制动方式相似的盘形制动方式的缺点也大致如此。

2. 盘形制动

盘形制动如图 1-2 所示，有轴盘式和轮盘式之分，一般采用轴盘式。当轮对中间由于牵引电机等设备使制动盘安装发生困难时，可采用轮盘式。制动时，制动缸通过制动夹钳使闸片夹紧制动盘，使闸片与制动盘间产生摩擦，把列车的动能转变为热能，热能通过制动盘与闸片逸散于大气。

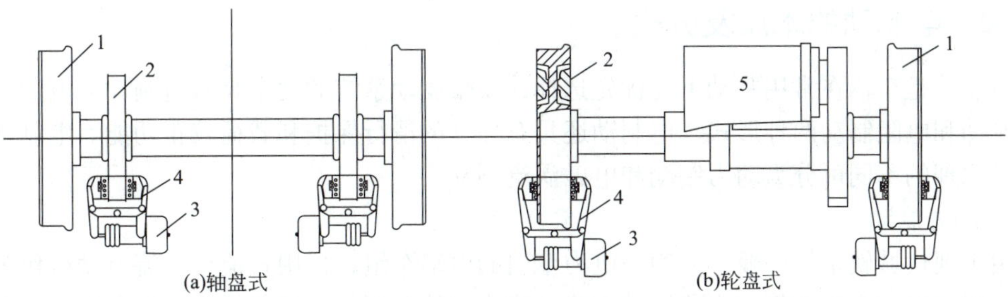

1—车轮；2—制动盘；3—单元制动缸；4—制动夹钳；5—牵引电机。

图 1-2　盘形制动

盘形制动方式能选择高性能的摩擦副材料和良好的散热结构，可以获得比闸瓦制动大得多的制动功率。

3. 轨道电磁制动

轨道电磁制动也叫磁轨制动，如图 1-3 所示。轨道电磁制动是一种传统的制动方式，这种制动方式是在转向架前后两轮对之间的构架侧梁下安装升降风缸，风缸顶端装有两个电磁铁，电磁铁包括电磁铁靴和磨耗板，电磁铁悬挂在距轨面适当高度处，制动时电磁铁落下，并接通励磁电源使之产生电磁吸力，电磁铁吸附在钢轨上，列车的动能通过磨耗板与钢轨的摩擦转化为热能，逸散于大气。

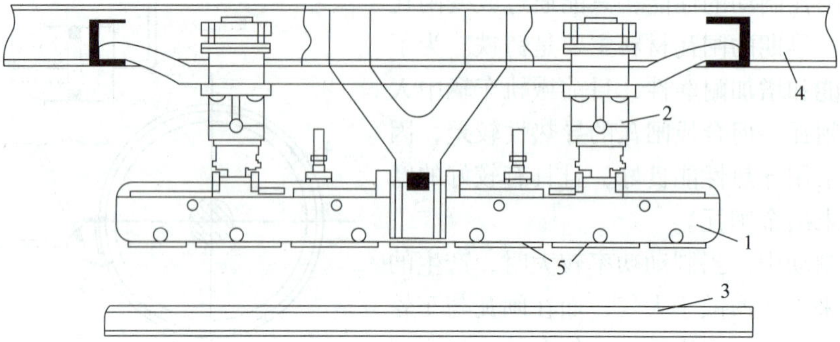

1—电磁铁；2—升降风缸；3—钢轨；4—转向架构架侧梁；5—磨耗板。

图 1-3 磁轨制动

轨道电磁制动能得到较大的制动力，因此常被用作紧急制动时的一种补充制动手段。这种制动不受轮轨间黏着系数的限制，能在保证旅客舒适性条件下有效地缩短制动距离。但磨耗板与钢轨摩擦产生的热量很多，对钢轨的磨损也很严重。但因为其制动距离短，结构简单可靠，所以这种装置在有轨电车和轻轨上使用较多。由于磁轨制动能获得较大的制动力并且与轮轨间黏着系数无关，所以在高速动车上通常也装有磁轨制动装置，但仅在紧急制动时使用。

从能量的观点来看，制动的本质是将列车的动能转移成别的形式的能量。制动系统转移动能的能力称为制动功率。一般地，在一定的安全制动距离下，列车的制动功率是其速度的三次函数。现代化的轨道交通车辆的速度都很高，列车重量也很大，如果仅以一种机械的方式（摩擦制动）实现转移，其制动功率有时候是很难达到的。

为了减少机械摩擦，应尽量采用无污染的制动方式，目前最好的方法就是使用电制动。

1.2.2 电制动的本质及分类

电制动是车辆在常用制动下的优先选择，仅带驱动系统的动车具有电制动，电制动又有再生制动和电阻制动两种形式。电制动还具有独立的滑行保护和载荷校正功能。电制动按照其制动原理的不同可分为动力制动和电磁涡流制动。

1. 动力制动

由于现代城轨车辆一般都采用了电力牵引的电动车组，采用直流或交流电动机作为牵引动力，因此以动力制动作为主要制动方式已成为城轨车辆的发展趋势。电动车组中既有动车又有拖车。拖车没有电动机，只能使用摩擦制动。所有动车都可以进行动力制动，并且还可以为拖车提供部分制动力。

1）动力制动的基本概念

在各种形式的制动中，动力制动是一种较理想的制动方式，它是建立在电动机的工作具有可逆性这一基础上的。在牵引工况时，电动机从接触网吸收电能，将电能转换为机械能，产生牵引力，使列车加速或在上坡的线路上以一定的速度运行；在制动工况时，列车停止从接触网受电，电动机变为发电机工况，将列车运行的机械动能转换为电能，从使列车减速或在下坡线路上以一定的速度运行，此为动力制动。

在制动过程中，由牵引电机转换而来的电能，通过直接反馈给供电接触网或消耗在电阻器上这两种方式将电能消耗掉。通过转换电路和受流器（受电弓）将电能反馈给供电接触网，用作本车辅助电源或供同一电网中相邻运行的列车使用的方式，就是再生制动，又称为反馈制动。如果由于接触网电压太高，不能接受电能反馈，电能只能通过制动电阻转变成热能逸散到大气中去，这种方式就是电阻制动，又称为能耗制动。

对于现代新型城轨车辆来说，一般列车都设计有动力制动系统，而且在正常制动过程中应优先使用动力制动，尽量发挥动力制动的再生作用，以减少摩擦制动产生的热量和粉尘。从理论上说，即使列车在高速行进时，其常用制动也都从动力制动开始。但是实际上，动力制动在列车以最高速度运行时很难完全实现。有时为了在满载情况下获得最大的轮轨黏着力，列车也需要使用部分拖车上的摩擦制动力。当列车速度降到很低（10 km/h 以下）时，动力制动作用迅速减弱，这时也需要摩擦制动予以补充，使列车完全停止。

车辆进行动力制动时，首先应该是再生制动，即向供电接触网反馈电能，如果供电接触网电压过高或同一供电区段无其他车辆吸收反馈电能，则转为电阻制动，把能量消耗在制动电阻器上。

2）动力制动的基本原理

动力制动系统的组成：一个牵引控制/电制动控制单元（DCU）、接触网、受电弓、高速断路器、一个三相调频调压逆变器（VVVF）、一个制动电阻、4 个自冷式三相交流电机（M1、M2、M3、M4）。

再生制动的原理分别如图 1-4 所示。当发生常用制动时，电动机变成发电机工况运行，将车辆的动能变成电能，经 VVVF 逆变器整流成直流电反馈于接触网，供列车所在接触网供电区段上的其他车辆牵引用和供给本车的其他系统（如辅助系统等）。再生制动取决于接触网的接收能力，亦即取决于接触网网压高低和负载利用能力。

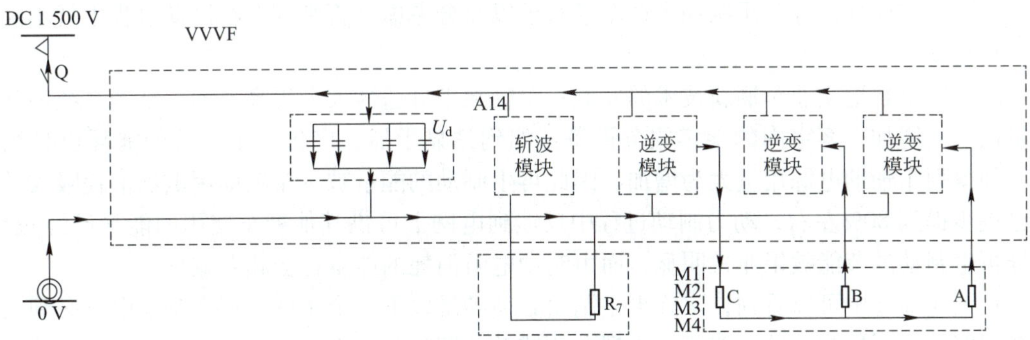

图 1-4　再生制动原理图

电阻制动的原理如图 1-5 所示。当发生常用制动时，如果制动列车所在的接触网供电区段内无其他列车吸收该制动能量，VVVF 则将能量反馈在线路电容上，使电容电压 U_d 迅速上升，当 U_d 达到最大设定值 1 800 V 时，牵引控制单元（DCU）启动能耗斩波模块 A14 上的门极可关断晶闸管，打开制动电阻 R_7 回路，制动电阻 R_7 与电容并联，将电机的制动电流转变成制动电阻的热能消耗掉。电阻制动能单独满足常用制动的要求。

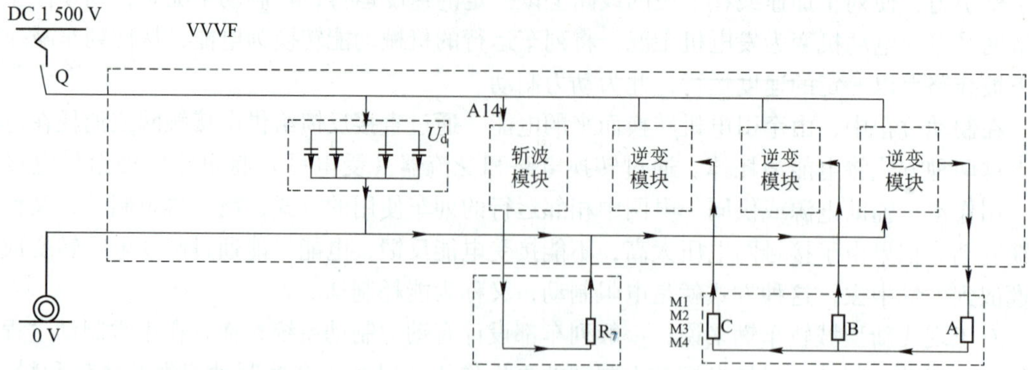

图 1-5　电阻制动原理图

再生制动电流加电阻制动电流等于制动控制要求的总电流，总电流受电机电压的限制。再生制动与电阻制动之间的转换由牵引控制单元（DCU）控制，以保证再生制动与电阻制动连续交替使用，平滑转换，转换过程不被人感受到。当列车高速运行时，动车采用再生制动，将列车动能转换成电能；当再生制动产生的电能无法再回收时（如当接触网网压上升到 1 800 V 时），再生制动能够平滑地过渡到电阻制动。

3）动力制动系统的基本要求

一个安全可靠的动力制动系统应满足以下基本要求：

① 应具有一定的机械稳定性，即动力制动时，如果列车速度增加，制动力也应随之增加；

② 应具有一定的电气稳定性，即动力制动过程中如果发生瞬间电流波动，系统应能自动恢复到原来的平稳状态；

③ 各台电机的制动力应相等，即制动过程中，无论外界条件有什么瞬时变化，例如电网电压瞬时波动、黏着条件突然发生变化及人为的调节等，都不应产生大电流的冲击和制动力的冲击；

④ 电气制动电路的设计要力求结构简单、维护方便。

上述要求应在设计、研制和生产车辆时予以充分考虑，否则列车在制动过程中就不能实施平稳制动。

随着城市轨道交通车辆新技术的发展，车辆乘坐舒适性大大提高，列车空调系统消耗的能量已大大增加，客室内的乘客服务设备：如到站显示器、广告显示屏等的能耗也日渐增大，使得列车辅助电源用量大为增加。因此再生制动的能量被本车辅助用电器消耗吸收的比例已逐步提到 80%左右，动力制动过程中反馈到电网上可供其他列车使用的能量已经很少。这样再生制动的节能效果非常明显，而由制动电阻消耗的能量也会相对减少。

从上述描述中可以看到，实施再生制动必须满足以下两个条件：再生制动电压必须大于接触网网压；再生制动的电能可由本列车的辅助电源吸收，也可以由同一电网中的其他列车吸收。这两个条件不能由再生制动车辆自己创造，而是取决于外界运行条件。

4）制动电阻箱

一般情况下，每个动车都安装有一个制动电阻箱，里面装有足够的制动电阻器，如图 1-6所示。电阻器的材料一般为合金带钢条，这种材料具有稳定的电阻率和相当大的热容性。电阻器分组安装在由电磁瓶绝缘的铁安装架上，形成电阻带，电阻带之间留有很大的通风空间。为了尽快地将制动时在电阻带上产生的热量散发出去（有时电阻带会烧红），制动电阻器箱的一端装有功率很大的散热风机。散热风机的转速都非常高，排风量相当大。虽然风冷可以使电阻带温度迅速下降，但是热量散发到隧道里去会使隧道的温度升高，这也会对地下车站空调的工作环境造成不利的影响，也将会增加夏季车站通风和空调的电费支出。因此，电阻制动的存在，将会造成车辆能量和车站能量的双重浪费，导致地铁运营成本的大幅提高。此外，由于电阻制动使得电阻带产生高温、明火，所以还会引起列车车下其他设备和电缆线的烧损和加速老化，这将给列车运行带来潜在安全隐患。因此，应尽量减少电阻制动次数，提高再生制动的利用率。这不仅具有经济上的意义，而且更重要的是还可消除可能出现的不安全隐患。

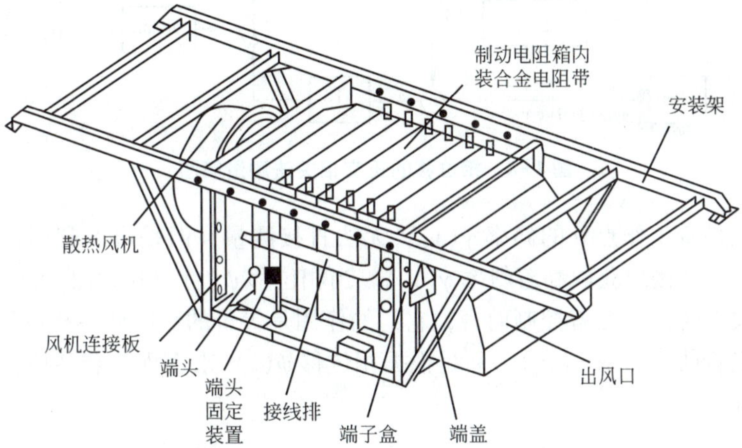

图 1-6 制动电阻箱

5）电制动滑行保护

（1）控制原理

在交流传动城轨车辆牵引控制中，滑行保护和黏着利用控制系统是传动控制系统的一部分，统称为黏着利用控制系统，它在传动控制中的位置如图 1-7 所示。黏着利用控制系统的主要作用是在线路状况变化不定的情况下，通过对电机速度、电机转矩等信息的采集、分析和处理，结合由 MVB 电机转矩指令给定和 DCU 生成的电机制动特性包络线，综合得出的电机转矩指令，向电机控制系统发出合适的给定电机转矩，使得列车能以接近线路当前最大的黏着系数运行，从而获得最大的黏着利用率。

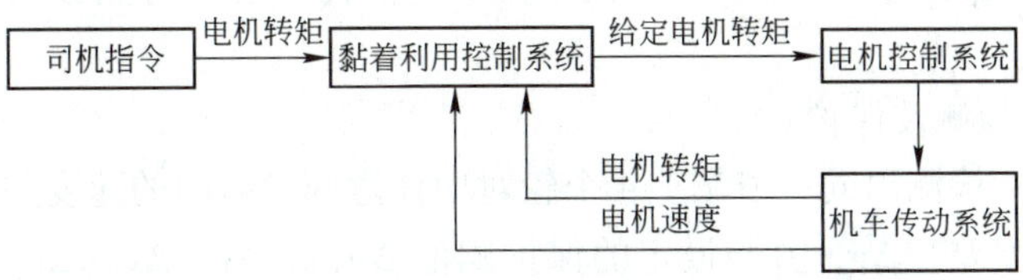

图 1-7 黏着利用控制系统在传动控制中的位置

DCU 系统的黏着利用控制采用相位移法。相位移法以线性系统理论为基础，其基本原理是：通过相位移的测量或计算，间接地获取黏着特性曲线斜率，实现最佳黏着利用。设 $G(r)$ 是以 r 为参数的线性系统。根据线性系统理论，在幅值为 A、频率为 f、相位为 φ 的正

弦信号 $u(t)=A\sin(2\pi ft+\varphi)$ 的激励下，如果参数 r 在激励的过程中保持不变，那么系统 $G(r)$ 的输出将为：

$$y(t)=|G(f,r)|A\sin(2\pi ft+\varphi+\psi(f,r))$$

其中，$\psi(f,r)$ 为相位移，它是激励信号频率 f 和系统参数 r 的函数，并且可以用如图 1-8 所示的正交相关法进行测量。显然，如果保持激励信号的频率 f 不变，则相位移仅随参数 r 变化，即 $\psi(f,r)=\psi(r)$。进一步，若相位移 $\psi(r)$ 和参数 r 之间还有单值对应关系，那么根据相位移 $\psi(r)$ 就能唯一地确定相应的参数 r。

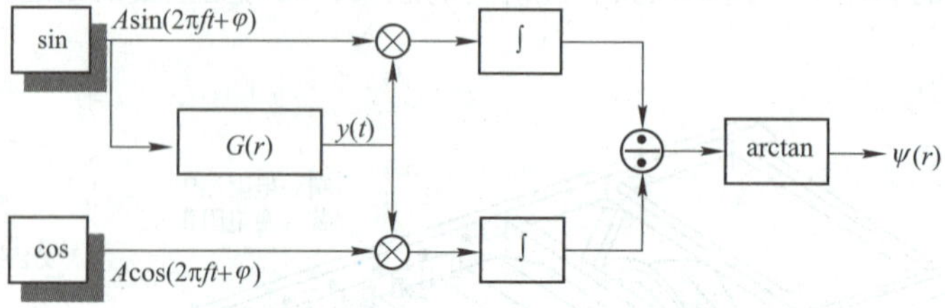

图 1-8　相位移的正交相关法测量简图

这样，虽然黏着工作点处的斜率 $\gamma(\nu_s)$ 无法直接测量，但是可以利用正交相关法通过测量相位移 $\psi(r)$ 间接地获取黏着斜率 $\gamma(\nu_s)$。当相位移 $\psi(r)$ 和黏着曲线斜率 $\gamma(\nu_s)$ 之间存在单值对应关系时，对黏着控制而言，它们的作用是等价的。因此在相位移黏着控制系统中，不再利用黏着曲线斜率 $\gamma(\nu_s)$，而是根据相位移 $\psi(r)$ 来实现黏着利用控制，其工作原理如图 1-9 所示。

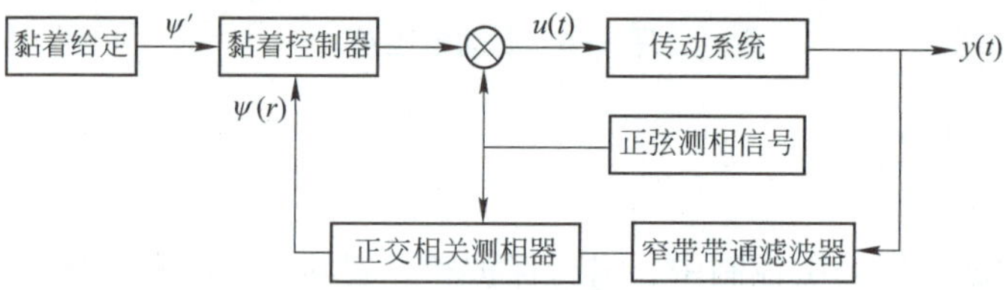

图 1-9　相位移法黏着利用控制系统工作原理

（2）滑行检测及控制

电制动的防滑控制基于单车控制，当列车因为轨面黏着状况变化导致轮对间速度差发生变化，或者车轮加速度发生变化并超过保护门槛阈值时，黏着控制系统将认为是发生了空转/滑行，并迅速调整给定电机转矩，使得机车在发生空转和滑行时能够从这些状态中迅速退出并重新恢复黏着。

① 车轮速度差检测及保护。

黏着控制系统能检测出同一节车上 4 个轮对中任意两轮对间的速度差（或 4 个动轮与列车实际速度间的速度差）$\Delta\nu$，并与设定的保护阈值 $\Delta\nu_0$ 和 $\Delta\nu_1(\Delta\nu_0<\Delta\nu_1)$ 做比较。当检测出的速度差 $\Delta\nu$ 大于设定保护门槛阈值 $\Delta\nu_0$ 和 $\Delta\nu_1(\Delta\nu_0<\Delta\nu_1)$ 时，将根据差值大小 $\Delta\nu$ 迅速减小电机的给定转矩，从而抑制或防止空转/滑行现象的发生，并重新快速恢复黏着；

其中，$\Delta\nu_0\sim\Delta\nu_1$ 是设定的不滑行时的速度变化参考范围。

② 车轮加速度检测及保护。

黏着控制系统能够分别检测出同一节车 4 个轮对的加速度值 a，并与设定的保护阈值 a_0

和 $a_1(a_0<a_1)$ 做比较。当检测出的加速度值 a 超出设定的保护阈值 a_0 和 $a_1(a_0<a_1)$ 时，将根据加速度超出阈值的多少迅速减小电机的给定转矩，从而抑制或防止空转/滑行现象的发生，并重新快速恢复黏着。

其中，$a_0 \sim a_1$ 为设定的不滑行时的加速度参考范围。

③ 滑行控制系统的失效保护。

滑行的持续时间大于 3 s（可调）时，将判定为滑行控制系统失效；当列车实施电制动时，若滑行控制系统失效，该车的电制动将被切除，空气制动取代电制动，满足相应的制动力要求；当列车牵引时，若滑行控制系统失效，牵引系统将维持运用，无滑行保护。

（3）黏着利用效率

黏着利用效率是一种衡量城轨列车黏着利用控制水平的有效方法和必要手段，它主要通过比较列车在空转滑行过程中实际加速度值和理想加速度值，计算出黏着利用效率。

2007 年，该方法应用于“广州地铁一号线列车牵引系统国产化”项目，并成功达到了广州地下铁道总公司要求的黏着利用效率标准，并逐渐在上海地铁及后继的沈阳地铁、北京房山线中得到推广。

图 1-10 和图 1-11 是广州地铁防空转/滑行试验结果，试验条件为：车速 80 km/h，轨面潮湿，洒润滑液。它的防空转黏着利用效率为 87.49%，防滑行黏着利用效率为 86.52%。

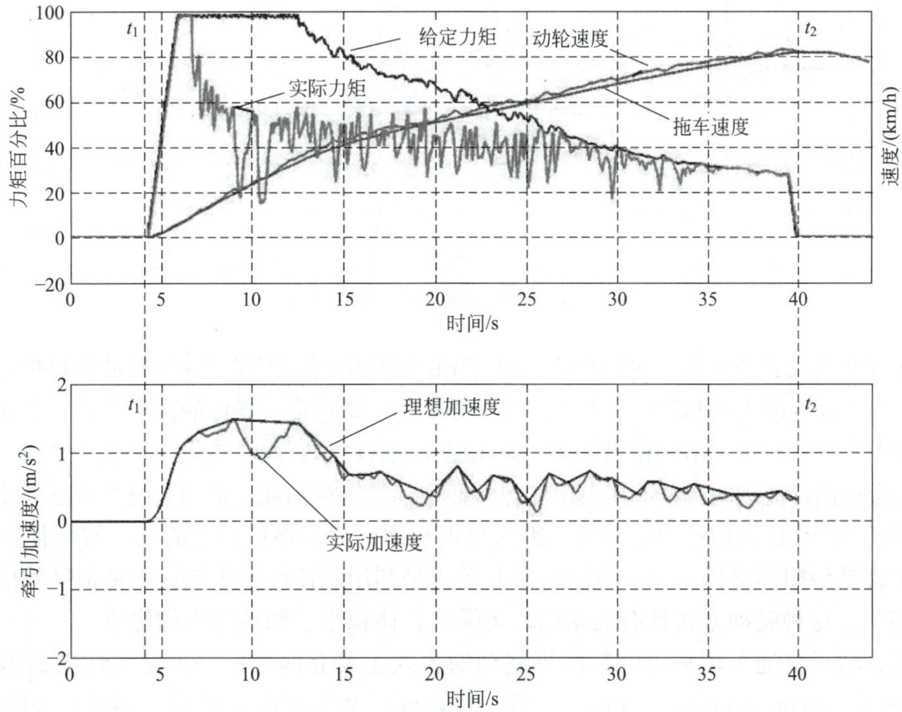

图 1-10　广州地铁防空转试验结果

2. 电磁涡流制动

上面提到的磁轨制动，其优点是制动力大且不受轮轨黏着系数的限制，但钢轨的磨耗很严重。为了充分发挥磁轨制动的优点，避免缺点，又设计出了电磁涡流制动，简称电磁制动。

涡流（eddy current）即电磁感应作用在导体内部所产生的电流，又称为“傅科电流”。

当导体在磁场中运动，或者导体静置于随时间变化的磁场，或者两种情况同时出现，都可以造成磁力线与导体的相对切割。按照电磁感应定律，切割磁力线就能在导体中产生感应电动势，从而在导体内产生电流。这样引起的电流在导体中的分布随着导体的表面形状和磁通的分布而有所不同，其路径如同水中的旋涡，因此称为涡流。

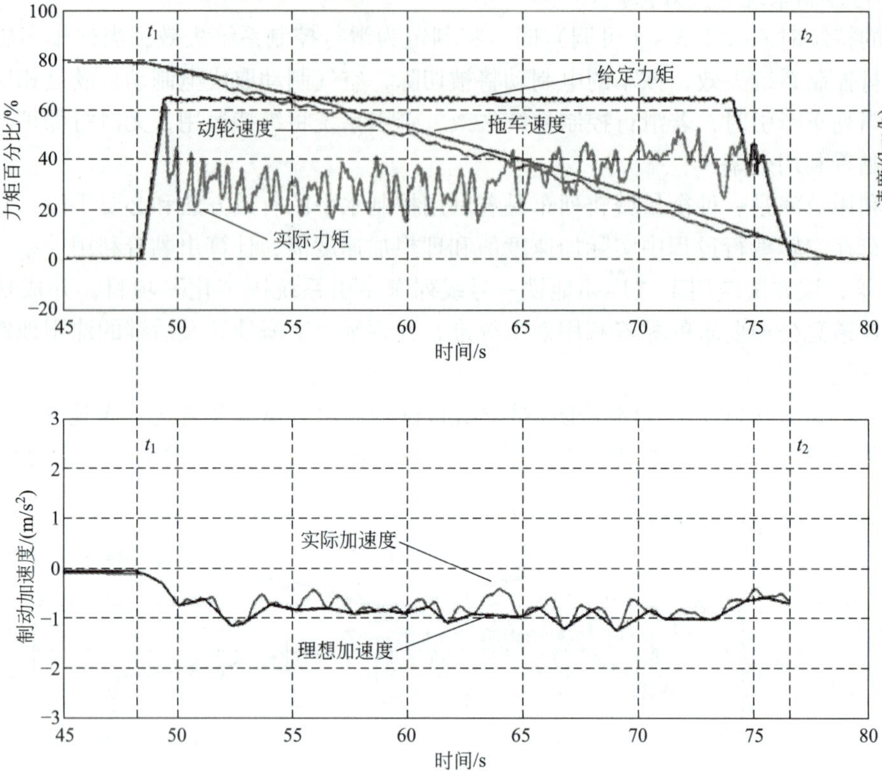

图 1-11 广州地铁防滑行试验结果

导体在非均匀磁场中移动或处在随时间变化的磁场中时，因涡流而导致的能量损耗称为涡流损耗。涡流损耗的大小与磁场的变化方式、导体的运动速度、导体的几何形状、导体的磁导率和电导率等因素有关，情况相当复杂。涡流损耗包含两个方面：热效应和机械效应。热效应是涡流在金属内部流动时因释放出大量的热量而引起的能量损耗。机械效应是由感应出来的电涡流在磁场下产生的洛伦兹力引起的，因为根据楞次定律，洛伦兹力的方向与导体运动方向相反，也就是说阻碍导体运动。电磁涡流制动正是利用涡流所产生的这两种损耗效应来实现车辆的制动。这种制动方式具有无摩擦、无噪声、体积小、制动力大的优点。

目前，轨道交通车辆利用电磁涡流制动的方式主要有两种：一种是线性电磁涡流制动（linear eddy current braking，L-ECB），另一种是旋转型电磁涡流制动（rotating eddy current braking，R-ECB）。

1）线性电磁涡流制动

线性电磁涡流制动又称轨道直线涡流制动，它与磁轨制动构造相似，制动原理如图 1-12所示。线性电磁涡流制动通过对安装于转向架两侧车轮之间的条形磁铁励磁，在钢轨上产生涡流，使车辆制动。二者的不同之处在于，线性电磁涡流制动的电磁铁只放到离轨面几毫米处而不与钢轨接触，利用电磁铁和钢轨的相对运动使钢轨感应出涡流，由此产生强大的制动力，把列车的动能转换为热能通过钢轨消散于大气中。

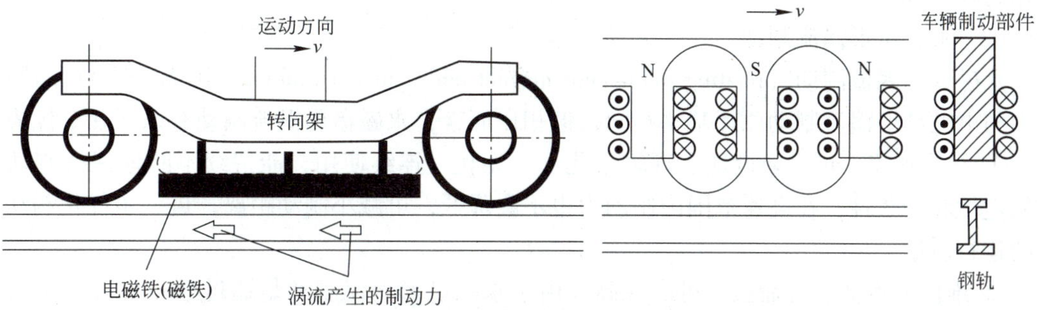

图1-12　线性电磁涡流制动原理

当车辆处于制动状态时，由于电磁铁的N极和S极相对于钢轨运动，在钢轨内产生交变磁场，使钢轨头部产生涡流，涡流与电磁铁相互作用，产生一个垂直于钢轨面的吸引力和一个与车辆运行方向相反的制动力；垂直于轨面的力可增加车辆的黏着力，与车辆运行方向相反的力就是电磁涡流制动力。但如果要得到很大的涡流制动力，则需要很庞大的制动装置。上海磁浮列车的制动控制系统中就采用了这种涡流制动装置。

线性电磁涡流制动不通过轮轨黏着（不受其限制），因此不存在磨耗问题。同时，由于线性电磁涡流制动的结构比较简单，所以在高速动车组中有一定的运用。但是在运用和研究中发现该制动方式有以下几点重大缺陷：

① 低速时钢轨与制动靴间的吸力很大；

② 钢轨温升对运行安全有直接影响；

③ 影响既有轨道信号的传输。

2）旋转型电磁涡流制动

旋转型电磁涡流制动是通过在车轴与转向架构架上分别安装金属感应盘和磁场生成装置实现的。制动时，金属感应盘在磁场中旋转，因切割磁力线而产生强大的涡流和洛伦兹力，从而产生强大的制动力，将动能转化为热能消散于大气，从而产生制动作用。根据产生磁场的机理不同，旋转型电磁涡流制动可分为电磁盘形涡流制动和永磁盘形涡流制动。

（1）电磁盘形涡流制动

电磁盘形涡流制动使用电磁铁励磁，磁场大小可以通过线圈电流的大小来调节，控制方便，结构设计也相应简单，因此应用比较广泛。但是，在实际研究和应用过程中发现采用这种制动方式有个严重的问题，那就是极大的励磁线圈，需要极大的电流，因此制动装置的质量较大。例如，日本300系动车组应用的一组电磁盘形涡流制动装置的质量就有1 t左右，而德国ICES高速动车组的拖车每台转向架上所采用的两组涡流轨道制动器，使每辆车增加了2.4 t的簧下质量，其1 m长的轨道涡流制动靴需要耗电37 kW。

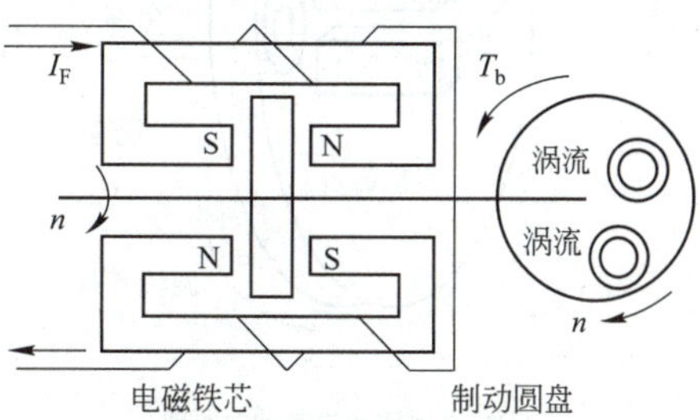

图1-13　电磁盘形涡流制动原理

日本新干线的高速电动车组采用的是电磁盘形涡流制动方式，其制动原理如图1-13所示。该图中I_F为励磁电流，使电磁铁芯在制动工况下产生所需要的磁场；n为轮对旋转速度；T_b为制动力矩。电磁盘形涡流制动装置安装于电动车组的拖车上，利用相邻车辆的牵引电机的主电路电源作为励磁电源。

（2）永磁盘形涡流制动

永磁盘形涡流制动（rotating permanent magnet eddy current braking，RPM-ECB）的制动原理与电磁盘形涡流制动原理基本相同，但相比而言，永磁盘形涡流制动有以下几个优势。

① 结构紧凑，可大幅度地实现轻量化、小型化。连续使用，能持续不断地保持制动力的稳定性和持久性；在高速范围内制动力也不会降低，可减小制动距离，进一步优化制动对象的运行质量。

② 维护成本低、寿命长、可靠性高。由于永磁盘形涡流制动是通过电磁感应产生的反向制动力矩来制动的，与相对运动表面没有接触，不存在摩擦、磨损和接触疲劳引发的寿命问题；由于不需要电流励磁，避免了电磁制动过高、过快的温升问题，且又不存在断电时制动失效的风险，所以永磁盘形涡流制动的寿命和可靠性均远高于传统制动。

③ 节能与环保。由于永磁盘形涡流制动不需要外加励磁电源和励磁绕组，大大节省了制动用电和用铜。另外，永磁盘形涡流制动是非接触性制动，不会产生制动粉尘和噪声污染。

④ 永磁盘形涡流制动过程柔和、平稳，操作更容易、更舒适，可减少操作人员的工作疲劳。

永磁盘形涡流制动装置的工作原理如图 1-14 所示。在感应盘（转子）旋转方向按 S 极、N 极（或 N 极、S 极）顺序交替排列永磁铁，如果使磁铁靠近感应盘，则会在感应盘表面产生涡流。由于该涡流产生（阻）磁场，因此在阻碍感应盘旋转的方向上作用了洛伦兹力，表现在感应盘上就是制动力。由于感应盘电阻很小，因此产生的涡流强度很大，而强大电流在磁场中切割磁力线产生的洛伦兹力也十分强大。所以利用永磁盘形涡流制动装置，能在没有电机的拖车上得到良好的能耗制动作用。

制动机中永磁铁的结构设计，应满足以下要求：在列车正常运行的过程中，制动系统处于休眠状态，避免影响列车的正常运行；而在停车或减速过程中，又可以通过控制该结构来控制制动力的大小。这在永磁盘形涡流制动研究、应用过程中一直是一个难点。

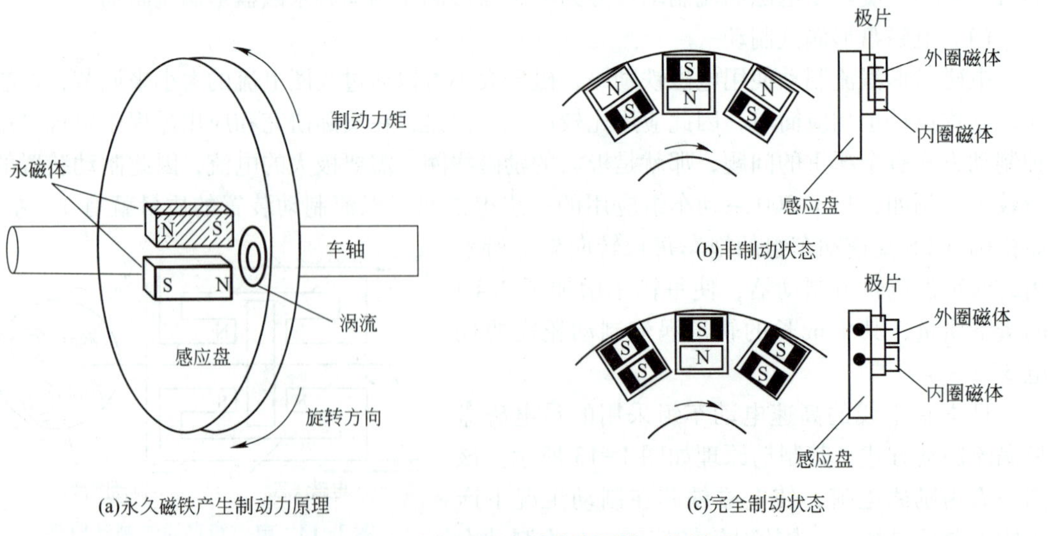

图 1-14　永磁盘形涡流制动装置的工作原理

根据永磁盘形涡流制动原理可知，可以有两种控制方式来实现该功能：第一种控制方式如图 1-14（a）所示，是通过控制永磁体与感应盘之间的距离来控制感应盘上的涡流强度，从而控制制动力大小。只要二者之间的距离大到一定范围，其涡流效应可以忽略不计。目前，一般轨道交通车辆转向架的一系横向位移量一般为 3~5 mm，而永磁体产生的磁场能在感应盘表面产生出强大涡流的距离一般为 1~3 mm。很明显，这种调节永磁体与感应盘之间距离的控制方式在目前轨道交通车辆上是很难实现的。另外一种控制方式如图 1-14（b）、（c）所示，永磁体分两组布置——内圈磁体和外圈磁体，每组磁体交替 N 极与 S 极分布。内圈的磁体是固定的，外圈的磁体可以转动（沿圆周方向）一对磁极的距离。列车在正常运行时，相邻的外圈磁体与内圈磁体的磁极交替排列［如图 1-14（b）所示］，磁场通过极片（极靴）构成闭合回路，磁场不通过感应盘，因此感应盘内就不会产生涡流，也就不会产生制动力。而在列车制动过程中，利用动力驱动装置，旋转外圈磁体，使相邻内、外圈上两组磁体的磁极排列一致［如图 1-14（c）所示］，磁场穿过极片在感应盘内通过，形成闭合回路，此时在感应盘上存在磁场，随着感应盘的旋转会产生涡流，进而产生制动力。列车制动时，外圈磁体连续转动，由图 1-14（b）所示的位置到图 1-14（c）所示的位置，因此在理论上感应盘的制动力可实现连续增减（也就是实现无极调节）。图 1-14（b）中制动力为 0，图 1-14（c）中制动力为 100%的常用全制动力。

（3）两种盘形涡流制动的比较

两种盘形涡流制动中，电磁盘形涡流制动的制动功率较大，且设备较多，已在日本新干线得到广泛应用。永磁盘形涡流制动结构简单，由于制动功率受到限制，目前还在试验阶段。

旋转形涡流制动结构类似机械盘形制动，但没有制动圆盘与闸片间的磨耗。对列车制动来说，还要受到轮轨黏着系数的限制。

任务 1.3　轮轨关系及滑行的形成

【学习目标】

① 熟知城轨车辆的轮轨关系形式。

② 掌握车轮滑行的形式及形成原因。

③ 掌握城轨车辆制动力形成的本质。

④ 掌握城轨车辆黏着制动与非黏着制动的本质区别、影响黏着系数的因素，以及改善黏着系数的方法。

【教学环境】

可利用多媒体设备进行直观的理论教学，利用图片和录制的视频进行初步认知教学，也可以到现场参观城轨车辆制动系统的组成。

【教学设施】

教学用的 PPT、视频以及相关教学引导资料。

【理论模块】

1.3.1 轮轨关系

目前，除了采用橡胶车轮的单轨系统和磁浮系统等特殊交通系统外，绝大部分城市轨道交通系统都采用钢轨钢轮的走行方式。因此，下面主要研究钢轨与钢轮之间的互相关系，以及它们在车辆运行中的各种工况。

在分析轨道车辆的轮轨关系时，除了要考虑轮轨之间的纯滚动和滑行之外，通常必须引入两个十分重要的概念："黏着状态"和"蠕滑状态"。

1. 纯滚动状态

车轮与钢轨的接触点无相对滑动，车轮在钢轨上做纯滚动。这时，车轮与闸瓦之间为动摩擦，车轮与钢轨之间为静摩擦，车轮与钢轨之间可能实现的最大制动力是轮轨之间的最大静摩擦力。要实现纯滚动，要求：①车轮、钢轨是绝对刚体；②轮轨接触处不会发生弹性变形；③轮轨接触处能够实现在断面方向的点接触或沿轮轨宽度方向的线接触；④轮轨接触点无相对移动，滚动过程是接触点不断变化的过程。需要说明的是，这只是一种理想状态，难以实现。

2. 蠕滑状态

传统理论认为：车轮相对钢轨滚动时，接触面是一种干摩擦的黏着状态，只有当制动力或牵引力大于黏着力时才会转入滑动摩擦状态。但是现代研究表明，车轮和钢轨都是弹性体，在车轮上正压力的作用下，滚动时轮轨接触处不可避免地会产生弹性变形，这种弹性变形会使轮轨接触不是点或线的接触，而是椭圆形的面接触，车轮在钢轨上滚动时，接触面间会出现微量滑动，这种现象称为"蠕滑"。

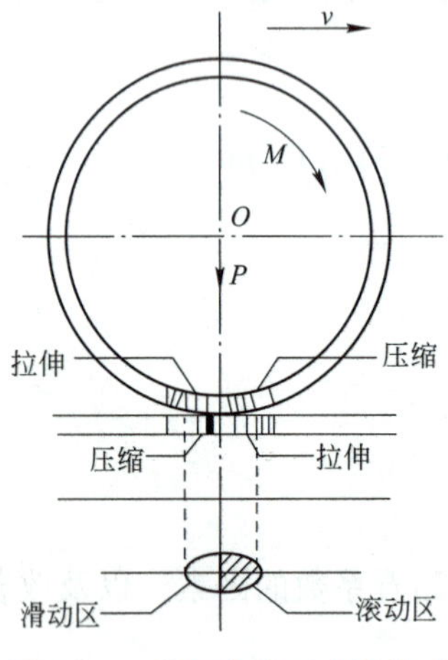

图 1-15 由切向力形成的滚动区和滑动区示意图

蠕滑的产生是由于：在车轮接触面前部产生压缩，后部产生拉伸；在钢轨接触面前部产生拉伸，后部产生压缩。随着车轮的滚动，车轮上原来被压缩的金属陆续放松，并被拉伸，而钢轨上原来被拉伸的金属陆续被压缩，因而在接触面的后部出现滑动。由切向力形成的滚动区和滑动区示意图如图 1-15 所示，其中 v 为列车运行速度，M 为作用在车轮上的驱动力矩，P 为车轮作用在钢轨上的正压力。

由图 1-15 可知，切向力在接触面上形成两个性质不同的状态和区域：接触面的前部，轮、轨间没有相对滑动，称为滚动区（图中阴影部分）；接触面的后部，轮轨间有相对滑动，称为滑动区（图中非阴影部分）。这两个区域的大小是随切向力的变化而变化的。当切向力增大时，滑动区面积增大，滚动区面积减小。当切向力超过某一极限值时，滚动区面积将变为零，只剩下滑动区，整个接触面间出现相对滑动，轮、轨间的黏着被破坏，车轮在钢轨上开始明显打滑，即会出现车轮空转。

蠕滑是滚动体的正常滑动。车轮在滚动过程中必然会产生蠕滑现象。伴随着蠕滑产生静摩擦力，轮、轨之间才能传递切向力。由于蠕滑的存在，牵引时车轮的滚动圆周速度将比其轮心前进速度大。这两种速度之间的差值称为蠕滑速度，并以一个无量纲比值蠕滑率 σ 来表示蠕滑的大小，即轮、轨间由于摩擦产生的切向力反过来作用于驱动机构，随着切向力的增大，驱动机构内的弹性应力也随之增大。当切向力达到一定的极限时，由于蠕滑的积累而波及整个接触面，轮轨状态也将由蠕滑发展为真正的滑动，积累的能量使车轮本身加速，这时驱动机构内的弹性应力被解除，由于车轮的惯性和驱动机构的弹性，在轮、轨间出现滑动→黏着→再滑动→再黏着的反复作用过程，一直持续到重新在驱动机构中建立起稳定的弹性应力为止。

3. 黏着状态

在列车运行过程中，车轮与钢轨的接触处既非静止，亦非滑动，车轮在钢轨上滚动的同时又有滑动的趋势，称这种状态为黏着状态。

4. 滑行状态

车轮在钢轨上滑行时，车轮与钢轨之间的滑动摩擦力即为列车制动力。这是一种必须避免的事故状态，由于滑动摩擦系数远小于静摩擦系数，因此一旦发生这种工况，制动力将大大减小，制动距离会延长；同时车轮在钢轨上长距离滑行，将导致车轮踏面和钢轨的擦伤，危及行车安全。

1.3.2　牵引工况下牵引力及“车轮空转”的形成

图 1-16 为某动车以一定的速度 v 在平直线路上运行时，一个动车车轮的受力情况（我们暂且忽略它内部的各种摩擦阻力）。为了清楚地表示该图中的各种关系，把实际上互相接触的车轮与钢轨稍稍分开画出。

在图 1-16 中，P 为动车车轮作用在钢轨上的正压力。牵引电机作用在动车车轮上的驱动旋转力矩 M 可以用一对力形成的力偶 F 和 F' 来代替，并分别作用在轮轴中心的 O 点和轮轨接触处的 O' 点，其大小为：

$$F=F'=M/R$$

式中：R——动车轮对半径。

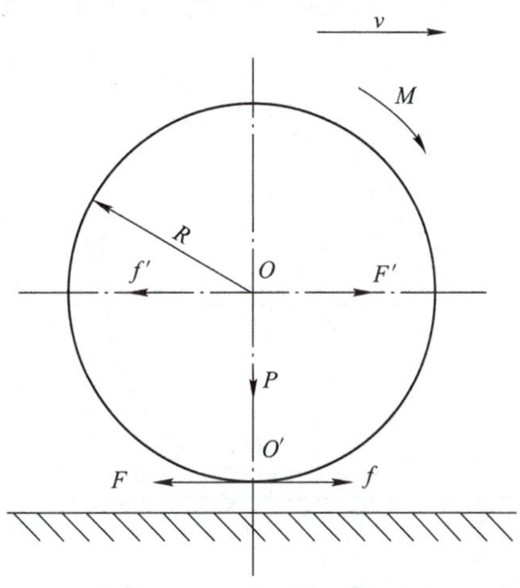

图 1-16　牵引工况下轮对的受力分析

在正压力 P 的作用下，车轮踏面与钢轨的接触部分紧紧压在一起。切向力 F 使车轮上的 O' 点具有向左运动的趋势，并通过 O' 点作用在钢轨上。f' 表示车轮作用在钢轨上的力，其值 $f'=F$。由于轮轨接触处存在摩擦，车轮上 O' 点向左运动的趋势将引起向右的静摩擦力 f，即钢轨对车轮的反作用力，且 $f=f'$，此力称为轮周牵引力。因此，车轮上的 O' 点受到两个相反方向的力（F 和 f）的作用，且其值相等。所以，O' 点保持相对静止，轮轨之间没有任何相对滑动，在力 F' 的作用下，车轮做纯滚动运动。

我们把由于正压力的作用而保持的车轮与钢轨接触处相对静止的现象称为黏着。黏着状态下的静摩擦力称为黏着力。

轮轨间的黏着与物理学中静摩擦的物理性质相似。驱动旋转力矩 M 产生的切向力 F 增大时，黏着力 f 也随之增大，并且其值保持与 F 相等。但当切向力 F 增大到某个数值时，黏着力f也将达到最大值。此后如果切向力F再增大，f反而会迅速减小。试验证明，黏着力f的最大值f_{max}与动车车轮的正压力P成正比，其比例常数称为黏着系数，用μ表示，即

$$f_{max}=\mu P$$

上式表明在轴重一定的条件下，轮轨间的最大黏着力由轮轨间黏着系数的大小决定，当轮轨间出现最大黏着力时，若继续加大驱动旋转力矩M，一旦切向力大于最大黏着力，车轮上的O'点将向左移动，轮、轨间将出现相对滑动，黏着状态就被破坏。这时，车轮与钢轨的相对运动就会由纯滚动变为滚中有滑的状态。此时，钢轨对车轮的反作用力f由静摩擦力变为滑动摩擦力，并且其值将会迅速减小，并会使车轮的转速上升。这种由于驱动旋转力矩过大而破坏轮轨黏着关系，使轮、轨间出现相对滑动的现象，我们称其为空转状态。当车轮出现空转时，轮、轨间只能依靠滑动摩擦力传递切向力，因而传递切向力的能力将大大减小，并且会造成车轮踏面和钢轨轨面的磨损擦伤。因此，牵引运行过程中应尽量防止车轮出现“空转”状态。

黏着系数是由轮、轨间的物理状态决定的。加大每个动车轮对作用在钢轨上的正压力，即增加轴重，也可以提高每个动车轮对的黏着力和牵引力。但是轴重也受到钢轨、路基和桥梁等各种条件的限制，不可能无限制地增加。城轨车辆由于采用动车组形式，动轮对数量比一般铁路列车要多，驱动力和黏着力都较为分散，牵引力总量很容易达到，与普通铁路列车的动车轮对和牵引力都集中在机车头的情况相比，城轨车辆利用黏着条件就相对好得多，因而对保护车轮、钢轨间的正常作用是很有利的。

1.3.3 制动工况下制动力及“车轮滑行”的形成

下面以闸瓦制动为例，说明由于轮轨黏着产生制动力的过程。图1-17是制动工况下采用闸瓦制动时车轮的受力分析。图中假设一个车轮上有两块制动闸瓦，并且忽略其他各种摩擦阻力因素，车轮在平直道上滚动惰行。若每块闸瓦以压力K作用于车轮踏面，制动时闸瓦和踏面间引起与车轮运动方向相反的滑动摩擦力为$2K\varphi$（φ为车轮踏面与闸瓦间的滑动摩擦系数）。对车辆来说，摩擦力属于内力，不能使列车减速，但它可以通过轮轨黏着引起与车辆运动方向相反的外力，以此来实现列车的减速或停车。

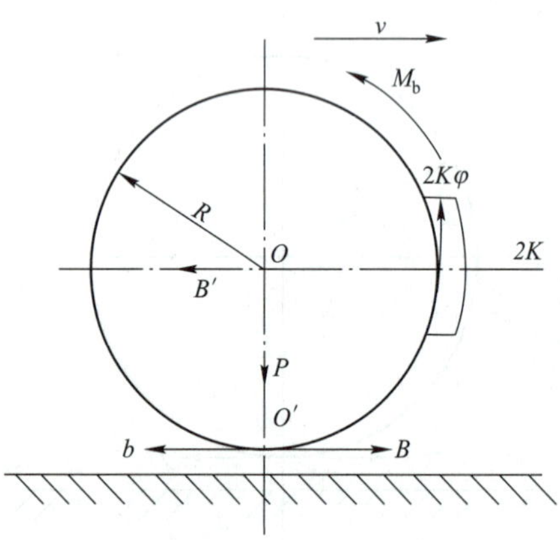

图1-17 制动工况下采用闸瓦制动时轮对的受力分析

摩擦力$2K\varphi$对车轮的作用效果，相当于制动转矩（即M_b）的作用。即：

$$M_b=2K\varphi R$$

式中：R——车轮半径。

可以用类似牵引力形成的分析方法来分析制动转矩，用轴心和钢轨接触处的力偶矩代替制动力矩。力偶的力臂为车轮半径。作用力$B=B'=M_b/R=2K\varphi$。轮轨接触处因正压力P的作用而存在黏着：切向力B将引起钢轨对车轮的静摩擦反作用力b，$B=b=2K\varphi$。b作用在车轮踏面的O'点，并且作用方向与列车运行方向相反，起到阻止列车运行的作用，此力我们称为制动力。制动力b也是轮轨黏着力，因而受到轮轨黏着条件的限制，即：

$$b\leqslant P\mu$$

式中：P——车轮作用在钢轨上的正压力；

μ——制动时的轮轨黏着系数。

整列车的总闸瓦制动力为所有轮对闸瓦制动力之和，即：

$$B = \sum_{i=1}^{n} b$$

式中，n 为整列车的轮对个数。

列车制动力的大小可以采用增加或减小闸瓦压力的方法来调节，但不得大于黏着条件所允许的最大值，否则车轮将被闸瓦“抱死”，车轮与钢轨间产生相对滑行，轮对的制动力将变为滑动摩擦力，这种现象称为滑行。滑行与牵引工况的空转相对应，也是一种由于黏着状态被破坏而引起的不正常状态。滑行时，制动力大大降低，同时也会造成车轮踏面和钢轨的擦伤，这种情况应尽量予以避免。

动力制动产生制动力的作用过程与摩擦制动基本类似，只是制动力矩是由电机（动力制动时，牵引电机处于发电机状态），而不是由闸瓦产生的，但制动作用都是通过轮轨黏着来实现的。因此牵引力、摩擦制动力和动力制动力都属于黏着力，它们的大小都与黏着状态密切相关。如何在列车运行中充分利用黏着力，不仅是牵引过程必须控制的问题，也是制动过程中要严格控制的问题。空转和滑行都是必须避免的。

唯一不受黏着条件限制的制动是电磁制动。电磁制动主要有两种形式，即轨道电磁制动和电磁涡流制动。轨道电磁制动是将带有磨耗板的电磁铁落到钢轨上，制动时，电磁铁励磁，同时将电磁铁吸附在钢轨上，依靠电磁铁下方的磨耗板与钢轨的摩擦产生制动力。电磁涡流制动的电磁铁没有磨耗板，它是将电磁铁装在距离轨面 7~10 mm 处，电磁铁与钢轨间的相对运动引起电磁涡流作用形成制动力。轨道电磁制动在欧洲的轻轨车辆或有轨电车上经常使用，主要用于紧急制动，但轨道电磁制动应用最多的还是高速列车及磁浮列车。

1.3.4 黏着制动与非黏着制动

1. 黏着制动

依靠黏着滚动的车轮与钢轨黏着点之间的黏着力来实现车辆的制动称为黏着制动。黏着制动时，为了能得到较大的制动力，需要具有较高的黏着系数。

2. 非黏着制动

列车制动时，制动力的提供不再依靠轮、轨之间的黏着力，而由其他方式提供，这样制动力的大小不受黏着力限制，这种制动方式称为非黏着制动。非黏着制动的制动力不从轮、轨之间获取，因而它可能实现的最大制动力可以超过轮、轨之间的黏着力。

显然，在上面曾经介绍的制动方式中，闸瓦制动、盘形制动、电阻制动和再生制动均属于黏着制动；而轨道电磁制动则属于非黏着制动。

1.3.5 影响黏着系数的因素

由于黏着系数的大小直接决定了牵引和制动等列车运行状态，所以长期以来，影响黏着系数的主要因素就成为人们研究的方向。对黏着系数的研究主要依靠试验。不同轨道的黏着系数不同，需要经过大量试验和对试验数据的分析计算才能确定。通过专家们的长期试验分析研究，发现影响黏着系数的因素主要有以下 4 项。

1. 车轮踏面与钢轨的表面状态

干燥、清洁的车轮踏面与钢轨表面，黏着系数较高。如果踏面或轨面受到污染或潮湿，则黏着系数会有很大下降。有试验结果表明，干燥、清洁的钢轨表面，其黏着系数可达0.3，而被雨、雪浸湿的轨面，其黏着系数仅为0.12左右。对城市轨道交通来说，地铁、轻轨和有轨电车的轨面由于所处环境的不同，其黏着系数存在巨大的差别。晴天里露天的轨面要比潮湿隧洞里的轨面黏着系数高；但雨、雪天气里，隧洞里的轨面黏着系数要比露天地面的高；冰霜凝结在轨面上或毛毛雨打湿轨面时，黏着系数非常低；但大雨冲刷、雨后生成的薄锈却使黏着系数又大大增加。油污污染使黏着系数显著下降，撒砂则能使黏着系数增加。

2. 线路质量

钢轨越软或道床下沉越大，轨面的黏着系数越小；钢轨轨面不平或直线地段两侧钢轨轨顶不在同一水平面上，以及动轮所处位置的轨面状态不同等，都会使黏着系数有所减小。

3. 车辆运行速度和运行状态

车辆运行速度增加会加剧动车轮对钢轨的纵向滑动和横向滑动及车辆振动，使黏着系数减小。特别是在车轮和钢轨表面被水污染的情况下，黏着系数随速度增加将显著下降。

车辆运行中，多种因素会导致轴重转移，也会影响黏着系数的大小。例如，车辆过弯道时，会造成车辆轮对一侧加载，另一侧减载，导致黏着系数大幅度下降。曲线半径越小，黏着系数下降越多。

牵引工况和制动工况对黏着系数也有一定影响，牵引时的黏着系数比制动时的黏着系数大。

4. 车辆有关部件的状态

牵引电机特性不完全相同，若牵引力大则容易空转或打滑，导致黏着系数下降；各个动车轮对的轮径也各不相同，一般轮径小的容易空转，但不容易打滑；各个轮对的动态负载不同，动态负载小的容易空转和打滑。一旦发生空转或打滑，黏着系数就急剧下降。

由于黏着系数受列车运行速度、气候条件、轮轨表面状态及是否采取增黏措施等诸多因素影响，所以黏着系数是一个有很大离散性的参数，目前尚未有黏着系数的理论公式。各国都采用大量的试验来获得经验公式，比如日本东海道新干线的黏着系数（μ）公式为：

$$\mu=27.2/(v+85) \quad \text{（干燥表面）} \qquad (1-1)$$

$$\mu=13.6/(v+85) \quad \text{（潮湿表面）} \qquad (1-2)$$

式中：v——列车运行速度，km/h。

我国铁道科学研究院在进行了大量的试验研究后，提出了我国干线列车（速度120 km/h以下）的黏着系数公式：

$$\mu=0.0624+45.6/(v+260) \quad \text{（干燥表面）} \qquad (1-3)$$

$$\mu=0.0405+13.55/(v+120) \quad \text{（潮湿表面）} \qquad (1-4)$$

随着机车车辆技术的发展，该公式会有相应变化。

1.3.6　改善黏着系数的方法

改善黏着系数的方法主要有两大类：一类是改善轮、轨表面接触条件，改善轮、轨表面不清洁状态；另一类是设法改善轨道车辆的悬挂系统，以减小轮对减载带来的不利影响。目前改善黏着系数的措施主要有：

① 从车辆上往钢轨上撒砂；

② 用机械或化学方法清洗轨面、打磨钢轨；

③ 改进闸瓦材质，如用增黏闸瓦；

④ 改善车辆悬挂，减小轴重转移等。

在钢轨上撒砂这种方法，对列车起动时的防空转比较有效。但是在高速制动时，由于无法保证砂子正好撒在钢轨面上，因此效果不是很理想。目前，有的国家研制出先进的撒砂器，也有把砂子制成悬浮体直接喷洒在轨面上的试验，虽然都取得了一定的成功，但由于成本太高，没有得到推广应用。

采用化学方法清洗轨面，尽管可以明显地改善轮、轨间的黏着系数，但也只能用于黏着状态特别不良的区间。

国际铁路联盟试验研究所专门进行过电火花处理轨面的试验，清除了轨面油污，使轨面活化，明显地提高了黏着系数。但由于电火花处理轨面消耗功率较大，而且会对轨道电路和通信产生干扰，所以该方法也没有被广泛应用。

其实，影响黏着系数的因素还很多，例如车轮滚动圆的偏心、车辆的蛇行运动、车体与转向架的垂直振动等，这些因素涉及很多技术问题。要充分利用黏着，就必须全面考虑。

任务1.4　制动计算

【学习目标】

① 熟知城轨车辆与制动有关的车辆载荷分析方法。

② 掌握摩擦制动和动力制动的制动力计算方法。

③ 掌握城轨车辆制动距离计算方法。

【教学环境】

可利用多媒体设备进行直观的理论教学，利用图片和录制的视频进行初步认知教学，也可以到现场参观城轨车辆制动系统的组成。

【教学设施】

教学用的PPT、视频以及相关教学引导资料。

【理论模块】

城轨车辆一般都是电动车组，其制动计算问题根据计算的目的不同有不同的计算类型。常见的有关轨道车辆制动计算主要有：车辆载荷分析、制动力计算和制动距离计算等。

1.4.1　车辆载荷分析

1. 与制动有关的车辆载荷

1）垂直静载荷

作用在车体上的垂直静载荷主要包括车体自重和车辆载重。车体自重包括车体钢（铝合金）结构、木（塑铝）结构，以及安装在车体上的其他零部件和设备的重量。车辆载重包括乘客和行李的重量。地铁和轻轨车辆的载重按所载乘客的重量计算。载客人数按客室的座席数和站立人数来计算，可分为空载 AW_0 工况、座客载荷 AW_1 工况、定员载荷 AW_2 工况和超员载荷 AW_3 工况共四种工况。空载无乘客，座客载荷乘客数为座位数，定员站立人数按每平方米地板面积站立 6 人计算，超员可按每平方米地板面积站立 9 人计算，乘客体重一般取 60 kg。表 1-2 和表 1-3 为国内某地铁的列车载客容量和车辆载荷计算表。

表 1-2　列车载客容量

缩写	定义	每车乘客数/人	列车乘客数/人
AW_0	无乘客（空载）	0	0
AW_1	座客载荷	56	336
AW_2	定员载荷（6 人/m^2）	310	1 860
AW_3	超员载荷（9 人/m^2）	432	2 592

表 1-3　车辆载荷计算表

定义	乘客载荷/t			车辆载荷/t			列车载荷/t
	A	B	C	A	B	C	
AW_0	0	0	0	33	36	36	210
AW_1	3. 36	3. 36	3. 36	36. 36	39. 36	39. 36	230. 16
AW_2	18. 60	18. 60	18. 60	51. 60	54. 60	54. 60	321. 60
AW_3	25. 92	25. 92	25. 92	58. 92	61. 92	61. 92	365. 52

注：① 乘客体重按 60 kg 计算；
② 列车中包含 A、B、C 车各两辆。

2）垂直动载荷

垂直动载荷是由于轨面不平、钢轨接缝等原因以及车辆本身状态不良（例如车轮滚动圆偏心、踏面擦伤、踏面圆周磨耗或呈椭圆形状等）引起轮、轨间冲击和车辆簧上振动而产生的垂向冲击力。

3）纵向力

纵向力是当列车起动、加/减速、制动和调车作业时，在车辆与车辆之间或调车机车与车辆之间所产生的牵引或压缩冲击力，纵向力通过牵引缓冲装置作用于车辆底架的牵引梁上，使车体承受偏心的拉伸或压缩作用。纵向力的大小与列车的牵引功率、列车自重、列车运行速度、牵引和制动系统性能、缓冲器的特性、车体的纵向刚度、调车时连挂速度以及司机的操纵技术等因素有关。

4）侧向力

作用在车体上的侧向力主要包括风力、曲线运行时的离心力和列车的蛇行运动产生的轮轨作用力。

5）扭转载荷

当车辆通过线路的缓和曲线段，前位转向架已进入缓和曲线，而后位转向架仍处于平直线路时，车体将扭转，承受扭转载荷。

2. 车辆制动时的载荷分析

当列车在运行中实施制动时，在车辆上有以下两种纵向力的作用，如图 1-18 所示。

① 当只采用空气制动机的情况下，列车开始制动时，由于空气制动波速的影响，列车

中前、后车辆并不是同时产生制动作用的，这样必然会引起车辆间的纵向冲击，其纵向力以集中力的形式，大小相等、方向相反地作用在车体底架两端。

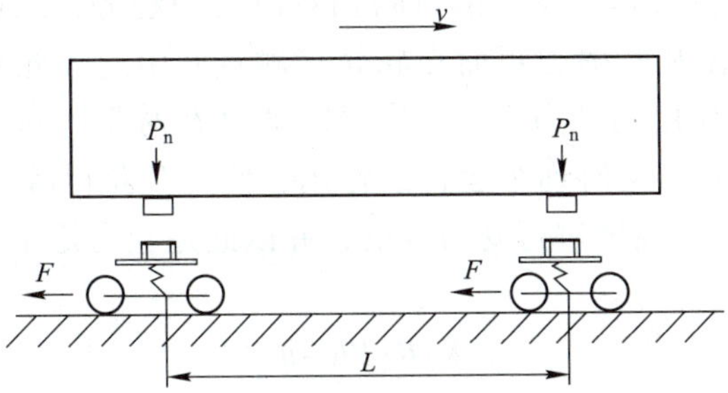

图 1-18　车辆制动时的载荷分析

② 当全列车的所有车辆都发生制动作用时，车辆间的纵向冲击消失，制动力逐渐增大至最大值，由于车辆在制动力作用下做减速运动，由牛顿第二定律 $F=ma$ 知，车体和转向架在减速运动中将产生纵向惯性力。这种纵向惯性力对车体的作用远不及上述纵向力严重，故可以忽略不计，但它对转向架有一定影响。如图 1-18 所示，制动时钢轨给予车辆的最大制动力 F（其方向与车辆运动的方向相反）由式（1-5）确定。

$$F=P_n\mu g \tag{1-5}$$

式中：P_n——车辆垂直静载荷，等于车体和转向架的自重及车辆载重之和，又称为车辆黏着重量；

μ——轮轨黏着系数；

g——重力加速度。

在制动力作用下，车辆最大减速度为

$$a=F/P_n=\mu g \tag{1-6}$$

1.4.2　制动力计算

制动力的形成如图 1-19 所示。以闸瓦制动为例，车辆制动时，假设每两条轮对的闸瓦压力为 K，车轮与闸瓦之间的摩擦系数为 φ。制动前，列车以速度 v 运行，轮对以角速度 ω 沿轨面滚动；制动时，闸瓦作用于车轮踏面的压力 K 引起闸瓦作用于轮对的摩擦力为 $K\varphi$，这个摩擦力对车轮中心形成一个力矩 $K\varphi R$；它的方向与轮对转动的方向相反。

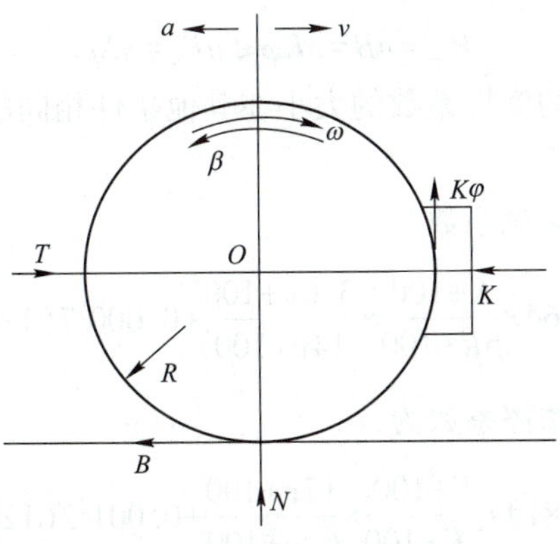

图 1-19　制动力的形成

上述摩擦力矩起着两方面的作用：一方面，阻止轮对转动，使轮对获得角减速度β，轮对的旋转速度也因受此力的作用而迅速减慢，直至完全停止转动；另一方面，由于轮对的转动被阻止，势必会引起车轮、钢轨间相对滑动的趋势，从而在车轮、钢轨之间产生相互作用力，即由于闸瓦摩擦力矩而在轮轨接触点间引起车轮对钢轨的纵向水平作用力N和钢轨对车轮的反作用制动力B。反作用制动力B对于轮对及列车来说都是与列车运动方向相反的外力，起着阻碍列车运行的作用，使列车获得减速度a，这就是制动力。根据图1-19将轮对作为分离体进行受力分析，并以此建立力矩平衡方程，就可以求得制动力大小，即

$$K\varphi R-BR=l\beta \tag{1-7}$$

式中：R——车轮半径，m；

l——轮对的转动惯量，kg · m^2；

B——钢轨对轮对的反作用制动力，N；

β——角减速度，rad/s。

在上式中，$l\beta$所占的比例很小，通常忽略不计，但是在进行计算转动距离时要加以考虑。这样，制动力在数值上等于闸瓦摩擦力，即

$$B=K\varphi \tag{1-8}$$

全列车的制动力为 $$B_{全}=\sum_{i=1}^{n}B_i=\sum_{i=1}^{n}(K_i\varphi_i)$$

式中，n为整列车的轮对个数。

从式（1-8）可知，制动力B随着车轮和闸瓦之间的摩擦力的增大而增大，其大小要受轮轨黏着力的限制，即

$$B=K\varphi\leqslant F_a=N\mu \tag{1-9}$$

式中：F_a——轮轨黏着力；

N——钢轨对轮对的反作用力；

μ——轮轨黏着系数。

制动方式的不同，制动力的计算方式也有所不同。下面仅对空气制动和动力制动做简单介绍。

1. 摩擦制动的制动力计算

当电动车组采用闸瓦制动时，如果各车的车轮与闸瓦间的摩擦系数相同，则制动力的计算公式为：

$$B_{全}=nB=nK\varphi\leqslant nF_a=nN\mu \tag{1-10}$$

上式中，车轮、闸瓦间的摩擦系数的大小在其他条件相同的情况下，主要由闸瓦的材料决定。

中磷铸铁闸瓦对车轮的摩擦系数为：

$$\varphi=0.64\times\frac{K+100}{5K+100}\times\frac{3.6\nu+100}{14\nu+100}+0.0007(110-\nu_0) \tag{1-11}$$

高磷铸铁闸瓦对车轮的摩擦系数为：

$$\varphi=0.819\times\frac{K+100}{7K+100}\times\frac{17\nu+100}{60\nu+100}+0.0012(120-\nu_0) \tag{1-12}$$

低摩合成闸瓦对车轮的摩擦系数为：

$$\varphi=0.25\times\frac{K+500}{6K+500}\times\frac{4\nu+150}{10\nu+150}+0.0006(100-\nu_0) \quad (1-13)$$

低摩合成闸瓦对车轮的摩擦系数为：

$$\varphi=0.41\times\frac{K+200}{4K+200}\times\frac{\nu+150}{2\nu+150} \quad (1-14)$$

式中：K——闸瓦对车轮的压力，kN；

ν——列车运行瞬时速度，km/h；

ν_0——制动初速，km/h。

闸瓦压力与制动缸压力大小有关。当采用单元制动时，闸瓦对车轮的压力 K 为

$$K=\left(\frac{\pi}{4}d^2p_z-F_G\right)n\eta m \quad (1-15)$$

式中：K——闸瓦对车轮的压力，kN；

d——制动缸直径，m；

p_z——制动缸压力，kPa；

n——单元制动缸制动倍率；

F_G——制动缸复原弹簧的弹力，kN；

η——单元制动缸传递效率；

m——每个轮对上的单元制动缸数量。

$$B=K\varphi=\left(\frac{\pi}{4}d^2p_z-F_G\right)n\eta m\varphi \quad (1-16)$$

如果是盘形制动，由于盘形制动闸片的摩擦半径小于车轮半径，所以每一轮对产生的制动力为

$$B=\left(\frac{\pi}{4}d^2p_z-F_G\right)n\eta m\frac{r}{R}\varphi \quad (1-17)$$

式中：r——制动盘的摩擦半径，m；

R——车轮半径，m。

2. 动力制动的制动力计算

动力制动是利用牵引电机的可逆原理，在制动工况时，将牵引电机变为发电机，由轮对驱动，将电动车组的动能转接为电能。然后再将电能反馈给电网，或者将电能通过电阻转变为热能散逸到大气中。在制动工况时，牵引电机中的电流与感应电动势方向相同，而电磁转矩与电枢的旋转方向相反。这个反向转矩通过传动齿轮传到动车的动轴上，与闸瓦制动作用效果一样，在动轴的轮对、钢轨之间产生钢轨对车轮的纵向水平作用力，即动力制动力。若动车组中动车每台电机产生的电磁转矩为 M，则该动车产生的动力制动力：

$$B_d=\frac{m_d\mu}{R\eta_d}M \quad (1-18)$$

式中：R——车轮半径，m；

m_d——每辆车上牵引电机台数；

μ——传动齿轮传动比；

η_d——传动效率；

M——电机电磁转矩，N·m。

1.4.3 制动距离计算

从司机将制动手柄置于“制动位”的瞬间至列车完全停车为止，列车所走过的距离，称为制动距离。制动距离是反映制动系统综合性能的一个重要指标。

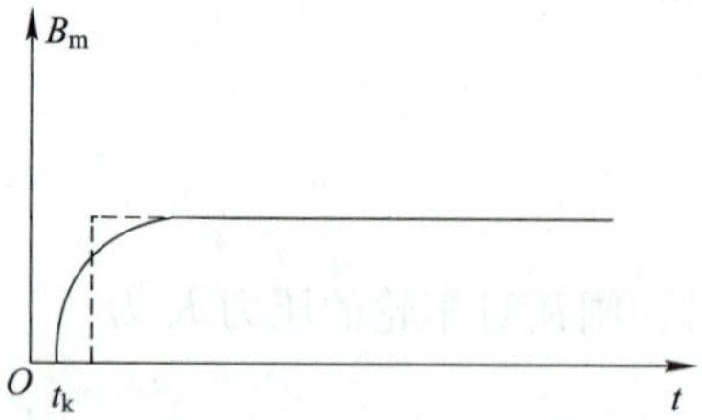

图 1-20 制动过程中的制动力变化曲线

由于在施行制动时，列车中各车辆的制动力产生的开始时间并非完全同步，尤其是制动力的上升不可能完全相同。因此，从动车组开始实施制动到制动力上升到最大值是一个作用过程，如图 1-20 中实线所示。为了便于计算，通常假定各车辆的制动力在实施制动后的某一瞬间 t_k 同时产生并立即达到最大值，如图 1-20 中虚线所示。从图 1-20 可以看出，列车制动力变化可以分成两个阶段：第一阶段：从实施制动开始到 t_k，称为空走过程，t_k 称为空走时间，空走时间内列车惰行的距离称为空走距离；第二阶段从 t_k 瞬间开始到列车完全停止，称为实制动过程，此过程所经历的时间为实制动时间，实制动时间内所走距离为实制动距离。因此制动时列车所走的制动距离 s 为空走距离与实制动距离之和，即：

$$s = s_k + s_s \tag{1-19}$$

式中：s——列车所走的制动距离，m；

s_k——空走距离，m；

s_s——实制动距离，m。

上述制动距离的计算是否准确，明显与空走时间的确定有关。

根据上述计算，在空走过程中列车处于惰行工况，即既无牵引力亦无制动力，但却有运行阻力的存在，在运行阻力的作用下列车运行速度逐渐减慢。为进一步简化计算，通常假定在空走过程中列车的运行速度不变，将运行阻力的影响用修正空走时间的方式来解决。因此空走距离可以按下式计算，即

$$s_k = \frac{1\,000 v_0 t_k}{3\,600} = \frac{v_0 t_k}{3.6} \tag{1-20}$$

式中：v_0——制动初速，km/h；

t_k——空走时间，s。

式（1-20）中空走时间 t_k 的计算较为复杂，通常可根据制动距离等效的原则由经验公式进行计算。

旅客列车紧急制动时：

$$t_k = 3.5 - 0.08i \tag{1-21}$$

旅客列车常用制动时：

$$t_k = (4.1 + 0.002rn)(1 - 0.03i) \tag{1-22}$$

式中：i——坡道的坡度，‰；

r——列车管减压量，kPa；

n——列车编组辆数。

新型的电动车组采用电空制动控制系统时，通常取其空走时间为 1 s。

复习思考题1

1. 什么是制动？实施制动的基本条件是什么？
2. 什么是制动的缓解？
3. 什么是列车制动系统？列车制动系统通常由几部分组成？什么是列车制动能力？
4. 什么是常用制动与停放制动？
5. 什么是紧急制动？紧急制动实施的条件是什么？紧急制动有哪些特点？
6. 什么是快速制动？快速制动有哪些特点？
7. 城轨车辆的制动按列车动能转移方式的不同是如何分类的？
8. 什么是再生制动？再生制动必须具备哪两个必要条件？
9. 什么是电阻制动？
10. 什么是黏着？什么是蠕滑？
11. 影响黏着系数的主要因素有哪些？

单元 2　城轨车辆的防滑控制

【单元概述】

轮对滑行的根本原因是制动力大于所能实现的黏着力，而恢复黏着的有效手段是降低制动力，以满足制动力小于所能实现的黏着力。而黏着一旦被破坏，单靠轮轨系统本身是不可能恢复的，需要外部机构的介入。防滑控制装置实质上就是一种外部干预，用以帮助在轮轨间恢复黏着，而这种恢复应尽量接近当时条件所允许的最佳黏着，即黏着恢复必须充分提高黏着利用率。

本单元主要介绍城轨车辆的防滑控制技术及防滑控制的必要性、国内外防滑系统的发展情况，以及防滑系统的基本结构组成和车辆的防滑控制等。

任务 2.1　防滑控制必要性及防滑装置的发展

【学习目标】

① 熟知城轨车辆防滑控制的必要性。

② 了解防滑装置的发展历程及现状。

【教学环境】

可利用多媒体设备进行直观的理论教学，利用图片和录制的视频进行初步认知教学，也可以到现场参观城轨车辆的防滑装置。

【教学设施】

教学用的 PPT、视频以及相关教学引导资料。

【理论模块】

2.1.1　防滑控制及其必要性分析

当前，城轨车辆正朝着安全性、高速性、环保性和舒适性的方向发展。其高速性也在不断促进单轴牵引功率和制动功率的不断提高。动力制动等强力制动装置的采用，也带来了因制动力过大而导致列车制动滑行的倾向。列车制动滑行会引发轮轨发热、轮轨表面擦伤等问题，严重时还会使线路失稳，产生所谓的胀轨等事故，因此有效地防止列车制动滑行极为重要，下面将主要介绍制动过程中车轮的防滑原理和防滑控制。

人们对防滑的研究，除了上述原因外，还基于以下一些原因。

① 制动黏着系数是车辆制动设计和牵引设计的基本参数之一。制动黏着系数的测试研究表明，对应某一运行速度的黏着系数是一组成正态分布的随机变量。我们选取的某一个确定值，实际上是指其 5%打滑率的值，因此保证车辆轮对不会滑行的概率仅为 95%左右。

② 低速制动的黏着系数离散度比较大，是我国制动黏着系数分布的特点之一。在速度为 50 km/h 以下的低速段，一般是在列车进站和出站的区段。一般情况下，站台两侧轨面状态比较复杂，轨面污染也比较严重，这是造成黏着系数离散大的主要原因。从制动黏着系数测试结果知，有时站台两侧的黏着系数甚至比速度为 120 km/h 时的黏着系数还要低。因此，列车在低速段的车轮滑行和擦伤问题更为突出。

③ 车轮踏面擦伤问题一直困扰着轨道交通的运营部门，虽然长期以来也采取了很多措施来降低轮轨表面擦伤事故，但收效甚微，其根本原因主要是：在列车制动过程中，制动力基本上是一个定值，而黏着系数却是一个变化的量，黏着力不可能总是大于制动力，一旦遇到制动力超过黏着力的情况，车轮便会滑行，甚至造成车轮踏面擦伤。

④ 城轨车辆一般都是在较高的速度下行驶，一旦出现车轮踏面擦伤，其危害也会随运行速度的提高而逐渐增加。因为车轮踏面擦伤造成的车轮踏面不圆或凹坑会产生对轨面的垂向冲击，而且车轮的垂向冲击加速度会随着列车运行速度的提高而加剧，进而也会降低旅客的乘坐舒适性，并且会使轴承发热，轨道受损，严重时将会危及行车安全。

总之，车轮踏面擦伤的根本原因在于列车制动过程中制动力超过黏着力。而这种情况无论是在高速段还是在低速段均有可能发生。因此，随着列车运行速度的提高，车轮踏面擦伤所造成的后果将更具危险性。解决这一问题的途径主要是加装防滑器或防滑系统。防滑器或防滑系统能够控制车辆制动过程中的制动力，并且能随时检测和调整制动力大小，使之始终小于并接近即时的黏着力，防止滑行的发生。

2.1.2 防滑装置的发展

防滑装置是防止列车因制动力过大或者由于某种原因而引起的黏着系数降低造成车轮被抱死，致使车轮在钢轨上滑行的一种装置。这种装置也经历了由简单到复杂，再由复杂到简单的发展过程。

1. 国外发展状况

最初的防滑装置装在机车上，人们意外地发现加装防滑装置后制动距离也随之减小。

后来，德国发明了 ABS（antilock braking system，防抱死制动系统）装置，该装置由装在车轮上的电磁式转速传感器和控制液压的电磁阀组成。当制动液压力上升、车轮抱死时，转速传感器的输出为零，电磁阀动作，关闭制动液进口，使制动液压力降低；制动缓解后车轮再次旋转，转速传感器的输出恢复正常，电磁阀动作，打开制动液进口，液压随之上升，再次对车轮制动。

1948 年，美国的一家公司开发了铁路机车专用的 ABS 防滑装置。该装置利用安装在车轴上的转速传感器测出车轴的减速度，然后使电磁阀动作，控制制动空气的压力，防止车轮滑行。

防滑装置经历了不断发展完善和进步的过程。早期的列车防滑装置为机械离心式或电气混合式结构。我国铁路在 20 世纪 60 年代也曾采用过电气混合式结构的列车防滑装置。随着计算机控制技术在工业控制领域迅速发展，相继研发了微机控制的防滑系统。进入 20 世纪

80 年代，国外推出的高速列车已无一例外地采用了微机控制防滑系统，例如德国的 MGS-1 型防滑系统、法国的 TGV 列车高性能防滑系统等。

2. 国内发展状况

我国在 20 世纪 80 年代后期也对单板机防滑系统进行了研究。20 世纪 90 年代，我国又在引进、吸收国外技术经验的基础上，对采用微机控制的防滑系统进行了深入的研究，并取得很大的进展。近年来，我国轨道交通发展很快，防滑控制的很多参考条件也不断地发生变化，需要更深入地进行研究，尤其是随着高速动车组的发展，对防滑控制系统提出了更高的要求，不但要求防滑控制系统具有良好的防滑性能，还要求防滑控制系统具有改善和提高黏着的性能。目前，我国很多轨道车辆安装的是国外进口的防滑控制系统，价格较为昂贵，因此设计出具有高灵敏度的防滑控制系统对于我国轨道交通的发展具有非常重要的意义。

任务 2.2　城轨车辆防滑控制系统

【学习目标】

① 熟知并掌握城轨车辆防滑控制系统的基本结构及其防滑控制。

② 了解防滑控制系统的基本要求。

【教学环境】

可利用多媒体设备进行直观的理论教学，利用图片和录制的视频进行初步认知教学，也可以到现场参观城轨车辆的防滑装置。

【教学设施】

教学用的 PPT、视频以及相关教学引导资料。

【理论模块】

防滑控制系统用于恢复轮轨黏着，其基本原理是：一旦检测到因外界因素或制动力过大引起黏着系数下降，就立即实施控制，尽快使黏着恢复到接近当时条件所允许的最佳黏着状态。

2.2.1　防滑控制系统的基本结构

典型的防滑控制系统主要由控制单元、速度传感器、机械部件和防滑阀组成。其中控制单元是防滑控制系统的核心部分，图 2-1 为电子防滑控制装置示意图。

防滑控制系统可以通过速度传感器检测出列车的正常速度，以及列车与被抱死车轮间的速度差。这两个检测信号被传送到防滑控制系统的微处理器，微处理器对二者进行比较并做出判断，必要时发出防滑控制指令。防滑控制系统的执行装置按防滑控制指令的要求采取措施，使车轮的制动力迅速降低，快速消除车轮滑行条件，当微处理器得到滑行消失的速度信号后，重新发出指令，恢复车轮的制动力。

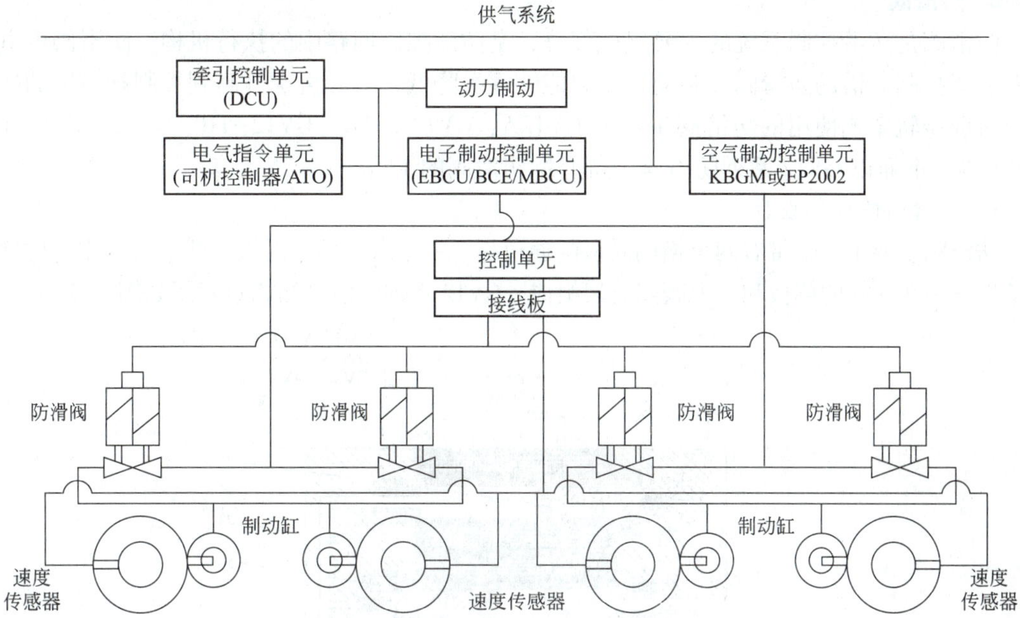

图 2-1　电子防滑控制装置示意图

1. 速度传感器

用于检测列车速度和轮对速度的装置称为速度传感器，又称为速度信号发生器或转速传感器，其结构原理图如图 2-2 所示。

速度传感器由测速齿轮、测速探头及电缆线组成。测速齿轮与测速探头之间有一个（0.9±0.5）mm 的空隙，永磁式的传感器会在间隙中感应磁力线。当车轮旋转时，测速齿轮的齿顶、齿谷交替切割磁力线，从而在永磁式的传感器中产生一个频率正比于运行速度的电脉冲信号，这个电脉冲信号就是送入微处理器的速度信号。

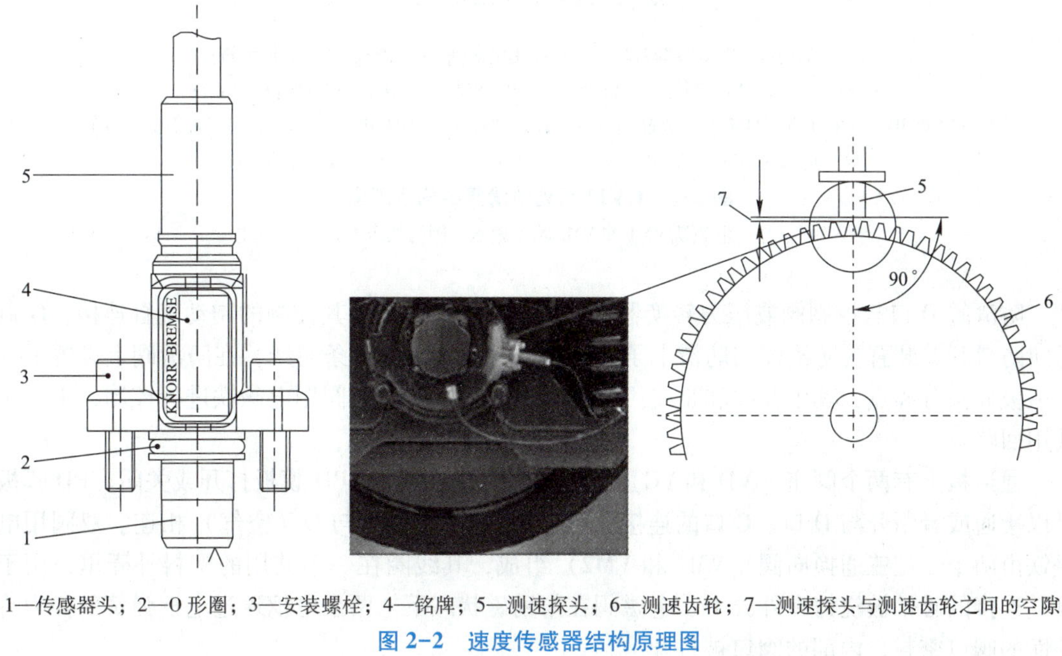

1—传感器头；2—O 形圈；3—安装螺栓；4—铭牌；5—测速探头；6—测速齿轮；7—测速探头与测速齿轮之间的空隙。

图 2-2　速度传感器结构原理图

2. 防滑阀

防滑阀是防滑控制系统的主要组成部分，是防滑控制回路中的执行机构。防滑阀由电子开关装置控制。借助防滑阀，制动缸压力能够逐级降低，或者再次升高到控制阀设定的压力值。目前城轨车辆使用的防滑阀主要有 GV12A、GV12A-1A、GV12-1B、GV12-2、GV12-ESRA 等。下面以 GV12 系列防滑阀为例介绍防滑阀的结构。

1）防滑阀的结构设计

防滑阀主要由一个带有两个换向膜板的通道板、一个双阀用电磁铁、两个将阀用电磁铁与通道板连接在一起的侧板和一个阀门支架组成。GV12 系列防滑阀结构示意图如图 2-3 所示。

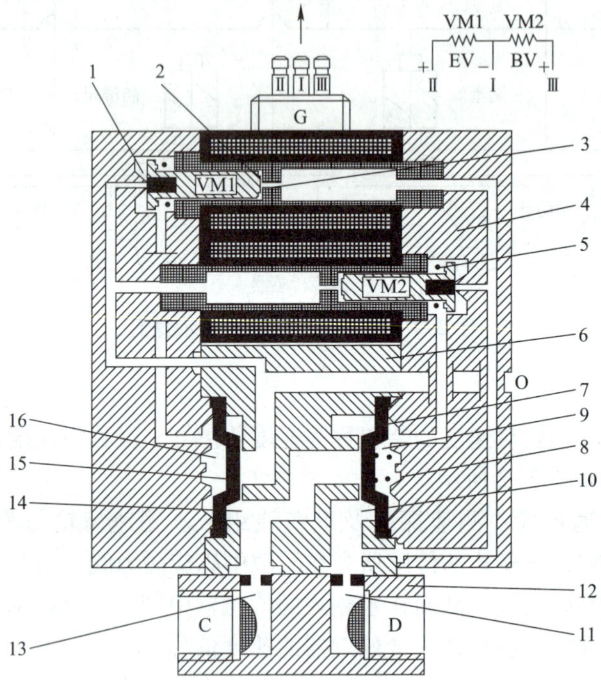

1—外部阀口；2—内部阀口；3—双阀用电磁铁；4—侧板；5—电枢弹簧；
6—通道板；7—PD 膜板；8—锥形弹簧；9—控制室（SD）；10—阀座（VD）；
11—喷嘴 dD（并非所有型号都有此装置）；12—阀门支架；13—喷嘴 dC（并非所有型号都有此装置）；
14—阀座（VC）；15—PC 膜板；16—控制室（SC）；O—通大气的接口。

图 2-3 GV12 系列防滑阀结构示意图

（电磁铁 VM1 和 VM2 均不励磁，阀门无压力）

防滑阀 D 口与控制阀或压力转换器进行气动连接，C 口与其控制的制动气缸连接，G 口通向防滑开关装置。防滑阀与防滑电子装置的电气连接采用 3 条芯线，在防滑阀上设置了一个三极插头分离点，其中Ⅱ线和Ⅲ线用于对排气和进气的两个阀用电磁铁进行控制，Ⅰ线是共用回路。

通道板上有两个阀座（VD 和 VC）。每个阀座都能够通过 PD 膜板打开或关闭。PD 膜板可以接通或者断开与 D 口、C 口的连接。PC 膜板可以使 C 口与 O（空气）相连。双阀用电磁铁由两个二位三通换向阀（VM1 和 VM2）组成，其线圈在一个共用的塑料外壳里，用于电气连接的触销被浇铸在外壳上。电磁阀在未励磁状态下，两个电枢通过电枢弹簧的弹力将外面的阀口密封，内部的阀口被打开。

两个侧板中包括膜板控制室 SD 和 SC 以及通向双阀用电磁铁的输入管路。阀门拧在阀门支架上。支架上有通向 D 口和 C 口的两个连接螺纹口。阀门从支架上拆下后，喷嘴 dD 和 dC 便很容易接近。

2）功能说明

（1）没有发生滑行状态下的制动和缓解（阀用电磁铁 VM1 和 VM2 均不励磁）

① 运行状态。运行状态如图 2-3 所示，阀门处于无压力状态。PD 膜板通过锥形弹簧保留在阀座 VD 上。

② 制动状态。制动状态如图 2-4 所示，D 口内的压力作用于 PD 膜板，由于控制室（SD）仍然没有压力，PD 膜板顶着锥形弹簧压向右侧末端，阀座（VD）开启。图示状态下，拉线标记“O”的地方，压力同 O 口；拉线标记“D”的地方，压力同 D 口。

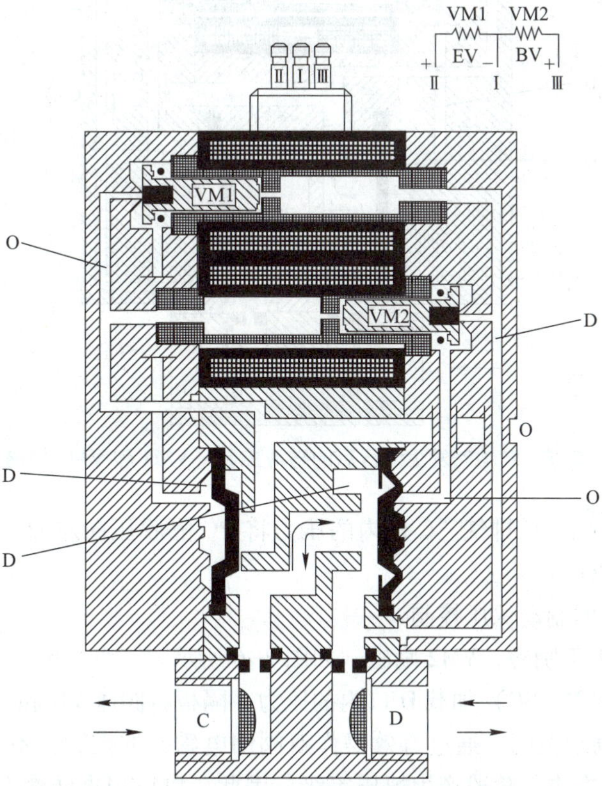

图 2-4 制动状态（VM1 和 VM2 不励磁）

与此相反，通过开启的 VM1 内部阀口给控制室（SC）加载 D 口内的压力。D 口内的压力（与 PC 膜板的有效受力面积有关）作为一种闭合力作用于 PC 膜板，阀座 VC 被关闭，D 口和 C 口内的通道开通，车辆可以无阻碍地进行制动。

③ 制动后的缓解状态。在制动解除时，阀门仍保持上述制动状态中所述位置，即 D 口和 C 口之间的内部通道是开通的，如图 2-4 所示。当锥形弹簧的弹力超过了 D 口内的压力（与 PD 膜板的有效受力面积有关）时 PD 膜板就关闭。这样随着 D 口内的压力不断降低，VC 阀座上的 C 口内的压力也会随之降低。

（2）制动时发生滑行后的防滑控制

双阀用电磁铁励磁，通过 VM2 给控制室 SD 加载 D 口内的压力，如图 2-5 所示。在 PD

隔膜上压力平衡；锥形弹簧将隔膜压到阀座 VD 上，D 口内的压力被阻断。图示状态下，拉线标记“O”的地方，压力同“O”口；拉线标记“D”的地方，压力同 D 口。

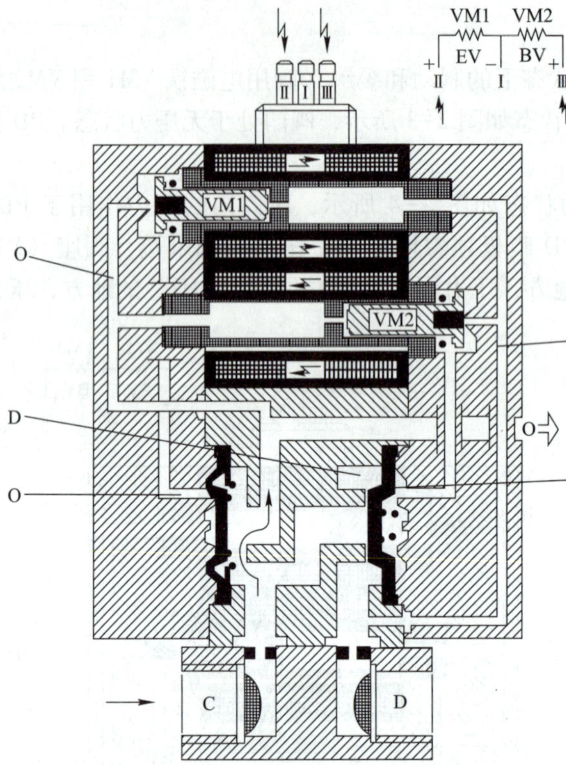

图 2-5 制动时发生滑行后的防滑控制（VM1 和 VM2 励磁）

通过 VM1 给控制室 SC 排气。C 口内的压力将 PC 隔膜压向左面。阀座 VC 打开；C 口内压力通过 VC 流向 O 口。

(3) 防滑控制后的制动保压控制

阀用电磁铁 VM1 不励磁，VM2 励磁，如图 2-6 所示。

给两个控制室（SD、SC）加载 D 口内的压力，隔板将阀座 VD 和 VC 关闭。C 口内的压力与 D 口和 O 口的通道关闭。通过有效操作双阀用电磁铁的控制，不仅可以在排气阶段产生恒压等级，也可以在进气阶段产生恒压等级。因此，可以根据防滑系统调节逻辑的要求，快速（无级地）或慢速（一级一级地）增压及降压。进气或排气的压力梯度（无级）是由喷嘴 dD 和 dC 决定的。喷嘴的大小取决于需控制的 C 口容积（并非所有型号都配有喷嘴）。

在如图 2-6 所示的状态下，拉线标记“O”的地方，压力同 O 口；拉线标记“D”的地方，压力同 D 口。

3) 防滑阀在车辆上的安装

将防滑阀固定在车身上时须使排气口方向向下。

为了保持尽可能低的无效时间和气流损失，应使通向受控的制动缸的输入管路尽量短，而且不能被节流。

防滑阀（除 GV12A 外）在阀门支架上有一个 C 口压力测量接口。这个测量接口在车辆投入使用之前必须密闭起来。

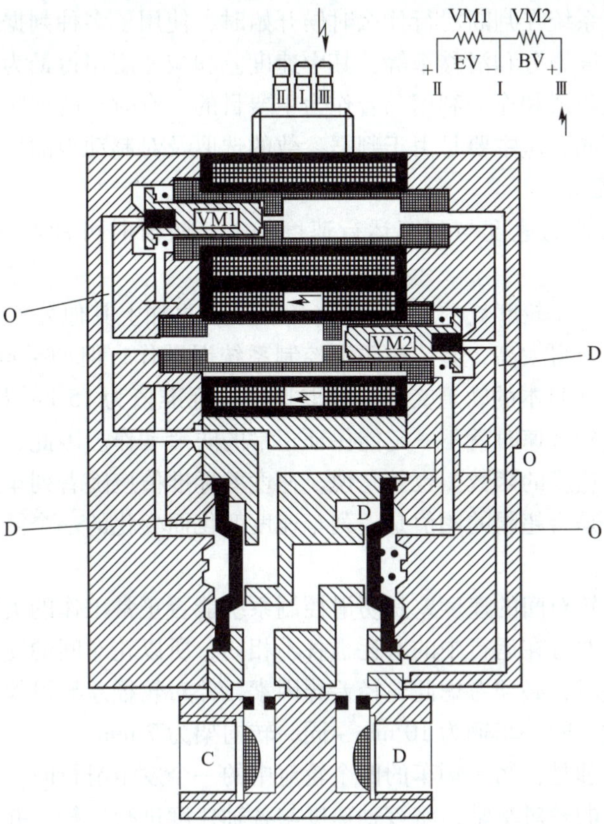

图 2-6 防滑控制后的制动保压控制（VM1 不励磁，VM2 励磁）

防滑阀安装尺寸和技术数据须参见相关的安装图纸。

2.2.2 列车防滑控制

列车防滑控制的逻辑框图如图 2-7 所示。

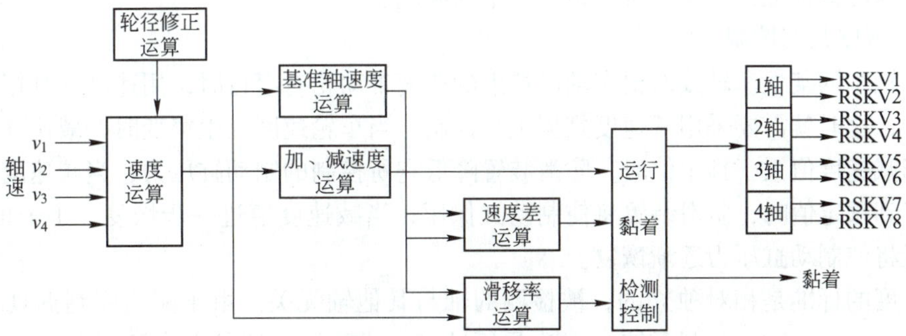

图 2-7 列车防滑控制的逻辑框图

防滑控制是在制动力即将超过黏着力时，降低制动力，使车轮恢复至滚动或滑、滚混合状态，避免车轮滑行。

防滑控制的关键是：首先要正确判断“滑行”什么时候即将开始。判断早了，会使制动力损失过大，无法充分利用轮轨间的黏着，使制动距离延长；判断晚了，就会产生滑行，造成踏面擦伤，起不到防滑作用。

目前，防滑控制系统在判断滑行什么时候开始时，使用了多种判据。这些判据主要有速度差、减速度、减速度微分和滑移率等，其中速度差和减速度用得最为普遍。无论采用哪一种判断依据，都应把防滑和充分利用黏着作为主要目的。有时，两种防滑控制系统采用相同的判据，但效果却不同，这主要是由于判据参数的选取及对制动力的控制过程不同造成的。

1. 速度差判据控制

速度差是某一根轴的速度与列车运行速度的差。防滑时可针对速度差制定滑行检测标准。

对于速度差标准，车轮磨耗的允许值为6%~7%，再加上其他公差，导致速度差范围很大。如果速度差标准定得太高，会造成防滑控制系统误动作；但如果速度差标准定得太低，也会导致灵敏度降低（日本的轨道交通一般取速度差标准值为15 km/h）。如果按高速范围制定速度差标准值，到低速时就不一定能保证正常的防滑动作。因此，速度差标准不能是一个固定值，它应当是速度的函数。也就是说，速度差标准值应随着列车速度的减小而逐渐减小，所以确定速度差是否超限的阈值是随列车速度变化而变化的一个函数，这就使得防滑控制系统变得较为复杂。

能否精确地测定轮对间的速度差是防滑控制系统能否正常工作的关键。由于每个动轮直径不是绝对相同的，并且在运行中的磨耗也各不相同，所以轮对间的速度差总是存在的。这就要求在检测速度差时，必须考虑此轮径差异因素，并对轮径差异设置校正功能。我国列车运行允许的轮径差是：同一车辆为10 mm，同一转向架为7 mm。

速度差控制的原理是：当一辆车的四个轮对中的一个发生滑行时，该轮对车轴的速度必然低于其他没有滑行的轮对车轴，将该轴速度与各轴速度进行比较，并判定滑行轴与参考轴的速度差，当差值大于滑行判定标准时，该车的防滑装置动作，降低相应车轴制动缸压力，使该轴的减速度逐渐减小；当差值达到某个预定值时，防滑装置将使制动缸保压，让车轴速度逐渐恢复；当差值小于滑行判定标准时，防滑装置将使制动缸压力恢复。

实践表明，轮对在连续滑行时，若采用速度差判据控制，则需要把各根车轴联系在一起。同时，由于它往往受速度范围的制约，且对于车轮磨耗造成的轮对圆周尺寸误差特别敏感，所以速度差标准的制定和设计是个复杂的问题。

2. 减速度判据控制

当一辆车的某根车轴或四根车轴以接近的速度带动轮对滑行时，用速度差判据是判别不出滑行的，这时就需要采用减速度判据进行控制。当车轮速度发生突变时，减速度值也相应增大。当减速度值大于预定值时，防滑装置降低它所控制的制动缸压力；当减速度值逐渐减小，恢复到预定值时，防滑装置将使制动缸保压；当减速度值进一步恢复，小于预定值时，防滑装置将使制动缸压力逐渐恢复。

减速度的标准是相对独立的，被检测的轴与其他轴无关。由于减速度判据具有这个特点，所以绝大多数防滑控制系统（无论是机械离心式防滑器还是电子防滑器）都采用此标准作为判据。

减速度判据值的确定对黏着利用也十分重要，部分防滑控制系统一般在减速度达到3~4 km/s^{2}时降低制动缸压力，而且作为定值，不受速度变化的影响。

3. 减速度微分判据控制

减速度判据也有不足之处，因为防滑机械部分动作的延迟会使制动缸的压力变化作用滞后。例如，安装在法国TGV列车上的防滑器，在使用减速度判据的同时，还引入了减速度微分判据进行辅助判断，因为当减速度判据达到标准时，虽然防滑装置动作，但需经过延迟时间后制动缸压力才开始变化，延迟时间内减速度的变化快慢会不同，即减速度的微分不同，这就有可能造成减速度变化快的防滑作用不良，而减速度变化慢的黏着利用不佳。引入减速度微分判据控制后，就有可能解决上述问题。减速度微分控制的判据是：

$$\left[a+\frac{\mathrm{d}a}{\mathrm{d}t}\Delta t\right]\leqslant \text{判定值}$$

式中：a——开始检测计算时的减速度值；

$\frac{\mathrm{d}a}{\mathrm{d}t}$——对减速度微分；

Δt——延时时间。

假定判据达到了滑行的判定值，则防滑系统动作，经过延迟时间后，无论减速度变化快还是慢，制动缸压力开始变化的减速度都是相同的。控制制动缸压力开始变化时的减速度，可以充分利用黏着，产生良好的防滑作用。但这种判断方式对防滑系统的要求较高，要求控制单元有较高的运算速度。

4. 滑移率判据控制

滑移率是某一轴的速度与参考速度之差对参考速度的比值。采用滑移率作为判据时，只要某一车轴的滑移率达到指定值，就认为发生了滑行，防滑控制系统就会对该轴的制动缸压力进行控制，其控制过程与以上几种情况基本相同。

滑移率与黏着利用密切相关，控制滑移率可以达到充分利用黏着的目的。日本的研究表明：当黏着系数为最大值时，滑移率将随着轨道的状况而发生变化，干燥钢轨的滑移率一般为 3%~10%，所以认为在微小滑行时，即使不产生缓解作用也会再产生黏着的情况很多，超过适当大小的滑行才需要缓解，这样会有助于缩短制动距离。

针对滑移率，日本还进行了专门试验，试验中把滑移率维持在 10%以下。当滑移率低于 5%时，瞬时黏着系数变化很小；当滑移率超过 5%时，黏着系数趋于下降。这表明，如果制动缸压力能被准确地控制，即车轮的滑移率能维持在确定水平，黏着就能得到有效利用，相应也可防止滑行的产生。在日本 883 系摆式车组（最大速度为 130 km/h）的制动试验中，使用常规防滑器，制动距离延长 15%；而采用滑移率控制的防滑系统的制动距离仅延长在 3%以内。

综上所述，滑行控制的主要出发点是：根据轮轨间极限摩擦力水平，在合理控制滑移率量值的基础上，充分利用和挖掘列车的黏着潜力，通过控制制动力使车轮滑移率保持在一定范围内，完全能在防止滑行的基础上充分利用黏着，防止制动距离延长过大。

2.2.3　对防滑控制系统的基本要求

1. 灵敏度高

在较高的速度范围内，由于黏着系数较低，本来就容易发生滑行，而且即使是在很短的时间内，因滑行距离较长，危害也是相当严重的，因此防滑控制系统应该具有高灵敏度。同时，灵敏度也受滑行标准、滑行检测速等诸多因素的影响。

一旦某根车轴上的轮对发生了滑行，要想迅速检测出来，不但要采用多种标准，而且这些标准的具体设置值要得当。标准定得高，则检测灵敏，动作快，可以使滑行很快地被制止。但是标准定得太高，会使滑行控制的稳定性能变差，一些微小的滑行也会引发防滑控制系统动作，从而延长制动距离，危及行车安全。滑行标准若定得太低，会使滑行性能检测灵敏度降低，同时会使检测滞后时间延长。因此，制定防滑标准是一个复杂的技术工作，要充分考虑防滑装置的结构及线路、使用的速度范围及车轮的磨耗等诸多因素。

2. 防滑特性良好

所谓防滑控制系统的防滑特性，是指当防滑控制系统检测到车轮发生滑行之后，通过逻辑线路和机械装置，立即切断动力制动，并且使摩擦制动的制动缸快速缓解；而当车轮停止滑行并恢复再黏着以后，制动缸又重新充气的整个过程的特性。它不但取决于检测系统、机械部件的灵敏性，而且还主要取决于防滑控制系统采用的控制方法及算法。防滑特性好，将会取得良好的防滑效果，使制动距离延长较短等。

通常，一个具有良好防滑特性的防滑控制系统可以保证：制动效率高，防滑反复动作次数少，制动距离适当延长，节约压力空气。

复习思考题 2

1. 简述城轨车辆防滑控制的必要性。
2. 城轨车辆常用的防滑控制系统由哪几部分组成？
3. 车辆制动时为什么会产生“滑行”？有什么危害？最重要的防滑方法是什么？
4. 简述防滑控制的依据。
5. 简述减速度判据控制的基本方法。

单元3 城轨车辆制动控制系统

【单元概述】

制动控制系统是空气制动系统的核心，它接收来自司机控制器或列车自动驾驶系统（automatic train operation，ATO）的指令，并采集车上各种与制动有关的信号，将指令与各种信号通过微处理器进行计算，得出列车所需的制动力，再向动力制动系统和空气制动系统发出制动信号。动力制动系统进行制动时，将实际制动力的等值信号再反馈给制动控制系统，制动控制系统通过运算协调动力制动和空气制动的制动量，空气制动系统将制动控制系统发来的制动力信号经流量放大后使执行部件产生相应的制动力，这就是制动控制系统的主要功能。

本单元主要介绍制动控制系统的组成及控制策略。

任务3.1 制动控制系统的组成

【学习目标】

① 理解城轨车辆制动控制系统的功能。

② 掌握城轨车辆制动控制系统中电子制动控制单元的逻辑关系、空气制动控制单元的结构组成及电气指令单元的分类。

【教学环境】

可利用多媒体设备进行直观的理论教学，利用图片和录制的视频进行初步认知教学，也可以到现场参观城市轨道交通车辆实训设备。

【教学设施】

教学用的PPT、视频及相关教学引导资料。

【理论模块】

制动控制系统主要由电子制动控制单元（electronic brake control unit，EBCU）、空气制动控制单元（pneumatic brake control unit，PBCU）和电气指令单元等组成。它在整个制动系统中的位置如图3-1所示。

3.1.1 电子制动控制单元

早期的轨道车辆是没有电子制动控制单元的，列车仅以压力空气作为唯一的制动力来源。电磁式制动机虽然采用电气指令控制，但它们只是通过司机控制器（电空制动控制器）进行励磁和消磁，从而控制列车的制动或缓解。

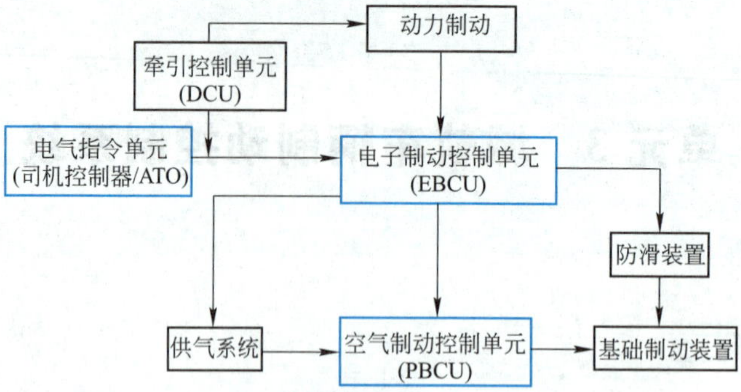

图 3-1 制动控制系统在整个制动系统中的位置

随着电子技术的迅速发展，特别是微机技术的发展，列车是否制动再也不用靠司机的头脑判断了，而由微型计算机综合列车运行中的各种相关参数，经过运算、判断、分析后给制动系统发出精确的指令，使制动系统动作。以微型计算机为中心的电子控制装置被称为电子制动控制单元（EBCU）、微机制动控制单元（MBCU）或制动控制电子装置（BCE）。

电子制动控制单元的主要功能如下。

① 接收司机控制器或 ATO 指令，并与牵引控制系统协调列车的制动和缓解。设有紧急制动电路，当紧急制动指令发出时，列车能迅速调用全部空气制动能力实行紧急制动。

② 将接收到的动力（电气）制动实际值经转换阀进行转换，将电信号转换成气动信号，发送给空气制动控制单元（PBCU），在保证电制动优先的条件下，空气制动能自动进行列车制动力的补偿，并将制动所需压力传递给基础制动装置，从而使列车制动力保持不变。

③ 控制供气系统中空气压缩机组的工作周期，监视主风缸输出压力等参数。如果供气系统中某台设备发生故障，它能及时调用备用设备填补。

④ 在列车制动过程中始终收集列车所有轮对速度传感器发来的速度信号，对轮对在制动中出现的滑行进行监视，一旦发现滑行，将立即发出防滑信号，并控制防滑装置中的防滑阀动作，实施防滑措施。

⑤ 对列车制动时的各种参数和故障进行监视和记录，可以在列车回库后用便携式计算机读取故障记录，获知各种故障信息。

电子制动控制单元从硬件上来说只是一台微型计算机和一些输入、输出设备，而起主要作用的是它的控制软件。随着制动控制软件的编制水平不断提高，使得电子制动控制单元的功能也越来越完善。

近年来，列车网络通信已成为车辆控制技术的新宠，电子制动控制单元也成为列车控制网络中的重要一环。集成电子技术也越来越多地融入制动系统中。机电一体化元件的出现，也使电子制动控制单元、微机制动控制单元和制动控制电子装置等逐渐被机电一体化组合件智能阀、网关阀和远程控制阀等所替代。这些新的元件不仅保留并扩大了原先电子制动控制单元的所有功能，还能承担网络通信的职能。例如，本书后面将介绍的 EP2002 制动控制系统，已经没有了独立的电子制动控制单元，其功能已完全融入网络控制系统的新元件中了。

3.1.2 空气制动控制单元

空气制动控制单元是制动系统中电气制动和空气制动的联系点，也是电子、电气信号与气动信号的转换点。

空气制动控制单元一般是由各种不同功能的电磁阀和气动阀组成的，但根据各制造厂商的产品系列和电气指令的模式不同，空气制动控制单元也有很大差别。虽然不同类型的空气制动控制单元的结构和组成不尽相同，但基本都包括以下几类组成部件：

① 内部有不同腔室及联通各腔室通路的阀体；

② 控制腔室及各通路的活塞和阀门；

③ 控制活塞、阀门的膜板、弹簧、顶杆和铁芯；

④ 控制顶杆和铁芯的电磁线圈；

⑤ 与各阀体内部各通路相连接的输入、输出接头；

⑥ 电-气或气-电转换部件等。

后面将在相关章节详细介绍各种不同结构的制动控制系统的结构、组成及制动控制原理。

3.1.3 电气指令单元

现代城市轨道交通几乎都采用了电气指令单元来迅速、准确、可靠地传递来自司机控制器或自动驾驶系统（ATO）的指令。电气指令单元也从根本上改变了传统上把空气压力变化作为传递制动信号或作为制动力的唯一来源的事实。早期的城轨车辆也曾使用过铁路车辆曾使用过的电磁直通式空气制动机，司机通过司机控制器对每辆车上的制动电磁阀和缓解电磁阀进行励磁和消磁，控制列车管中的压力空气的压力变化，使各辆车的制动阀动作，车辆产生制动和缓解作用，但这种电磁制动机的电气信号的产生非常简单，传递方式也是依靠有触点电器的动作作用，其准确性和可靠性都很难得到保证，故障率也高。

随着电子技术的发展，出现了新的电气指令传递方式及采用电气指令控制线的方式，这种制动方式有以下优点：使列车迅速实现制动、缓解，作用灵活且无冲动，有效利用轮轨黏着，缩短制动距离。按指令形式的不同，制动控制系统又可分为数字指令式和模拟指令式两种。

1. 数字指令式制动控制系统

数字指令式制动控制系统实际上是使用了3根常用制动电气指令线，并通过对应的3个常用电磁阀各自得电（相当于数字1）或失电（相当于数字0）组成的组合，0和1在组成3位数字时，除000外，还有001、010、011、100、101、110、111共7种组合。这7种组合就是7种不同的数字指令，当用来控制制动系统时就会得到7个不同的制动力级别。所以，数字指令实际上是开关指令的组合，属于分挡控制，这样的分挡控制指令通过具有多块气动膜板的中继阀动作，最后使得制动缸获得恒定的7级压力。如果采用更多的指令线，可获得更多的制动指令，但根据一般的经验，7级指令已经基本够用。

这种指令操纵灵活，可控性能好。我国自行研制的北京地铁车辆使用的SD型制动控制系统即为数字指令式制动控制系统。

2. 模拟指令式制动控制系统

模拟指令式制动控制系统可以实现无级制动控制和连续操纵。常用的模拟电信号有电流、电压、频率和脉冲信号等，这些模拟量可以传递制动控制信号。理论上，模拟指令式制动控制系统的操纵性能比数字指令式系统更方便，但它对传递指令的设备性能要求较高。

目前，上海地铁和广州地铁使用的电气指令制动控制系统即为模拟指令式制动控制系统。从司机控制器发出的指令，经调制器转换为脉冲宽度信号，即采用脉冲宽度调制方法

（简称 PWM）进行信号调制，不同的脉冲宽度表示不同的制动等级。制动指令传递到每辆车的微机制动控制单元。微机制动控制单元采集列车的运行速度和本车的负载信号，对制动指令进行修正并给出制动力值，并且能根据动力制动优先的原则，计算出所需补充的空气制动力的数值，用电气指令传送给电-空转换阀，电-空转换阀向中继阀输出空气压力指令。中继阀起着压力空气流量放大的作用，它将足够的压力空气送入制动缸，以实现不同等级的制动作用；或者将空气排出制动缸，以实现不同程度的缓解作用。

从目前的发展趋势来看，城轨车辆采用的脉冲宽度调制的模拟指令式制动控制系统，应当属于较为先进的列车制动控制系统。

任务 3.2 制动控制策略与车辆混合制动原则

【学习目标】

① 理解城轨车辆制动控制策略。

② 掌握城轨车辆混合制动的原则。

【教学环境】

可利用多媒体设备进行直观的理论教学，利用图片和录制的视频进行初步认知教学，也可以到现场参观城轨车辆实训设备。

【教学设施】

教学用的 PPT、视频及相关教学引导资料。

【理论模块】

3.2.1 制动控制策略

制动控制策略分恒制动率控制和空气制动滞后控制两种。

1. 恒制动率控制

城轨车辆载客情况变化很大，无论空载、满载或超员，都应保证列车的减速度与司机制动指令相对应。因此，制动控制系统必须检测各车辆的负荷重量，根据各动车和拖车的负载重量变化自动调整各级制动缸压力。在运行过程中，司机控制器的各制动级位都可保持恒定制动率，得到恒定减速度。

车辆负荷重量信号是以列车关门后空气弹簧储存的压力为参考值的。列车控制系统将每辆车的空气弹簧的压力信号通过压力传感器转换为电压信号后，按照空载和满载的极限值设定上、下限，作为车辆负载的电压输出。

2. 空气制动滞后控制

为实现指令减速度目标，列车编组内的各辆车有多种分担制动力的方法。过去常用的控制方法是各辆车各自承担自己需要的制动力，即均匀制动。采用这种控制方式，拖车所需的制动力将全部由自己的空气制动系统承担，拖车的闸瓦磨耗要比有动力制动的动车快得多。

随着近年来逆变控制的三相感应电动机牵引系统的大量应用，均匀制动的情况才有所改变。由于三相感应电动机自身具有良好的黏着特性，使黏着系数的期望值大大提高，即可以最大限度地使用动力制动力而不会发生滑行。因此，各辆车在分担制动力时，在其利用黏着不超过限制的范围内，进一步提高动车的制动力而减少拖车的制动力，以实现最大限度地利用动力制动的目的。所以，采用 VVVF 控制或斩波控制的列车，可以取得较高的期望黏着系数，在不超过黏着限制的范围内，充分利用动车的动力制动力，不足部分再由拖车的空气制动力补充，这样可以大大节约能源，有效降低拖车机械制动的磨耗。这种控制方式称为空气制动滞后控制。

以“两动一拖”编组的拖车空气制动滞后补充控制方式如图 3-2 所示，“一动一拖”编组的拖车空气制动优先补足控制方式如图 3-3 所示。

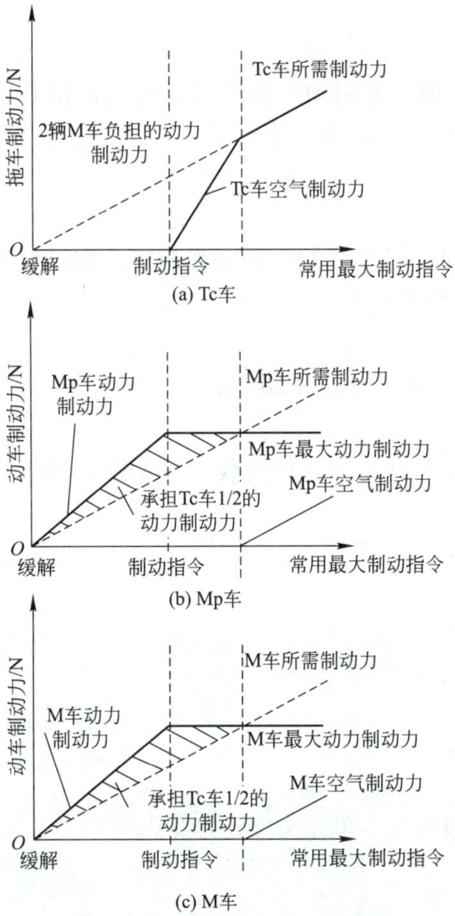

图 3-2　“两动一拖”编组的拖车空气制动滞后补充控制方式

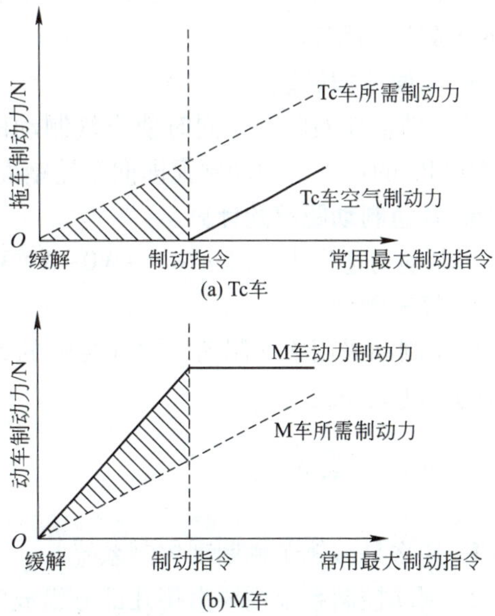

图 3-3　“一动一拖”编组的拖车空气制动优先补足控制方式

3.2.2　（常用）制动混合原则

1. 电制动无故障状态下的制动原则

在牵引控制单元（DCU）无故障状态下，电制动始终起作用，提供常用制动所需的制动力（AW0~AW2）。制动指令值同时送至所有的牵引控制单元（DCU）和电子制动控制单元（EBCU），并由它们分别根据车辆的载荷情况计算所需的制动力。

2. 电制动与空气制动混合的控制原则

电制动和空气制动之间的融和（混合）应是平滑的，并满足正常运行的冲击极限。空气制动用来填补所要求的制动需求和已达到的动力制动力之间的差额。

3. 制动力的分配

① 动力制动力的分配原则：由于车辆编组每单元为3节，假设每单元自己提供制动力，总共需要300%的制动力，而电制动时只有动车能提供制动力，每单元的3节车中只有2节动车，因此每节动车承担150%的制动力。

② 空气制动力的分配原则：由于每节车有独立的空气制动控制部件，在所有假定的恶劣条件下（电压低于DC 1 500 V、滑行影响及AW3载荷情况下），由“两动一拖”编组组成的单元车需要300%的空气制动力，每节车的（气制动控制单元）根据本车的载荷重量负责本车100%的制动力。

4. 电制动与空气制动的配合

DCU与EBCU之间有信号交换（电制动实际值、电制动故障信号、电制动滑行保护等），以供EBCU计算DCU是否提供所必需的300%的制动力，并确定是否需要进行空气制动补充或完全代替。

5. 踏面清扫设置

为了清洁轮对踏面，同时使空气制动的响应时间最小，制动指令发出后，制动缸获得30~50 kPa的压力，制动闸瓦即向车轮踏面施加一个制动力。

6. 紧急制动距离的计算

设制动初速度为80 km/h，AW0~AW3载荷时，制动距离≤204 m。

7. 停车制动

停车制动采用弹簧制动、空气缓解的方式。停车制动能使超员载荷（AW3）的列车在35‰的坡度上停放。

复习思考题3

1. 什么是城轨车辆制动控制系统？
2. 制动控制系统主要由哪几部分组成？
3. 电子制动控制单元的主要功能有哪些？
4. 什么是空气制动控制单元？
5. 什么是电气指令单元？按指令形式的不同电气指令单元又可分为哪几种？
6. 城轨车辆制动控制策略有哪些？
7. （常用）制动混合原则是什么？

单元4 供风系统

【单元概述】

供风系统是向整个列车提供压力空气的风源，它不仅为空气制动系统供风，而且也为其他用风部件提供风源，如风动塞拉门、风喇叭（汽笛）、受电弓风动控制设备、车钩操作风动控制设备、空气弹簧及刮水器等。供风系统制造的压力空气为用风设备的驱动提供动力，而压力空气的净化和干燥处理是供风系统不可或缺的，其目的是除去压力空气中所含有的灰尘、杂质、油滴、水分等，保证制动系统及其他用风设备能长时间可靠地工作。为了得到清洁、干燥的压力空气，供风系统一般主要由空气压缩机组、二次冷却器、空气干燥器、风缸、压力传感器、压力控制器、安全阀和空气管路辅助元件等组成。本单元主要介绍供风系统的组成及工作原理等。

任务4.1 城轨车辆供风系统概述

【学习目标】

① 熟知城轨车辆总供风系统的工作原理。
② 掌握城轨车辆压力空气的供给和处理装备。
③ 了解城轨车辆供风系统的维护。

【教学环境】

可利用多媒体设备进行直观的理论教学，利用图片和录制的视频进行初步认知教学，也可以到现场参观城轨车辆的供风系统。

【教学设施】

教学用的PPT、视频及相关教学引导资料。

【理论模块】

一般地，城轨车辆采用电动车组，以单元进行编组，所以其供风系统也是以单元为单位来供风的。每一单元设置一套供风系统，相邻车辆的主风管通过截断塞门和软管相连，由两个以上单元组成的列车就具有两套以上供风系统。供风系统主要包括空气压缩机组单元（简称空气压缩机）、主风缸、脚踏泵及空气管路系统等。用风设备主要包括制动装置、空气悬挂装置、车门控制装置，以及风喇叭、刮雨器、受电弓风动控制设备、车钩操作风动控制设备等。

供风系统为制动及所有其他用风设备提供所需的压力空气，系统中设有三相交流电机驱动的活塞式空气压缩机或螺杆式空气压缩机。

4.1.1 总供风系统的工作原理

城轨车辆的供风系统能为每一单元车提供足够的压力空气。空气经空气压缩机上的空气过滤器 A02 过滤后进入空气压缩机，在电动机的驱动下被压缩的空气经冷却器冷却、干燥器（A07）干燥后，同时送至主风缸（A09、A、B、C 车各一个）和总风管。相邻车辆的主风管通过截断塞门（B27.1、B27.2）、软管（B25）相连，以使各车辆之间的压力空气保持流通，如图 4-1 所示。压力调节器（A13）控制着电动机的接触器，故空气压缩机的起、停由压力调节器（A13）控制，当总风管压力≤750 kPa 时，空气压缩机自动起动；当总风管压力≥900 kPa 时，则停机。对于双单元列车，如果任一节 A 车出现最低压力信号，则两台空气压缩机同时起动；如果出现指示两节 A 车有足够压力的信号，则两台空气压缩机关闭。空气压缩机的设计能力应有足够的储备量，如果一台空气压缩机发生故障，另一台空气压缩机将承担整列车的全部供气。

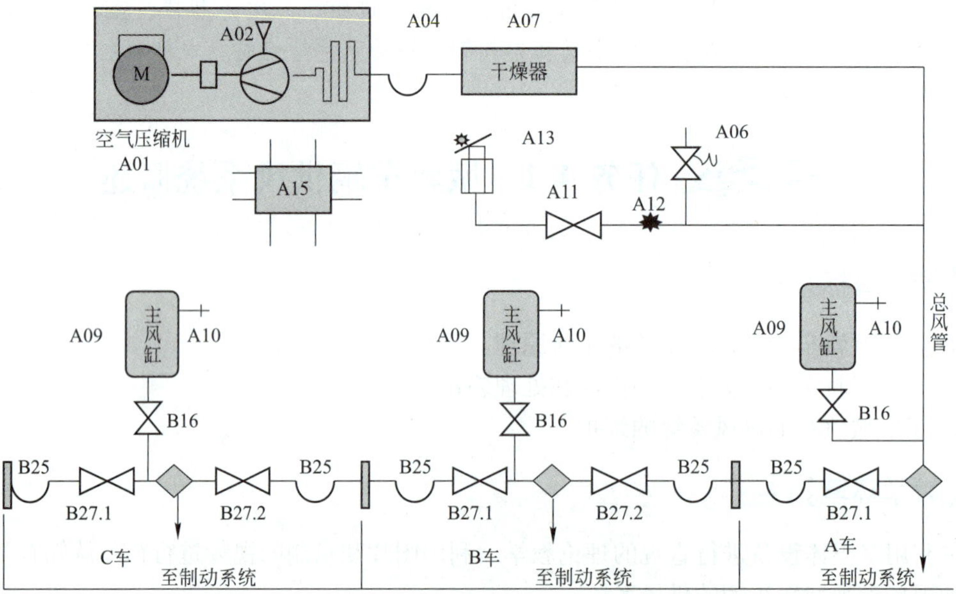

图 4-1 供风系统组成示意图

4.1.2 压力空气的供给和处理装备

空气压缩机中的压力空气是通过空气压缩机的柔性输送软管（A04）进入干燥器的，干燥器用活性氧化铝作为干燥剂对空气进行再生干燥，压力空气以车辆为单位储存在主风缸里。每列车有两个空气压缩机，并且通过电子制动控制单元来控制。

空气压缩机的工作模式是：一台空气压缩机作为主压缩机（通常模式），另一台空气压缩机为从压缩机（从动模式或辅助模式）。每列车上的电子制动控制单元都能接收来自列车磁通信号程序（FIP）的今天哪个压缩机是主压缩机的信号。这个信号以天为基础来更换。如果列车需要的压力空气一台空气压缩机就能满足，则第二台空气压缩机就不再起动，只有当总风管压力低于750 kPa，一台空气压缩机不能满足要求时，才起动第二台空气压缩机。

每个压力空气供给和制动控制模块都装有一个压力传送器，它连接在总风管上，压力传送器监控总风管的压力，并将压力信号传送到电子制动控制单元，电子制动控制单元根据压力传送器的压力信号控制空气压缩机的起动或关闭，并且依据不同的压力决定是开通常用模式还是辅助模式的空气压缩机。主风缸上的安全阀的作用是防止总风压力过高而使空气压缩机运转控制失败。

1. 压力空气的供给

1）空气压缩机的工作模式

① 常用模式：空气压缩机在规定的压力范围内起动和关闭，即当压力降到起动极限时空气压缩机开始起动，当压力超过停机极限时空气压缩机关闭。压力控制在两个压力极限之间。

② 辅助模式：空气压缩机在低于规定的压力范围时起动，在规定的高压范围内关闭。即当压力降到辅助极限时空气压缩机开始起动，当压力超过停机极限时空气压缩机关闭。其压力控制在两个压力极限之间。

2）空气压缩机的应用模式

在列车运行过程中，空气生产系统采用常用模式或辅助模式进行工作。

当一个空气压缩机的电子制动控制单元接收到列车磁通信号程序（FIP）的今天哪台空气压缩机是主压缩机的信号时，该空气压缩机采用常用模式运行；当它没有收到这个信号时，则该空气压缩机采用辅助模式运行。当没有司机室被激活时，则最近工作于常用模式的空气压缩机以常用模式运行。

① 正常运行：如果压力低于起动极限，司机室车辆上的空气压缩机起动，当压力下降到辅助极限时，则从空气压缩机起动。司机室压力表显示的是总风管压力和拖车一个转向架上一个制动管的压力。

② 降级运行：如果一台空气压缩机出现故障，则另一台空气压缩机在常用模式下运行，向整个列车提供压力空气。如果两台空气压缩机都出现故障，则列车必须停止运行。当两列车进行连挂时，总风管可以根据实际情况决定是否连挂。

表4-1给出的是空气压缩机应用模式。

表4-1 空气压缩机应用模式

司机室1	司机室2	司机室1车上的空气压缩机	司机室2车上的空气压缩机
0	0	辅助模式	辅助模式
0	1	辅助模式	常用模式
1	0	常用模式	辅助模式
1	1	常用模式	常用模式

注：1. “1”代表使用中，“0”代表未使用；

2. 司机室1和司机室2同时在使用这种情况是不允许的，TIMS系统严禁这种情况的发生。

3）压力极限的相关概念

① 安全极限：使安全调整阀（主管安全阀）起作用的压力。

② 停机极限：在所有模块上空气压缩机停止工作的压力值。

③ 起动极限：在指定模块上空气压缩机开始起动的工作压力值。

④ 辅助极限：当总风管的压力达到该极限时，从空气压缩机开始起作用，用来帮助该列车的主空气压缩机运转，这是一种辅助模式。

⑤ 紧急极限：当总风管的压力达到该极限时，紧急制动开始实施，直到列车停下。

不同压力标准的时间图如图 4-2 所示，其中阴影部分表示工作时段。

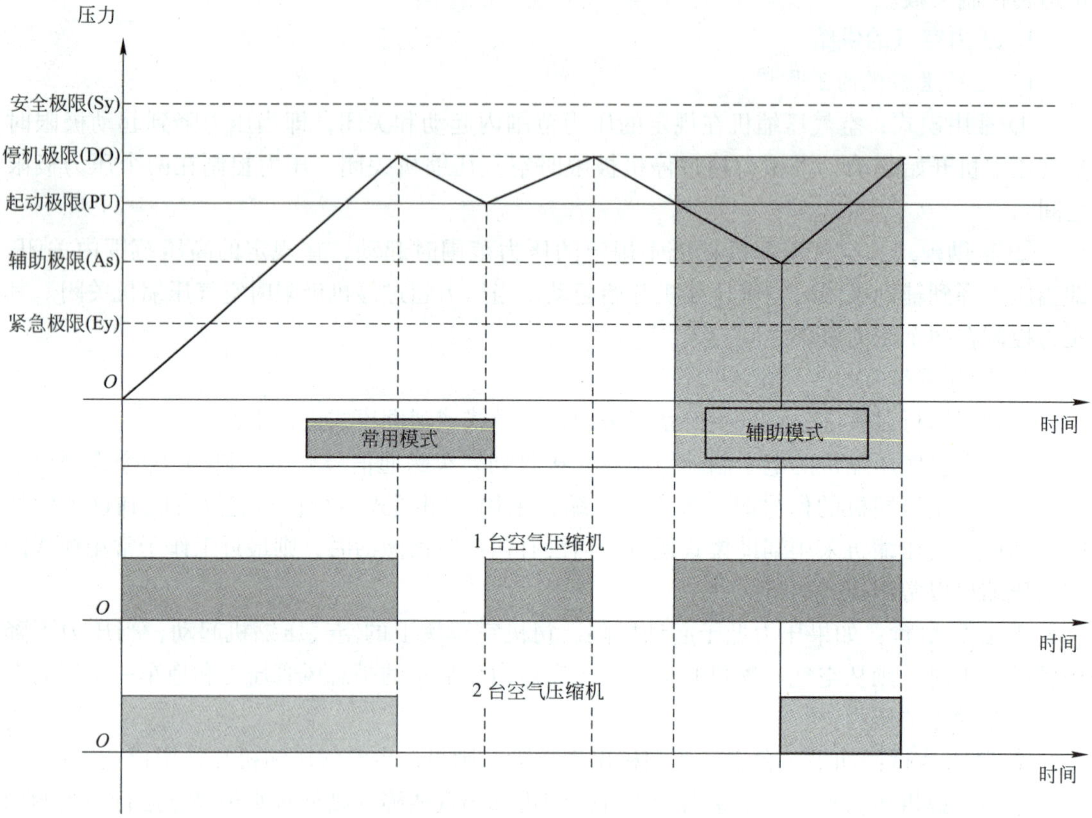

图 4-2 不同压力标准的时间图

2. 空气压缩机及其工作过程

1）空气压缩机的电气连接

空气压缩机用中等电压作为它的驱动电压，其控制和监测电压采用低压电。空气压缩机产生的压力空气供摩擦制动、喇叭、二级悬挂、自动车钩解钩和受电弓升弓使用，空气压缩机的沟通由 TMS 系统来完成。

为了使空气压缩机得到最高的可靠性，每一台空气压缩机采用一套独立的三相交流电线路。

2）空气压缩机的工作过程

空气通过进口过滤器进入空气压缩机，除去大部分灰尘和其他微粒后，通过盘形吸入阀进入低压活塞缸。

随着低压活塞缸中活塞的运动，吸入低压活塞缸中的空气被压缩，压缩到一定程度时打开弹性卸载阀，把压力空气送入中间冷却器进行冷却。中间冷却器中的压力空气进入高压活塞缸，在高压活塞缸中对冷却空气进一步压缩，压缩至所需工作压力后，冷却空气进入后冷却器进一步冷却。

当总风管的压力达到规定的工作压力后，电子制动控制单元将打开电机的电流接触器，使空气压缩机停止工作。

4.1.3　城轨车辆供风系统的维护

城轨车辆供风系统的维护如表 4-2 所示。

表 4-2　城轨车辆供风系统的维护

行车里程数	维护实施
8 333 km	空气压缩机：检查油位
	空气压缩机输送软管：检查
50 000 km	MR 安全阀：检查
100 000 km	空气压缩机：更换空气过滤器
	空气压缩机：换油
	空气压缩机：清洗中间/后冷却器
	空气干燥器：清洗
	MR 安全阀：更换
500 000 km	空气压缩机：检查更换
	空气干燥器：更换干燥剂
600 000 km	空气压缩机输送软管：更换
	空气压缩机控制压力传送器：更换
	MR 低压控制开关：更换
1 000 000 km	空气干燥器：检查更换

4.1.4　郑州地铁 1 号线的供风系统

郑州地铁 1 号线列车的供风模块模型图如图 4-3 所示，供风模块气路图如图 4-4 所示，整个供风模块安装在 M 车上，每列车共计两套。该装置主要通过一台 AC 380 V/50 Hz 的三相交流电机驱动 VV120 型空气压缩机组（A01.01）来提供压力空气，并且由软管（A01.02）、安全阀（A01.03，1 200 kPa；A01.11，1 050 kPa）、LTZ015.0H 型双塔式空气干燥器（A01.04）、精细过滤器（A01.05）、压力控制器（A01.08，700~900 kPa；A01.09，550~900 kPa）、塞门（A01.06，A01.10）、测试头（A01.07）等对压力空气实施干燥、净化处理和控制。处理后的压力空气进入总风管，进而通过车钩气路装置（W 组部件）向相邻车辆传输；列车中的每节车均从总风管获取本车所需使用的压力空气。每列车两台空气压缩机的起动分为网络控制和硬线控制两种控制模式，当总风压力小于 750 kPa 时，网络控制设定的主空气压缩机起动。当压力继续降低到小于 700 kPa 时，空气压缩机起动由硬线控制，具体由压力控制器（A01.08）控制实现。压力控制器（A01.08）设定空气压缩机自动起、停的压力转换点分别为 700 kPa 和 900 kPa；压力控制器（A01.09）为总风压力低监测开关，当总风压力低于 550 kPa 时开始动作，使列车产生紧急制动，总风压力升至 700 kPa 时紧急制动缓解。

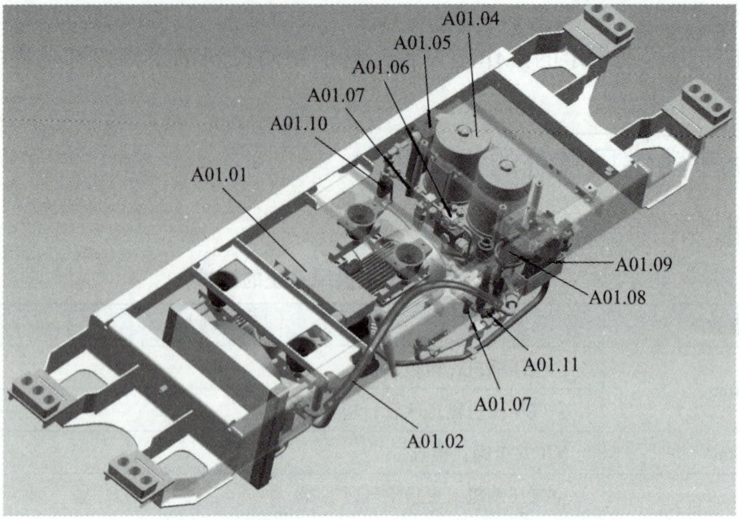

图 4-3 郑州地铁 1 号线列车的供风模块模型图

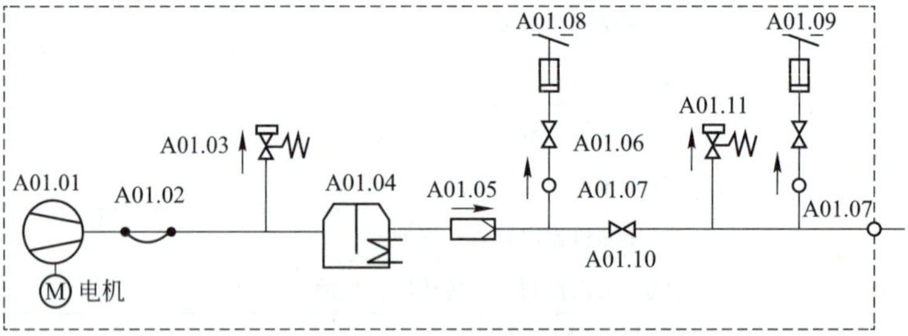

图 4-4 郑州地铁 1 号线列车的供风模块气路图

任务 4.2 空气压缩机

【学习目标】

① 掌握活塞式空气压缩机的结构及工作原理。

② 掌握螺杆式空气压缩机的结构及工作原理。

【教学环境】

可利用多媒体设备进行直观的理论教学，利用图片和录制的视频进行初步认知教学，也可以到现场参观城轨车辆的供风装置。

【教学设施】

教学用的 PPT、视频以及相关教学引导资料。

【理论模块】

空气压缩机简称空压机，是用来制造压力空气（也称压缩空气）的装置。城轨车辆采用的空气压缩机要求具有噪声低、振动小、结构紧凑、维护方便、环境适用性强的特点，其直流驱动电机已逐渐被交流驱动电机取代。空气压缩机的噪声要求在 5 m 处不超过 68 dB。供往总风管和辅助用风设备的压力空气，须经过干燥和过滤，达到较高的标准。

目前，城轨车辆中采用的主要有活塞式空气压缩机和螺杆式空气压缩机两种。

4.2.1 活塞式空气压缩机

活塞式空气压缩机的特点是体积小、重量轻、维护方便、噪声低，压缩机采用飞溅润滑、二级压缩风扇冷却。电动机与压缩机之间的连接是一种耐久的连接，不需要维护，而且有一个自动对中的中间法兰，可使电动机与压缩机准确对中。空气通过一个空气过滤器供给空气压缩机，此过滤器具有较高的过滤能力，能确保空气压缩机得到最佳的保护。整个空气压缩机组采用弹性方式安装在车体上，从而消除了空气压缩机组振动对车体的影响。为了避免空气压缩机组振动传给列车管路，空气压缩机组通过高压软管（A04）与车体上的设备相连。

城轨车辆采用的活塞式空气压缩机型号通常是 VV120-W，其外形结构如图 4-5 所示。空气压缩机组单元由 3 个活塞缸、中间冷却器、后冷却器和电动机组成，采用空气冷却方式，并且公称压力 1 000 kPa 时能以 950 L/min 的速度向车辆制动系统提供冷却压力空气。

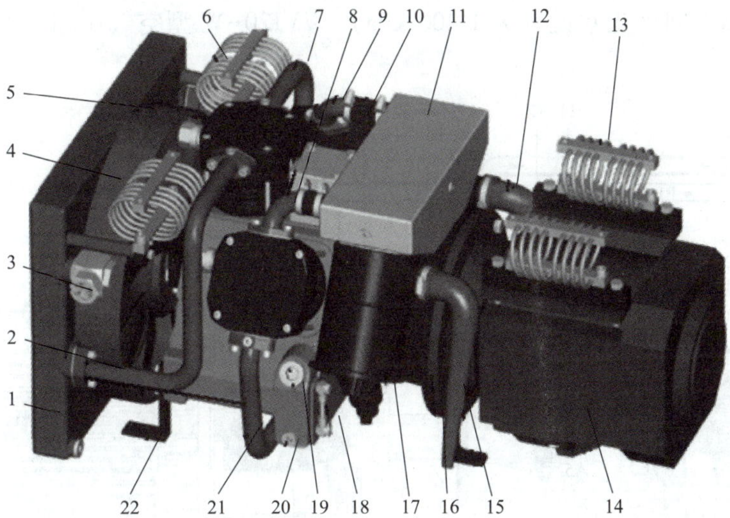

1—冷却器（高压级和低压级）；2—高压进气管；3—排气口；4—冷却风扇；5—高压缸；6—弹性支座；7—高压排气管；8，9—低压进气管；10—软管；11—进气消音器；12，15—进气口；13—弹性支座；14—电动机；16—中间法兰；17—干式空气滤清器；18—油位指示器；19—注油口；20—泄油口；21—低压排气管；22—支撑角铁。

图 4-5 VV120-W 型空气压缩机外形结构

作为压力空气的供给源和制动控制模块的一部分，空气压缩机悬挂在车下，它和车体采用柔性连接，能有效缓冲空气压缩机给车辆带来的振动。

活塞式空气压缩机应用广泛，技术成熟，可靠性和稳定性好，不需特殊润滑，性价比具有吸引力。

1. 活塞式空气压缩机的结构组成

空气压缩机有两个低压活塞缸和一个高压活塞缸，它们在同一个曲轴上呈 W 形布置，采用名义压力为 400 V 的三相交流电来驱动。电动机和压缩机通过自动找正的中间联轴节来连接，活塞的弹性载荷的金属盘在空气冷却的铸铁汽缸中运动。

润滑油采用飞溅的方式，通过曲轴在曲轴箱中的旋转离心力进行飞溅润滑，其中一个过滤器安装在曲轴箱的排气口处，用来分离活塞运动产生的分布于空气中的润滑油。这些润滑油将通过油槽回到曲轴箱的油槽中，曲轴箱中润滑油的油量通过油位指示器显示出来，要求一定要能从可视镜中看到油箱中的油量，因为油量太少会导致温度过高或停机，油量过高会导致阀体碳化。

空气压缩机在压缩低压空气时，空气先经过油纸过滤器，然后进入中间冷却器，在这里能够将压缩产生的一些热能散发掉，低压空气经过高压活塞缸进一步压缩，产生的高压空气进入后冷却器进行冷却，冷却后的高压空气经过空气干燥器处理后进入用风系统。

圆桶状的空气滤清器入口安装在空气压缩机机舱内，用来保护空气压缩机。作为空气压缩机的入口，该滤清器起到一个纱布过滤的作用，它高速旋转，充分利用离心力来分离空气中大的灰尘颗粒，并除去潮湿空气中的水分，水分和灰尘颗粒将被收集到机舱中一个小容器内，在空气压缩机停止运转时利用地球引力排出空气压缩机。

为了防止空气压缩机中的压力过高，在空气压缩机中安装了两个安全保护阀，一个线性安装在两个低压活塞缸和中间冷却器之间（正常设置为 500 kPa），一个线性安装在高压活塞缸和后冷却器之间（正常设置为 1 400 kPa）。VV120-W 型空气压缩机的内部结构参照图 4-6。

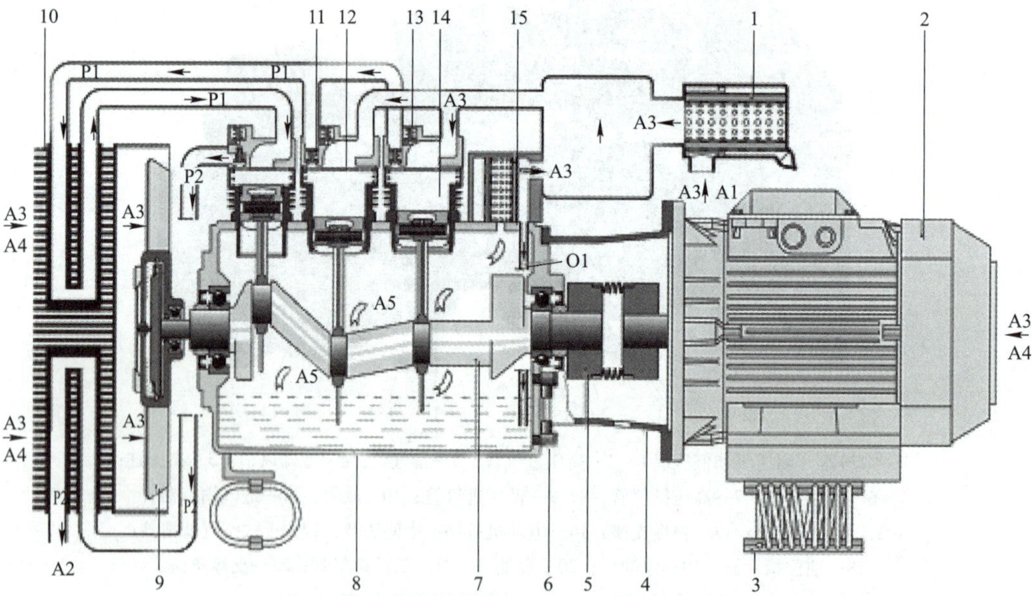

1—空气滤清器与进气消音器；2—电动机；3—弹簧支承；4—中间法兰；5—联轴节；
6—油位指示器；7—曲轴；8—曲轴箱；9—风扇叶轮+柔性连接；10—冷却器（高压级和低压级）；
11—排气阀；12—吸气阀；13—安全阀；14—气缸；15—集油器；
A1—进气口；A2—排气口；A3—抽吸气体；A4—冷却空气；
A5—含油气体；P1—中间压力；P2—高压；O1—注油口。

图 4-6 VV120-W 型空气压缩机内部结构

2. 活塞式空气压缩机的基本工作原理

电动机通过联轴节驱动空气压缩机曲轴转动，曲柄连杆机构带动高、低压缸活塞同时在气缸内做上下往复运动。由于曲轴中部的三个轴颈在轴向平面内互成120°角，两个低压活塞和一个高压活塞的转角分别相隔120°。当低压活塞下行时，活塞顶面与缸盖之间形成真空，经过空气滤清器的洁净空气推开进气阀片（进气阀片弹簧被压缩）进入低压缸，此时排气阀在弹簧和中间冷却器内空气压力的作用下关闭。当低压活塞上行时，气缸内的空气被压缩，当其压力大于排气阀片上方压力与排气阀弹簧的弹力之和时，推开排气阀片，具有一定压力的空气排到缸外，而进气阀片在气缸内压力及其弹簧的作用下关闭。两个低压缸送出的低压空气，都经气缸盖的同一通道进入中间冷却器。经中间冷却器冷却后，空气进入高压气缸，进行第二次压缩，压缩后的空气经排气阀口、总风管送入主风缸中储存。高压活塞的进、排气作用与低压活塞的进、排气作用相同。活塞式空气压缩机的基本工作原理如图4-7所示。

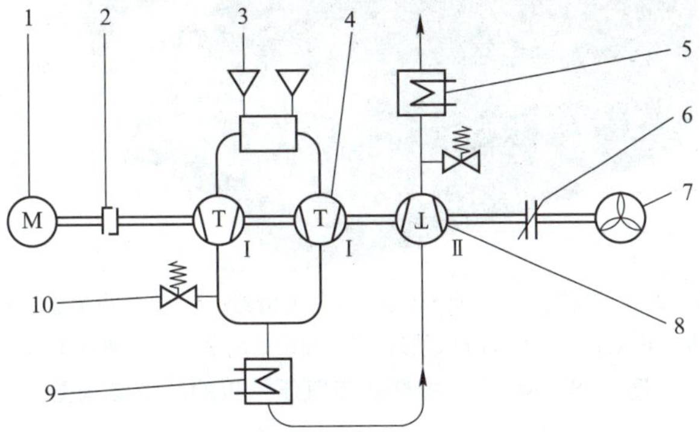

1—电动机；2—联轴节；3—空气滤清器；4—2个低压气缸（第1级）；5—二次冷却器；
6—黏液耦合器；7—风扇叶轮；8—高压气缸（第2级）；9—中间冷却器；10—防护阀。

图4-7 活塞式空气压缩机基本工作原理

在运用中，主风缸压力保持在一定的范围，如750~900 kPa，它是通过空气压缩机压力控制器（调压器）自动控制空气压缩机的起动或停止来实现。当主风缸的压力逐渐增高，达到规定压力上限时，压力控制器切断空气压缩机驱动电机的电源，使空气压缩机停止工作；而随着设备的用风和管路的泄漏等，使主风缸的压力逐渐降低，达到规定压力下限时，压力控制器接通空气压缩机组中电动机的电源，使空气压缩机开始工作，主风缸压力又回升。这样主风缸压力一直被控制在规定的范围之内。

4.2.2 螺杆式空气压缩机

螺杆式空气压缩机与活塞式空气压缩机一样，都属于容积式压缩机。它具有以下特点：①压缩机零部件少，没有易损件，因而运转可靠，寿命长，可靠性高；②操作维护方便；③压缩机没有不平衡惯性力，机器可平稳地高速工作，可实现无基础运转，特别适合用作移动式压缩机；④体积小，重量轻，占地面积少；⑤压缩机具有强制输气的特点，容积流量几乎不受排气压力的影响，能在较宽的范围内保持较高效率，适用于多种工况。

1. 螺杆式空气压缩机的结构组成

SL22型螺杆式空气压缩机是目前城轨车辆使用较多的空气压缩机，由克诺尔公司生产，下面以该型号空气压缩机为例进行相关介绍。SL22型螺杆式空气压缩机采用非连续工作模式，由车载压力控制器控制，当风压低于850 kPa时起动，超过 1 000 kPa 时关闭。螺杆式空气压缩机为单级压缩机，主要由压缩机、电动机、电气系统、弹性装配装置、监控和安全装置、空气滤清器和其他部件构成。空气压缩机组单元是一个独立的模块化装置，属于自承式紧凑型机组，通过弹性支承件与车辆相连。图 4-8 为 SL22 型螺杆式空气压缩机的外形结构图。

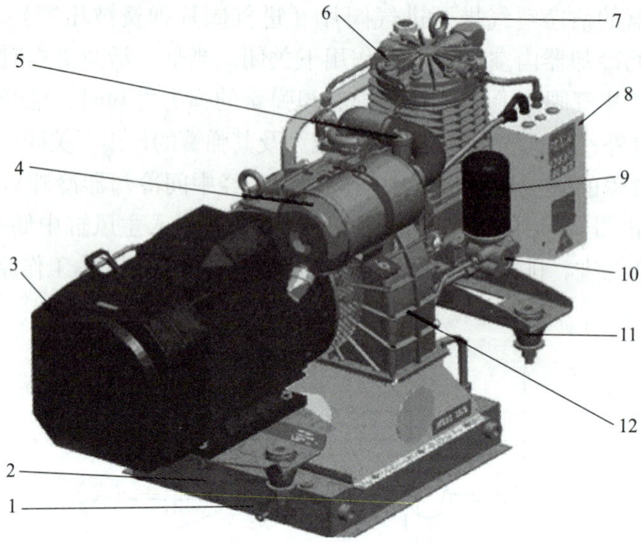

1—排油口；2—冷却器；3—电动机；4—空气滤清器；5—真空指示器；6—压缩机；7—吊环螺钉；8—电气系统；9—油过滤器；10—油位指示器；11—弹簧支承；12—冷却风扇。

图 4-8　SL22 型螺杆式空气压缩机的外形结构图

2. 螺杆副工作原理

图 4-9 为 SL22 型螺杆式空气压缩机螺杆副结构示意图。SL22 型螺杆式空气压缩机采用根据强迫送风原理工作的双轴转动式螺杆结构。压缩机转动体由两个带有螺旋槽的相互配合的转子组成，转子在一个灰铸铁箱体内转动。

随着转子旋转，位于轮齿之间的空气量不断发生变化。当入口打开时，空气吸入。当两个入口被转动体盖住时，空气被压缩，同时向出口流动；当转子掠过出口时，压力空气随着转子的转动排出。箱体内风口的大小和位置决定了压缩机的压缩比。

为了使转子齿面相互之间以及转子齿面与外壳之间密封，要向压缩机单元内注油。油被泵入到压缩机中，可吸收并带走由于空气压缩而产生的大部分热量，使压缩过程几乎恒温进行。为最大限度地降低内部逆流损失，压缩机应保持在最低额定转速以上。

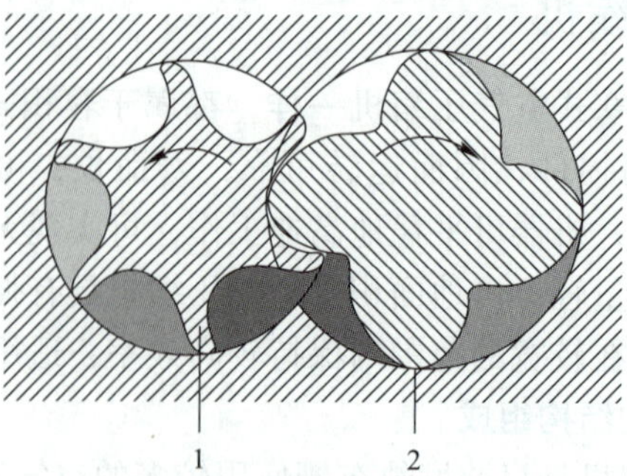

1—副转子；2—主转子。

图 4-9　SL22 型螺杆式空气压缩机螺杆副结构示意图

3. 螺杆式空气压缩机的工作原理

SL22型螺杆式空气压缩机内部结构如图4-10所示。压缩机转动体在含有油分离系统［压力空气除油过滤元件（1.1.4）和析流板（1.1.1a）］的压缩机箱体（1.1.1）中运动。轴箱（1.9）和涡壳（1.5）连接在一起，构成一个支承机组的牢固结构。轴箱（1.9）内有一个安装在电动机和压缩机转动体之间的联轴节上的离心风机，散热器（1.8）可对空气和油进行冷却。

空气滤清器用来将待压缩的空气净化后输送到压缩机；真空显示器可显示空气滤清器（F）是否需要进行清理，如果空气滤清器里的灰尘超过规定标准，真空指示器显示红色。压缩机内的压力空气经空气散热器（1.8b）到达压力空气接口（1.8c）。油通过控油单元（1.2）返回压缩机；随着温度和控油单元内恒温器设置的不同，通过油散热器（1.8a）的油（热）量有所不同。集成的散热器（1.8）可从离心式风机（1.6）获得冷却空气（A4）。

1）空气循环

如图4-10所示，外界空气经空气滤清器（F）除尘后，通过压缩机进气端的入口止回阀（1.4.3）被吸入压缩机转动体内，随着主、副转子的旋转，位于轮齿之间的空气被压缩，在压缩空气出口经送风管被送入压缩机箱体内。

压缩机开始运行时，低压阀保持初始的关闭状态，使压缩机箱体内的空气压力迅速增加。在此压力下，油循环马上开始进行。当压缩机箱体内的压力达到650 kPa时，低压阀打开，压力空气被送到下游的车载风动系统中。当压力达到设定值时，压缩机停止工作；同时，低压阀关闭，以免来自供风系统的空气逆流回压缩机箱体中。

压缩机每次关闭时，空气压力通过减压阀自动降低。压缩机停止工作后，当低压阀和进气端的入口止回阀关闭时，来自压缩机转动体的逆流压力空气使入口管路中的压力增大；此时，卸压阀（1.4）动作，使压力空气从压缩机箱体流到空气滤清器，使箱体内的空气压力马上降到约180 kPa，然后，空气压力通过卸压阀上的节流孔慢慢降低为零。

2）油循环

如图4-10所示，工作中的压缩机内的压差将油通过滤油芯筒（1.2.7）送到转动体内的泵油点上，对转动体内的轴承和转子进行润滑。此外，油还可以吸收空气压缩产生的热量，并锁闭两个相互配合的螺旋槽转子两端的间隙，以及压缩机转动体和转子圆形凸部之间的间隙。

来自压缩机转动体的油/气混合物在被送到压力空气除油过滤元件（1.1.4）进行过滤前，先通过送风管喷射到压缩机箱体内的析流板（1.1.1a）上进行粗略过滤，在此析出的油聚集在油过滤元件下部，压缩机箱体内的压力将积聚的油经吸油管道过滤器（1.15.3）和节流孔送回压缩机转动体内。

当油温达到约83℃时，控油单元（1.2）内的调温器（1.2.2）打开通向油散热器（1.8a）的油路（低于此温度时该通路关闭），油送入压缩机转动体内并很快达到最佳工作温度，避免了油的积聚和沉淀。

来自压缩机箱体送风管内的油/气混合物的温度由温度监控器（T2）监控；若达到温度极限，则温度继电器（T1）使压缩机停止工作。

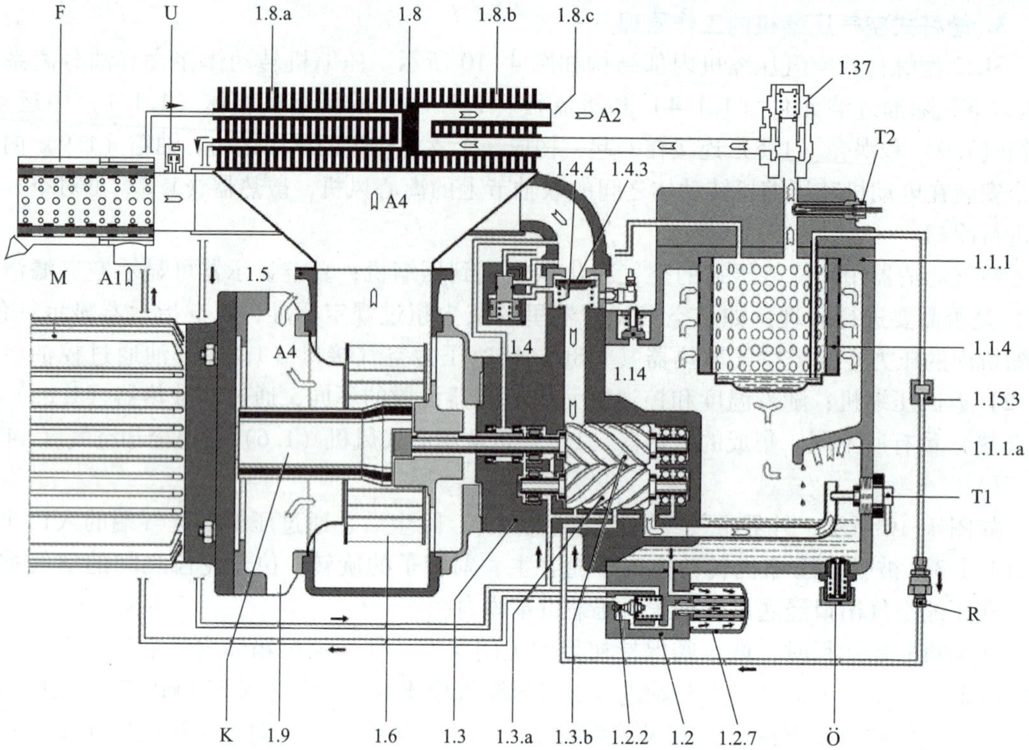

1. 1. 1—压缩机箱体；1. 1. 1a—析流板；1. 1. 4—压力空气除油过滤元件；1. 2—控油单元；1. 2. 2—调温器；1. 2. 7—滤油芯筒；1. 3—压缩机单元；1. 3. a—主转子；1. 3. b—副转子；1. 37—最低压力阀；1. 4—卸压阀；1. 4. 3—止回阀；1. 4. 4—压缩弹簧；1. 5—涡壳；1. 6—离心式风机；1. 8—散热器；1. 8. a—油散热器；1. 8. b—空气散热器；1. 8. c—压力空气接口；1. 9—轴箱；1. 14—安全阀；1. 15. 3—吸油管道过滤器；ö—放油阀；K—联轴节；F—空气滤清器；M—电动机；T1—温度继电器；T2—温度监控器；U—真空指示器；R—止回阀；A1—进气口；A2—压力空气出口；A4—冷却空气。

图 4-10　SL22 型螺杆式空气压缩机内部结构

任务 4.3　空气压缩机风管路系统辅助设备

【学习目标】

① 熟知空气压缩机风管路系统辅助设备的分类。
② 掌握空气压缩机风管路系统辅助设备的结构和功能。

【教学环境】

可利用多媒体设备进行直观的理论教学，利用图片和录制的视频进行初步认知教学，也可以到现场参观城轨车辆的供风装置。

【教学设施】

教学用的 PPT、视频及相关教学引导资料。

【理论模块】

1. 温度开关

在失油、油量不足、冷却不良等情况下，均可能导致排气温度过高。当排气温度达到温度开关所设定的温度值时，则温度开关将断开，进而导致空气压缩机停机。检查温度开关时，先拔下温度开关上的电线护套，再用电阻表测量温度开关两接线柱间的电阻。当温度没有达到设定值时，该电阻值应为0。

2. 压力开关

每当空气压缩机停机后，油气筒内和进气口处是空载的，于是下次压缩机可以在很小的负荷下起动。卸压过程不是一个突变的、不受控制的过程，而是一个仔细定时的过程。这就是空气压缩机停机后，要等到卸压完成后才能再次起动的原因。安装在空气压缩机上的膜片式压力开关，可以确保空气压缩机在压力小于300 kPa的情况下再次起动。

压力开关受进气阀阀座内压力控制，空气压缩机停机后，油气筒内压力立即传至进气阀阀座内，压力开关断开。随着油气筒内的压力被卸压阀快速卸除，进气阀阀座内压力也降低，当压力小于300 kPa时，压力开关恢复接通，此时压缩机才能再次起动，保证了电动机在低负载下起动，空气压缩机再次起动的最长时间间隔为（7±1）s。空气压缩机运行时，进气阀腔内压力低于大气压力，压力开关处于接通状态。压力开关在出厂前已设定好，请勿随意调整。

3. 压力阀

压力阀位于油气筒上方油细分离器出口处，开起压力设定为（600±50）kPa。压力阀的主要功能如下：

① 开起时优先建立起润滑油的循环压力，确保机器的润滑；

② 压力超过（600±50）kPa后开起，可降低流过油细分离器的空气流速，除确保油细分离效果之外，还可保护油细分离器避免因压差太大而受损；

③ 当空气压缩机停机后油气筒内压力下降时，防止主风缸内压力空气回流。

4. 安全阀

安全阀用于限定所处管路的最高压力。当压力高于安全阀的限定值时，安全阀向外间断式喷气，起到降压保护管路和提醒的双重作用。

郑州地铁1号线车辆在供风模块中有两个安全阀，分别为：A01. 03（型号SV8），整定值为1 200 kPa，保护空气压缩机在安全的工作压力范围内；A01. 11（型号SV8），整定值为1 050 kPa，保护后续的空气管路、制动设备在安全的工作压力范围内。安全阀外形结构如图4-11所示。

图4-12为安全阀内部结构及其工作原理示意图。其工作方式为：在正常工作压力下，阀座（V）是关闭的。当压力超过安全阀的设定值时，阀杆（2）将顶着压缩弹簧（3）上移，通过排风口（B）泄压。压力降到合适的值之后，阀座（V）重新关闭。

出厂时，已通过调整螺栓（4）设定安全阀的开起压力。为了避免设定值在未经许可的情况下被更改，用一个铅封（6）将安全阀封闭。

为了检查功能部件的灵活性，并清除阀门上可能出现的污垢，安全阀还有一个通气装置。通过拧出手动通风螺栓（5），阀杆（2）（顶着压缩弹簧）便被连带向上提起，阀座（V）打开。排气时便会将可能存在的杂质从阀门中吹出。

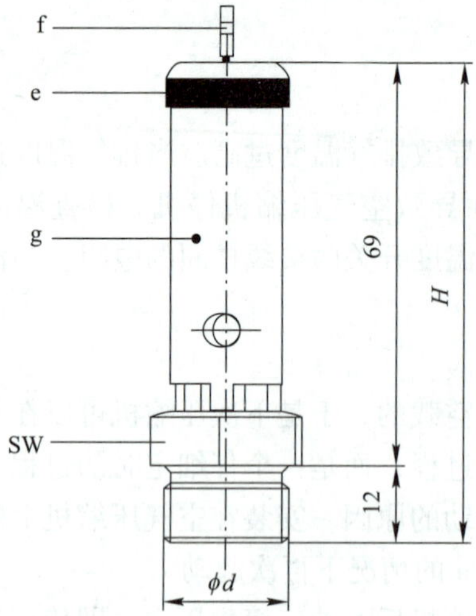

H—高度；g—标签（用激光刻印）；SW—对边宽度；
ϕd—接口螺纹直径；e—手动通风螺栓；f—铅封。

图 4-11 安全阀外形结构

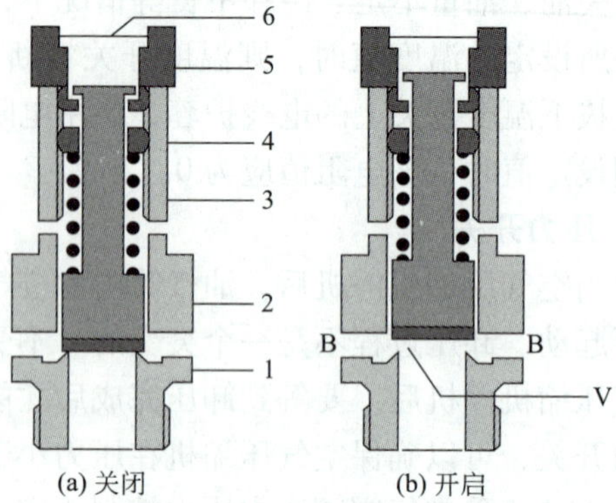

1—阀箱；2—阀杆；3—压缩弹簧；4—调整螺栓；
5—手动通风螺栓；6—铅封；B—排风口；V—阀座。

图 4-12 安全阀内部结构及其工作原理示意图

5. 压力控制器

压力控制器通过压力变化改变电路，即电信号的变化可定性地反映所控制管路的压力变化，其压力整定值根据需要可调。在郑州地铁 1 号线项目中，整个系统中有三处用到该装置，各压力控制器的主要作用、型号及整定值如表 4-3 所示。

表 4-3 郑州地铁 1 号线项目中压力控制器的主要作用、型号及整定值

代号	主要作用	型号	整定值/kPa
A01.08	硬线后备，控制两台空气压缩机自动起停	MCS11	700~900
A01.09	总风压力低时控制两台空气压缩机同时投入	MCS11	550~700
B22	反馈停放制动状况	DS-2004	380~480

压力控制器外形结构如图 4-13 所示。其工作方式为：如果给压力监控器加上压力空气，则当压力达到相应的上开关压力或下开关压力时，所连电路即断开或闭合。

当压力值不符合要求时，需要对其压力值进行调整，可以按照图 4-14 调节压力开关，压力开关设定值如表 4-4 所示。

6. 空气滤清器及真空指示器

1）空气滤清器

过滤良好的无尘进气，可以降低空气压缩机的磨损，延长使用寿命。因此，在空气压缩机的进气口处都配有组合式空气滤清器。它的特点是最大限度地清除尘埃。当空气从空气滤清器入口切向进入时产生旋流，使颗粒较粗的尘土沉积在滤清器内壁上，再落入壳体后盖内。空气滤清器的粗滤度可达 80%，从而大大延长滤芯的寿命。沉积在壳体后盖内的尘土可通过隔膜阀排出。

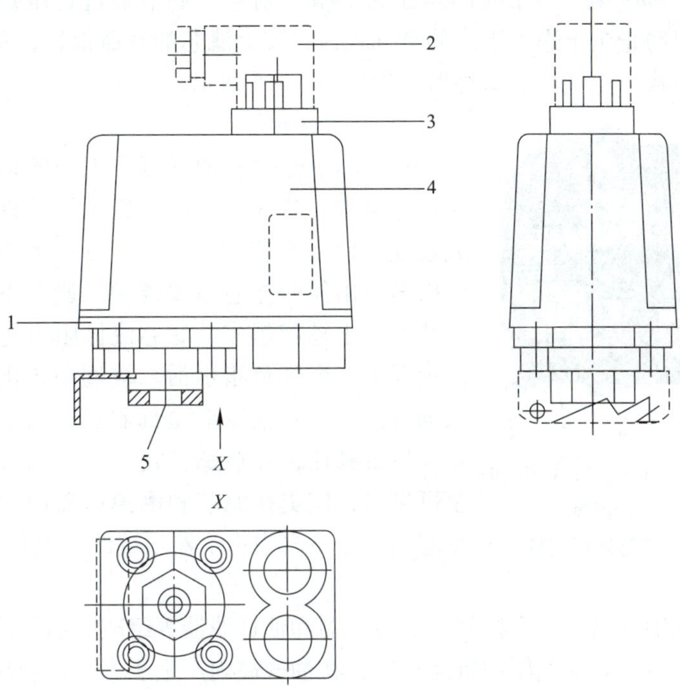

1—底板；2—设备插头（不属于压力监控器的供货范围）；
3—插头插座；4—护盖；5—压力空气接口。

图 4-13 压力控制器外形结构

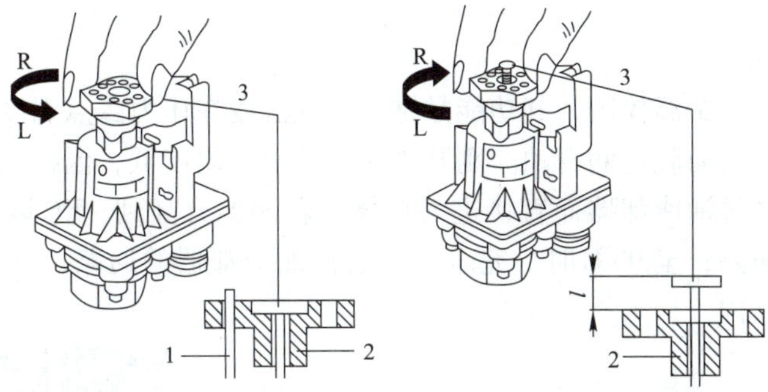

1—定位销； 2—调节旋钮； R L —右旋； R L —左旋。
3—轴杆； l—按下距离；

图 4-14 压力开关调节示意图

表 4-4 压力开关设定值

设定值/kPa	切换误差/kPa
<500	±10
500~650	±15
>650	±20

空气滤清器的滤芯为干式纸质过滤器，它对空气进行精细过滤，过滤精度为：粒径

3 μm的颗粒为99.9%；粒径1 μm的颗粒为99%。对空气滤清器进行维护时，可将滤芯卸下。安全滤芯可以防止尘土进入干净的空气入口，安全滤芯的寿命很长，只有当滤芯被第五次维修时才需要更换。空气滤清器外形结构如图4-15所示。

1—壳体；2—安全滤芯；3—滤芯；4—压扣；5—壳体后盖；6—隔膜阀。

图4-15 空气滤清器外形结构

2）真空指示器

真空指示器是一种气压式工作的精密仪器，带光学显示，通常安装在空气压缩机系统的进口，其作用是最大限度地使用安装在空气滤清器中的滤芯。真空指示器可以显示出何时滤芯需要维护，避免不必要的支出。当滤芯上尘土越积越多，滤芯流体阻力越来越大时，真空指示器上一个红色指示活塞被逐渐推出，进入外壳的透明部分。当指示活塞能全部看见，或箭头指向5 kPa且在此位置锁住，并在螺杆式空气压缩机停机时仍保持完全可见时，应更换滤芯和倒掉后盖内的尘土。重新装上滤芯后，按下真空指示器顶端的“复位”按钮复位。

7. 油路系统

油路系统由油细分离器、温控阀、油冷却器和油过滤器等组成。润滑油是利用压差原理进行循环的，无油泵。当空气压缩机运行时，在油气筒内产生压力，推动润滑油通过油过滤器，然后将润滑油传送到螺杆组的轴承、传动机构以及注油点处。润滑油用来润滑机器、将转子的叶片在端部密封分隔开，并将空气压缩产生的热量带走。

1）油细分离器

滤芯用多层细密玻璃纤维制成，压力空气中所含雾状油气经过油细分离器后几乎可被完全滤去。

2）温控阀和油冷却器

油冷却器前装有一个温控阀，其功能是维持排气温度在压力露点温度以上，避免空气中的水汽在油气筒内凝结而乳化润滑油。刚开机时，润滑油温度低，温控阀自动打开通往机体的油路，润滑油不经过油冷却器而直接进入机体。若油温升高到77℃以上，温控阀逐渐打开通往油冷却器的通路；至93℃时，完全打开通往油冷却器的通路，润滑油会全部经过油冷却器后再进入机体内。

3）油过滤器

这是一种纸质的过滤器，其功能为除去油中杂质，如金属微粒、油的劣化物等，以保护轴承及转子。若油过滤器未及时更换，则可能导致进油量不足，造成排气温度升高，以致停机；或导致油过滤器内的旁通阀开起，使脏油未经过滤即进入压缩机内，损伤转子、轴承及壳体。在更换油过滤器时，须使用原厂提供的专用带式扳手，夹住黑色滤筒，顺时针方向旋转，拆下旧的油过滤器，用手旋上新的油过滤器。油过滤器外形结构如图4-16所示。

1—温控阀；2—油过滤器。

图4-16 油过滤器外形结构

4）润滑油的选择

喷油螺杆式空气压缩机只有在它的油路系统正常发挥作用时才能平稳工作。为了避免损坏转子部件，润滑油必须在空气压缩机起动后几秒钟内完成以下功能：

① 使啮合的转子与壳体之间的间隙密封；

② 吸收并带走空气压缩过程产生的热量；

③ 润滑滚动轴承和受载荷的转子面。

正确选择润滑油是极其重要的。因为在城轨工作状态下，温度变化范围很大。每一种等级的润滑油都有其本身特定的黏度/温度特性。随着温度的降低，润滑油的运动黏度会加大，使空气压缩机低温起动时油的循环难以实现。润滑油对喷油螺杆式空气压缩机性能有决定性的影响，若使用不当或误用，会导致压缩机体的严重损坏。

选择原则：抗氧化性、抗乳化性、抗气性、抗泡性、抗融性、抗磨性、抗腐蚀性等各方面均性能良好。

任务 4.4 空气干燥器

【学习目标】

① 掌握单塔式空气干燥器的结构和工作原理。

② 掌握双塔式空气干燥器的结构和工作原理。

【教学环境】

可利用多媒体设备进行直观的理论教学，利用图片和录制的视频进行初步认知教学，也可以到现场参观城轨车辆的供风装置。

【教学设施】

教学用的 PPT、视频及相关教学引导资料。

【理论模块】

空气压缩机输出的压力空气中含有较高的水分、油分和机械杂质等，必须经过空气干燥器将其中的水分、油分和机械杂质除去，才能达到车辆上用风设备对压力空气的要求。液态的水、油微粒及机械杂质在滤清器中基本被除去，压力空气的相对湿度降低（通常相对湿度在 35%以下），是避免用风过程中出现冷凝水危害的主要方式。

空气干燥器的基本原理是：空气干燥过程由吸附过程和再生过程组成。吸附过程中，吸附剂吸收压力空气中的水汽，干燥压力空气；再生过程是吸附剂干燥再生的过程。吸附过程是一个平衡反应过程：吸附剂（干燥剂）和与其接触的压力空气之间湿度应趋于平衡，当相对湿度大的压力空气与吸附剂的表面接触时，由于吸附剂具有大量微孔，与空气的接触面积很大，吸附剂可以大量、快速地吸附压力空气的水汽分子，达到干燥压力空气的目的；再生过程也是一个平衡反应过程，用于吸附剂再生的吹扫气体由较高压力的压力空气膨胀而来，膨胀时空气体积增大而压强降低，使得吹扫气体的相对湿度较低，因而易于“夺”走吸附剂上已吸附的水汽分子，使吸附剂恢复干燥状态，达到再生的目的。

常用的吸附剂有硅凝胶、氧化铝、活性炭及分子筛等。

空气干燥器一般都是塔式的，有单塔式和双塔式两种，其特点都是“压力吸附与无热再生”。

4.4.1 单塔式空气干燥器

1. 单塔式空气干燥器外观结构

单塔式（也称单筒式）空气干燥器是一种无热再生作用的干燥器，由油水分离器、干燥筒、排水阀、电空阀、再生风缸和消声器等组成，如图 4-17 所示。它的特点是吸附剂的吸附作用与再生作用在同一个干燥筒内进行。在油水分离器中，存有许多“拉希格”圈（这是一种用铝片或铜片做成的有缝的小圆筒），干燥器则是一个网形的大圆筒，其中盛满颗粒状的吸附剂。

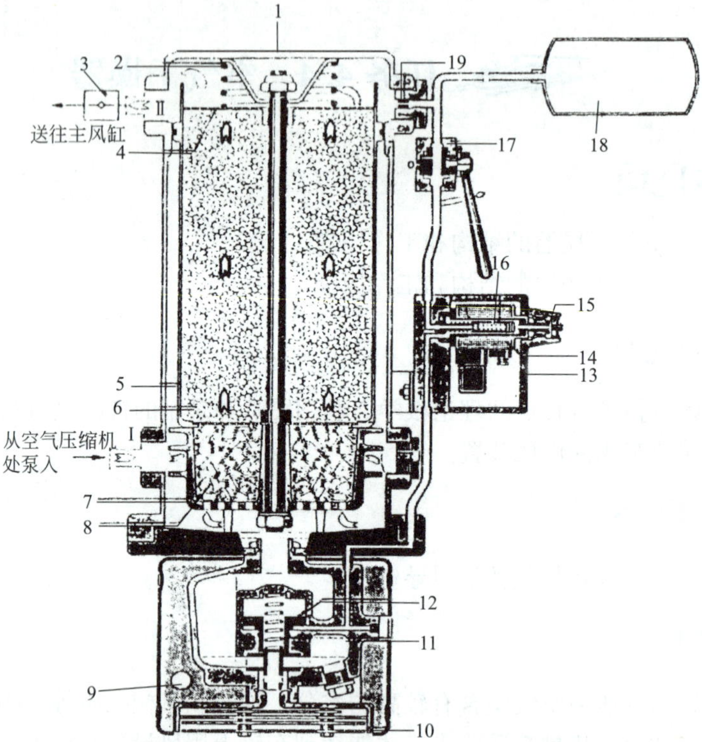

1—空气干燥器；2—弹簧；3—单向阀；4—带孔挡板；5—干燥筒筒体；
6—吸附剂；7—油水分离器；8—“拉希格”圈；9—排水阀；10—消声器；
11—弹簧；12—活塞；13—电空阀；14—线圈；15—排气阀；16—衔铁；
17—带排气的截断塞门；18—再生风缸；19—节流孔。

图 4-17 单塔式空气干燥器（吸附工况）外观结构

2. 单塔式空气干燥器作用原理

空气干燥器工作过程：空气压缩机工作时，电空阀（13）失电，活塞下方通过排气阀（15）通向大气，活塞（12）在弹簧力作用下关闭排水阀（9），而空气压缩机输出的压力空气从干燥塔中部的进气口（Ⅰ）进入干燥塔，首先到达油水分离器（7），当含有油分和机械杂质的压力空气经过“拉希格”圈（8）时，油滴吸附在“拉希格”圈的缝隙中，机械杂质则不能通过“拉希格”圈的缝隙，这样就将压力空气中的油分和机械杂质滤去，此后压力空气进入干燥筒，与吸附剂相遇，吸附剂大量地吸收水分，使从干燥筒上方输出的压力空气的相对湿度降低，达到车辆用风系统的要求。干燥筒下方 1/4 高度为装有“拉希格”

圈的油水分离器，而上方3/4高度为装有吸附剂的空气干燥筒。

经过干燥的压力空气，一路经过接口Ⅱ及单向阀（3）送往主风缸，单向阀的作用是防止压力空气从主风缸逆流；另一路经节流孔（19）充入再生风缸（18）。当空气压缩机停止工作时，电空阀（13）得电，再生风缸（18）内的压力空气经过打开的电空阀向活塞（12）下部充气，活塞上移，打开排水阀（9），干燥塔内的压力空气迅速排出，这时再生风缸内的压力空气经节流孔（19）回冲至干燥塔内，沿干燥筒、油水分离器一直冲至干燥塔下部的积水积油腔内，在下冲过程中，干燥空气吸收了干燥剂中的水分，同时还冲下了"拉希格"圈上的油滴和机械杂质，这样干燥剂再生的同时"拉希格"圈也得以清洗。

当空气压缩机的排气量相对较小时，它停止工作的间隙不能满足单塔式干燥器再生所需的时间，这时使用双塔式干燥器就可以解决问题。

4.4.2 双塔式空气干燥器

1. 双塔式空气干燥器外观结构

双塔式空气干燥器的结构如图4-18所示，主要由干燥筒（1）、干燥器座（5）、双活塞阀（4）、电磁阀（3）四个主要部分组分。两个干燥筒除了装有干燥空气用的吸附剂外，在其下部均装有油水分离器。电磁阀和电子循环控制器相配合，控制干燥器的干燥和再生循环。另外，每一个干燥筒还有一个压力指示器，指示干燥筒的工作状态；压力指示器红针表示干燥塔为干燥工况，红针复位则表示干燥塔为再生工况。进风口A1可选择为前面或右侧，排风口A2可选择为左侧或右侧。

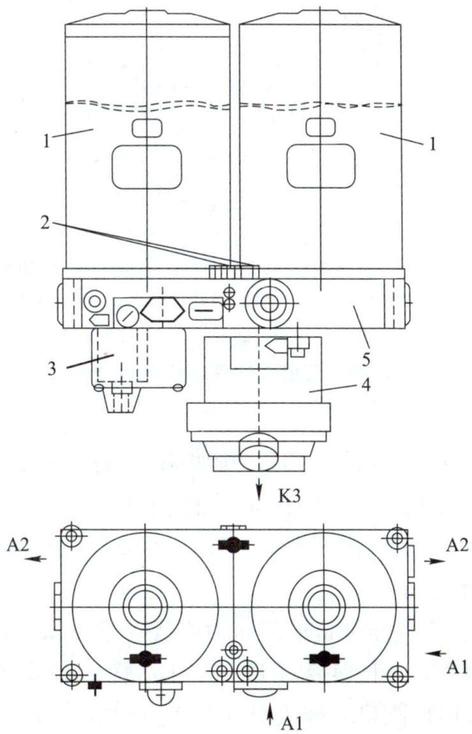

1—干燥筒；2—压力指示器；
3—电磁阀；4—双活塞阀；
5—干燥器座；K3—排泄口；
A1—进风口；A2—排风口。

图4-18 双塔式空气干燥器的结构

2. 双塔式空气干燥器工作原理与过程

1）工作原理

双塔式空气干燥器的气动原理和作用原理分别如图4-19和图4-20所示。干燥器座（5）上设置有再生节流孔（50）、两个止回阀（24a和24b）、一个旁通阀（71）和一个预控制阀（55）。双筒干燥器工作时，干燥与再生两个工况同时进行，压力空气在一个筒中流过并干燥时，另外一个筒中的吸附剂再生。从空气压缩机输出的压力空气首先经过装有"拉希格"圈的油水分离器，除去空气中的液态油、水、尘埃等，然后压力空气再流过干燥筒中的吸附剂，吸附剂吸附压力空气中的水分。

一部分干燥过的压力空气（13%～18%）被分流出来，经过再生节流膨胀后，进入另一个干燥塔，对已吸水饱和的吸附剂进行脱水再生，再生后的压力空气经过油水分离器时，把积聚在"拉希格"圈上的油、水及机械杂质等从排泄通路排出。

2）工作过程

图 4-20 中，干燥筒（19a）处于吸附工作状态，干燥筒（19b）则处于再生工作状态，相当于处在如图 4-21 所示工作循环的前 $T/2$。

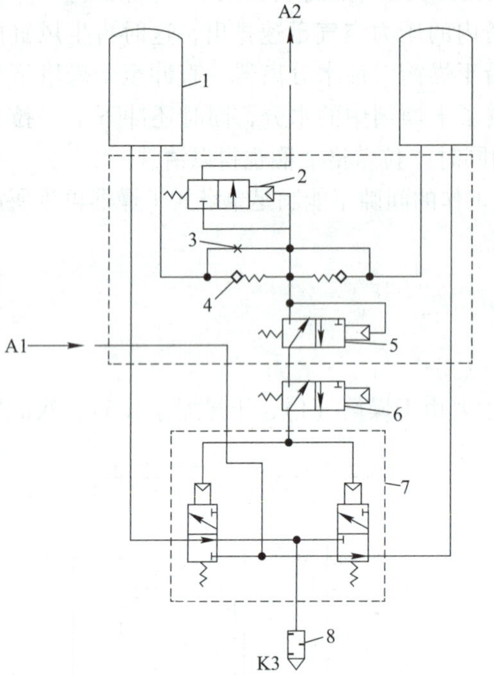

1—干燥筒；2—溢流阀；3—再生罐喷嘴；4—止回阀；5—先导阀；6—阀用电磁铁；7—双活塞阀；8—消声器；K3—排泄口；A1—进风口；A2—排风口。

图 4-19 双塔式空气干燥器气动原理

循环控制器控制电磁阀（43），当电磁阀（43）得电时，开启 V3 阀口；从干燥后的压力空气中部分分流出来的用于控制的压力空气，通过打开的 V2 阀口和 V3 阀口后，到达双活塞阀（34）。预控制阀（55）用来防止双活塞阀（34）动作时处于中间位置；V2 阀口在双活塞阀（34）需要的“移动压力”达到时才打开。这个“移动压力”推动双活塞阀（34）的两个活塞克服各自的弹簧力，使右活塞移到顶部，而左活塞则移到底部。因此，导致 V5 阀口及 V8 阀口开启。其流程如下：

空气压缩机输出压力空气→进风口 A1→V5 阀口→干燥筒（19a）中的油水分离器、吸附剂→干燥筒（19a）中心管，由此分两路：一路到止回阀 V1 阀口→旁通阀（71）的 V10 阀口→排风口（A2）→主风缸；另一路至再生节流孔（50）→干燥筒（19b）中心管→干燥筒（19b）中的吸附剂、油水分离器→V8 阀口→消声器→排泄口（K3）→大气。

这样，干燥筒（19a）对空气压缩机输出的压力空气进行油水分离和干燥，干燥筒（19b）则对吸附剂再生及排除油污。

当干燥筒（19a）中吸附剂到达饱和极限后，两个干燥筒转换工作状态，此时为图 4-21 所示的后 $T/2$ 时间。即电磁阀（43）失电，V3 阀口关闭，V4 阀口开启。连通双活塞阀，控制压力空气排至大气，双活塞阀在各自的弹簧力作用下复位，使 V6 阀口及 V7 阀口开启。流程如下：

空气压缩机输出压力空气→进风口（A1）→V7 阀口→干燥筒（19b）中的油水分离器、吸附剂→干燥筒（19b）中心管，由此再分两路：一路到止回阀（V9）阀口→旁通阀（V10）阀口→排风口（A2）→主风缸；另一路至再生节流孔（50）→干燥筒（19a）中心管→干燥筒（19a）中的吸附剂、油水分离器→V6 阀口→消声器→排泄口（K3）→大气。

结果，干燥筒（19b）对空气压缩机输出的压力空气进行油水分离和干燥，而干燥筒（19a）则对吸附剂再生及排除油污。

为了保证干燥器工作的准确性，只有当干燥器内部要求达到一定的“移动压力”时，预控制阀（55）才开启，双活塞阀（34）才能够移动到位。旁通阀（71）保证“移动压力”迅速建立，当压力空气的压力超过这个“移动压力”之后，才能打开旁通阀（71），使压力空气流向总风缸。这种设置也可防止干燥筒（19b）出现干燥时间的延长（不能迅速转换工作状态），而使其中的吸附剂产生过饱和。

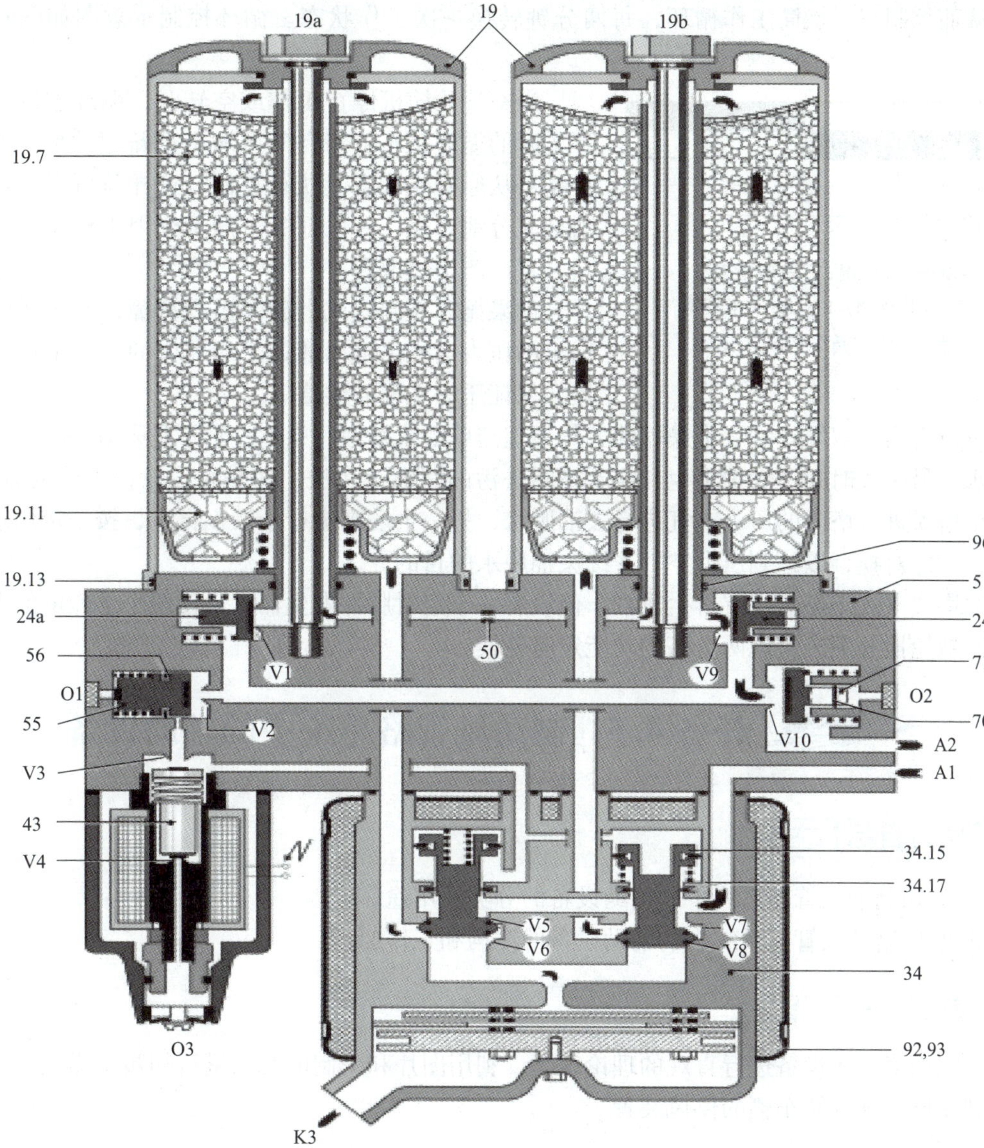

19a—干燥筒；34. 15—KNORR K 环；92—绝缘套（仅 LTZ 0. 15 . . H 型具备）；
19b—干燥筒；34. 17—KNORR K 环；93—绝缘套（仅 LTZ 0. 15 . . H 型具备）；
19. 7—干燥剂；43—电磁阀；96—O 形环；19. 11—带“拉希格”圈的油水分离器缸；
19. 13—O 形环；34—双活塞阀；50—再生节流孔；A1—压缩机前的进风口；
A2—通向主风缸的排风口；55—预控制阀；24a，24b—止回阀；
56—KNORR K 环；K3—排泄口；5—干燥器座；70—KNORR K 环；
71—旁通阀；O1，O2，O3—排风孔；V1，…，V10—阀口。

图 4-20 双塔式空气干燥器作用原理

（干燥筒 19a 为吸附工况，干燥筒 19b 为干燥工况）

两个止回阀（24a 和 24b）的作用是防止空气压缩机不工作时压力空气逆流。

3）循环控制

循环控制器在空气压缩机起动的同时开始工作，它根据规定的程序控制电磁阀的开关时间；从而控制双干燥筒工作循环，每两分钟转换一次工作状态。循环控制示意图如图4-21所示。

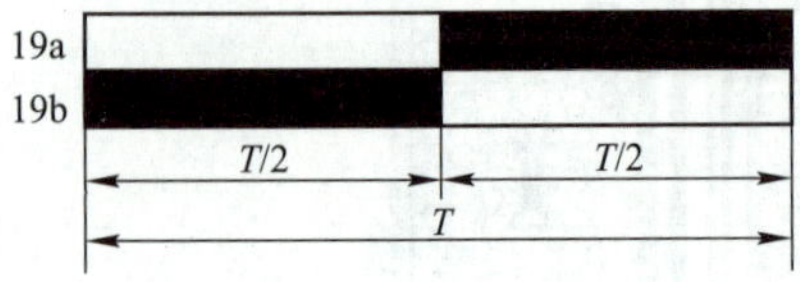

■—再生工况；□—吸附工况；
T—转换周期；19a/19b—干燥筒。

图 4-21　循环控制示意图

当空气压缩机停止工作或空转时，循环控制器记下实际的循环状态，当空气压缩机重新起动后，循环控制器从原有的状态上执行控制，这样就可以保证吸附剂充分地再生，并保证吸附剂不会因工作循环的重新设置而产生过饱和。

如果循环控制器或电磁阀出现故障，空气压缩机输出的压力空气仍可以通过干燥器中的一个干燥筒干燥，保证压力空气的供给。

可以看出，双塔式空气干燥器的工作原理与单塔式类似，只不过它不是采取一段时间去油脱水、另一段时间干燥剂再生和拉希格圈去污的间隙工作法，而是采取轮换工作的方法，即一个塔对进入塔内的压力空气进行去油脱水，另一个塔则进行干燥剂再生，按一定周期两塔进行功能对换，以达到压力空气连续去油脱水的目的。

双塔式空气干燥器没有再生风缸，但设有一个定时脉冲发生器，以使两个干燥塔的电磁阀定时地轮换开关，实现两个塔的功能定时轮换。

任务 4.5　制动风管路系统中的辅助设备

【学习目标】

① 熟知制动风管路系统中的辅助设备的分类及用途。

② 掌握制动风管路系统中的辅助设备的结构和工作原理。

【教学环境】

可利用多媒体设备进行直观的理论教学，利用图片和录制的视频进行初步认知教学，也可以到现场参观城轨车辆的供风装置。

【教学设施】

教学用的 PPT、视频以及相关教学引导资料。

【理论模块】

4.5.1　压力控制部件

1. 安全阀

当车上的主风缸压力开关调节不当或排气管线上有堵塞现象而使油气筒内压力高出安全阀整定值时，安全阀即会自动起跳而卸压，使压力降至设定的排气压力以下。安全阀于出厂前已经过整定（一般整定值为 1 250 kPa），请勿随意调整，因为此安全阀是最后一级的安全保证。

在实际情况下，另外还有一个安全阀，安装在空气处理单元的下游，用来保护各种设备。这个安全阀在作用上等同于第一个安全阀，它的压力设定值为 1 060 kPa。

2. 调压阀

1）工作原理

调压阀是一种使阀出口压力低于进口压力的压力调节装置，一般串联在某一支路上，主要用来降低系统某一分支空气的压力，使分支压力比主风路压力低且稳定。在城轨车辆制动系统中，调压阀用于稳定悬挂系统的供风压力，整定值为 630 kPa。

调压阀的工作原理如图 4-22 所示。在调定压力范围内，调压阀是关闭的。但是当系统压力升高到调压阀调定的压力时，调压阀打开，管路压力就不再上升。具体工作过程是：当排气口压力低于整定压力时，进气口连通排气口；当排气口压力等于整定压力时，各气口关闭；当排气口压力高于整定压力时，进气口截止，排气口经溢流小孔通大气。

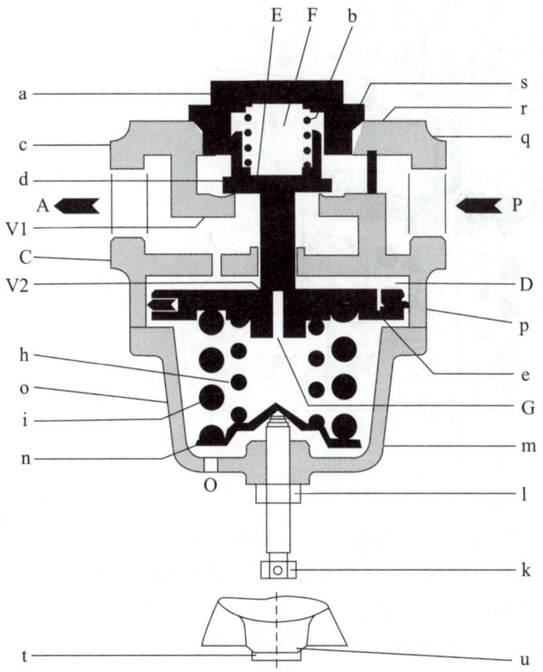

a，t—螺旋塞；
h，i—压缩弹簧；
c，p—KNORRK环；
d—阀盘；
e—活塞；
k—六角螺栓；
l—六角螺母；
m—弹簧外壳；
n—弹簧座；
o—铭牌；
q—滤筐；
r—阀箱；
s—O环形；
u—密封环；
A—排气口；
C—钻孔；
D—活塞(e)的工作空间；
E—阀盘(d)上的平衡孔；
F—阀盘(d)上的上方空间；
G，O—排气孔；
P—进气口。

图 4-22 调压阀工作原理

郑州地铁 1 号线项目中 L03 采用的调压阀型号为 DMV15/T-6.3，其工作原理如图 4-23 所示，主要具有法兰结构设计、更换快速简单、设定压力范围大、带回流等特性。

其主要组成部件包括阀箱（a1）、阀盘（b）、带弹簧座（e）的六角调整螺栓（d）、压缩弹簧（f、g、h）。阀箱中包括所有功能部件。压力空气接口 A 和 P 装在法兰面上。通过 O 形环（m）密封。用六角调整螺栓（d）可设定压缩弹簧（f、g）以及活塞（c）的预紧力。压缩弹簧的预紧力决定设定的开启和关闭压力的大小。KNORRK 环（i）的作用是：当初级压力管路 P 中压力下降时，将压力空气的回流从次级压力管路 A 导出。阀箱上的通孔用于固定将设备安装在支架上的紧固元件。

2）工作方式

（1）给次级压力管道充气

需要降压的压力空气从初级压力管道 P 流经开启的阀座 V1 至次级压力管路 A。同时压力空气通过孔 B1 作用在活塞（c）上。压力空气流经孔 B3 进入阀盘（b）上方的空间，从而使阀盘（b）处压力平衡。一旦次级压力管路A中的压力以及由此产生的作用于活塞（c）上的力超过压缩弹簧（f、g）上的预紧力，活塞（c）即开始其冲程运动。阀盘（b）跟从活塞运动，在达到设备的设定压力时便将阀座V1关闭（次级压力管路A中的压力的极限值）。当超过设定的极限值时，活塞（c）顶着压缩弹簧（f、g）从阀盘（b）的挺柱上脱开，阀座V2打开。次级压力管路A中的压力空气可以通过敞开的孔B2中流出，从排风孔O排到大气中。一旦次级压力管路中的压力降到设定的极限值，活塞（c）重新回到阀盘（b）的挺柱上，阀座V2以及孔B2便会被关闭，次级压力管路中压力空气的流出过程结束。

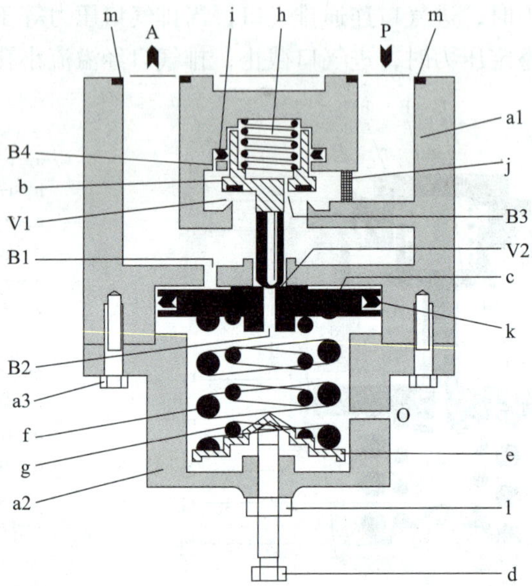

a1—阀箱；a2—弹簧外壳；a3—六角螺栓（两个阀箱的连接，拧紧扭矩为23 N·m）；
b—阀盘；c—活塞；d—六角调整螺栓；e—弹簧座；f—压缩弹簧；g—压缩弹簧；h—压缩弹簧；
i—KNORRK环；j—滤筐；k—KNORRK环；l—防松螺母（拧紧扭矩为18 N·m）；
m—O形环；B1，B2，B3，B4—孔；V1，V2—阀座；A—排气口（通次级压力管路）；
O—排风孔；P—进气口（通初级压力管路）。

图4-23　DMV15/T-6.3型调压阀工作原理（处于无压状态）

（2）补给压力空气

如果次级空气管路A中的压力因抽气或漏气而下降，作用于活塞（c）上的力就会下降，而压力弹簧（f、g）的弹力将占上风。活塞（c）做冲程运动，通过阀盘（b）的挺柱从阀座V1上抬起。初级压力管路P会持续补充压力空气，直到次级压力管路A中的压力重新上升到设定的极限值为止。随着压力的上升，活塞（c）顶着压力弹簧（f、g）运动，随之运动的阀盘（b）将阀座V1关闭。

（3）压降（回流）

如果初级压力管路P中的压力降至设定压力以下，则压力空气从次级压力管路A经过孔B3和B4流回初级压力管路。次级压力管路中的压降导致在接下来的流程中，压缩弹簧（f、g）的压力占上风。活塞（c）将阀盘（b）从阀座V1中顶出。因此导致从次级压力管路A至初级压力管路P的压力空气的未节流回流，直至两个管路中的压力平衡。只要初级压力管路 P 中的压力还低于设备上的设定压力，则次级压力管路 A 中的压力始终与初级压力管路中的压力保持平衡。该情况下，工作压力等于供给压力。

3. 限压阀

1）工作原理

限压阀是一种压力控制阀，也称溢流阀，其工作原理如图 4-24 所示。限压阀主要用于限定为后续管路充气的最低风源压力，一般并联在系统的支路中，主要起定压溢流、自动卸荷、保持系统压力稳定的作用。限压阀在装配或使用中，由于 O 形密封圈、组合密封圈的损坏，或者安装螺钉、管接头的松动，都可能造成不应有的压力泄漏。如果锥阀或主阀芯磨损过大，或者密封面接触不良，还将造成内泄漏过大，甚至影响正常工作。

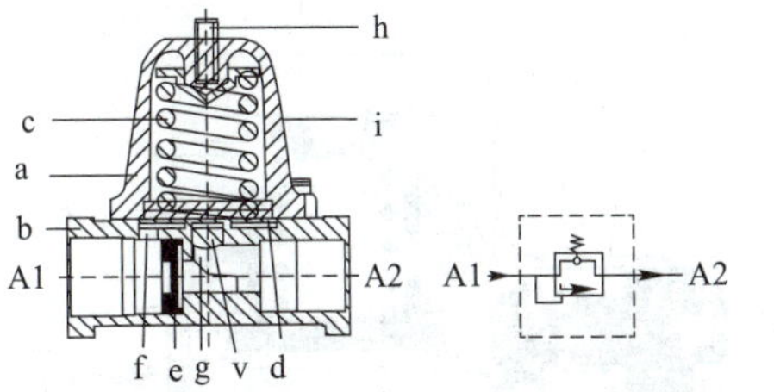

a—弹簧筒；b—阀箱；c—压缩弹簧；
d—隔膜；e—止回阀；f—孔；g—通道；
h—螺纹销钉；i—铭牌；v—阀座；
A1—进气口；A2—排气口。

图 4-24 限压阀工作原理

其作用原理是：当进气口压力不大于整定压力时，进气口截止；当进气口压力高于整定压力时，进气口连通排气口。

在城轨车辆制动系统中，限压阀用于悬挂系统的风源控制，整定压力为 650 kPa，其作用有四：一是保证悬挂系统充风后有一个保底的压力水平，不因意外的总风丧失而受到影响；二是系统初充风时优先供给其他系统的用风（直到总风压力高于 650 kPa）；三是当运行过程中发生空气弹簧气囊破裂时使总风不至于无限制排放；四是在总风系统无风的情况下进行地板调平操作（如落车后的调平）时，可直接从空气悬挂风缸处向悬挂系统充风，做到高效节能。

郑州地铁 1 号线项目中 L01 采用的限压阀型号为 DR07-T 型，采用法兰结构设计，具有更换快速、结构简单、止回流等特点，其外形结构图如图 4-25 所示，其工作原理如图 4-26 所示。

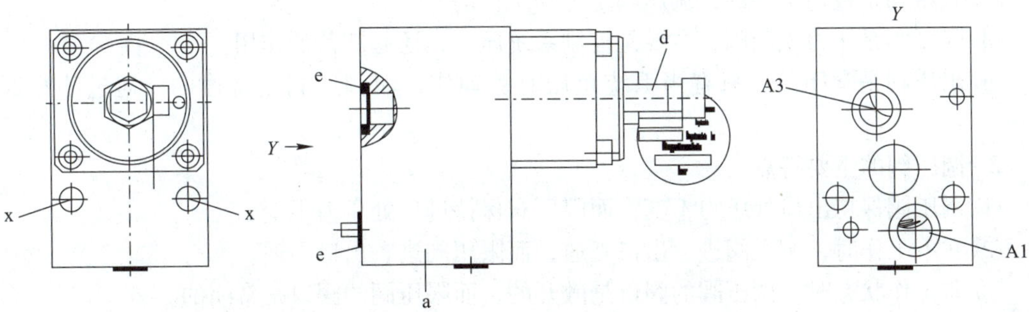

a—外壳；　e—O形环；　A1—用气设备接口；
d—调整螺栓；　x—固定孔；　A3—供风接口。

图 4-25 DR07-T 型限压阀外形结构图

阀箱包括所有功能部件，被加工为法兰构造形式。压力空气接口位于法兰面上，通过 O 形环密封。对于用弹簧加载的阀盘及调节螺栓，用调节螺栓可设定阀盘的压缩弹簧的预紧力。压缩弹簧的预紧力决定开启压力的大小。止回功能是为了防止在供风接口（A3）压力下降时，在用气设备接口（A1）有压力空气回流。

2）工作方式

压缩弹簧（f）将阀盘（b）压到阀座（V1）上并使其保持关闭。从供风接口（A2）涌入的压力空气到达阀盘（b）下。只要阀盘（b）下的压力未超过所设定的开启压力，则阀座（V1）就保持关闭状态。如果达到所设定的开启压力，则阀盘（b）顶着压缩弹簧（f）的力而抬起，阀座（V1）开启。压力空气通过阀座（V1）达到止回阀（c）的阀座（V2）并将其打开，压力空气从供风接口（A2）流至用气设备接口（A1），阀门将保持打开状态，直到供风压力大于关闭压力为止。达到关闭压力时，阀门关闭，阀盘（b）被压到阀座（V1）上并将其关闭。阀座（V1）打开时，空气从用气设备接口（A1）流至供风接口（A2），止回阀（c）的阀锥（g）通过压缩弹簧（f）被压向阀座（V2），由此将其关闭，至供风接口（A2）的压力空气回流即被中断。用调整螺栓（d）可设定开启压力，拧紧调整螺栓（d）可提高压缩弹簧（f）的预紧力，并由此提高开启压力。

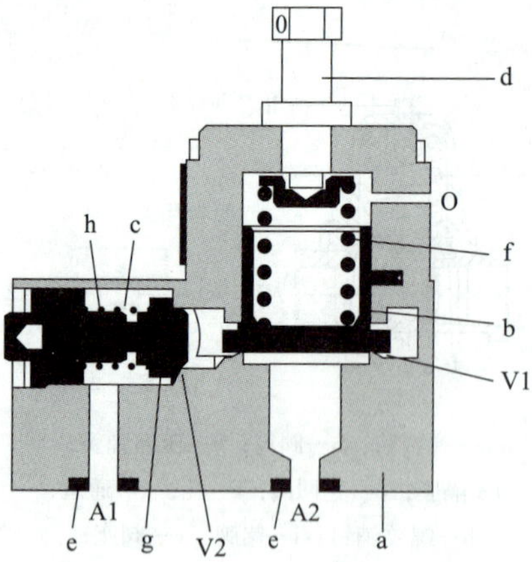

a—外壳；b—阀盘；c—止回阀；d—调整螺栓；
e—O 形圈；f，h—压缩弹簧；g—阀锥；
O—通气孔；V1，V2—阀座；
A1—用气设备接口；A2—供风接口。

图 4-26　DR07-T 型限压阀工作原理

拓展知识：

限压阀与调压阀的区别

1. 限压阀的主要特点

① 限压阀的作用是稳压、溢流、过载保护，主要用于防止系统超载，保证安全；调压阀则用于在保证系统不过载的前提下降低系统压力。

② 限压阀是被动工作的，调压阀是主动工作的。

③ 限压阀是压力控制阀，主要是控制系统压力，还起卸荷的作用。

④ 限压阀是常闭的，只有当系统超压时才动作；而调压阀是常通的，通过狭窄通道减压。

2. 调压阀的主要特点

① 调压阀保持出口处压力不变，而限压阀保持进口处压力不变。

② 在不工作时，调压阀进、出口互通，而限压阀进、出口不通。

③ 非工作状态时，调压阀的阀口是敞开的，而限压阀的阀口是常闭的。

4. 高度调整阀

高度调整阀在空气弹簧的控制回路中起执行机构的作用，它被设计为具有节流功能的双座阀（也可选择不带节流功能的）的型式。为防止风缸压力损失，还安装了一个止回阀。止回阀对带有旁路的阀型不起作用。阀门上有储风缸上面的接口（V），左、右各有一个接口（L）用于连接空气弹簧。接口（V）的对面是排气口（E）。高度调整阀外形及安装位置示意图如图 4-27 所示。

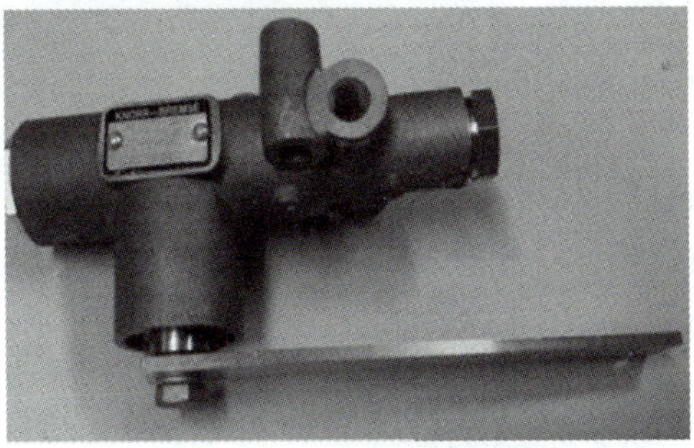

(a) 高度调整阀外形图

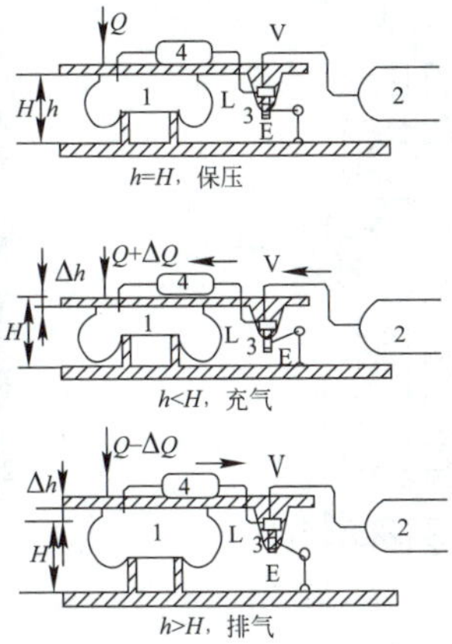

1—空气弹簧；
2—空气弹簧风缸；
3—高度调整阀；
4—附加气室；
V—连通空气弹簧风缸；
L—连通空气弹簧或附加气室；
E—通大气；
H—车体与构架之间的设定高度；
Q—车体载荷；
Δ*Q*—载荷变化量；
Δ*h*—高度变化量；
h—载荷变化后车体与构架之间的高度。

(b) 高度调整阀安装位置示意图

图 4-27　高度调整阀外形及安装位置示意图

高度调整阀的结构原理如图 4-28 所示，此时处于气路关闭位置，图 4-29（a）为通过高度调整阀向空气弹簧的充气位置，图 4-29（b）为空气弹簧通过高度调整阀的排气位置。

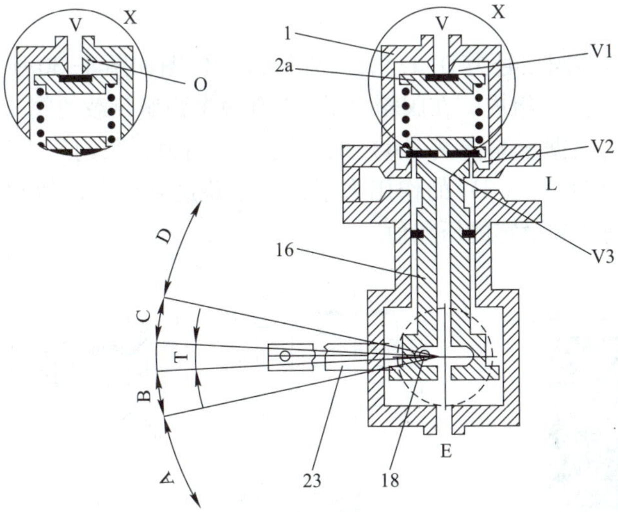

1—阀箱；
2a—阀盘；
18—带偏心元件的传动件；
23—操纵杆；
A—未节流排气；
B—节流排气；
T—无效区；
C—节流充气；
D—未节流充气；
E—排风口；
L—囊式空气弹簧管路的接口；
O—旁路孔；
16—活塞；
V—储风缸的管路接口；
V1—止回阀；
V2—进气阀；
V3—排气阀。

图 4-28　高度调整阀的结构原理（气路关闭位置）

高度调整阀工作区分为 5 个：未节流排气、节流排气、无效区、节流充气、未节流充气。每个转向架装有两个空气弹簧装置，当车载重发生变化时，由对应的高度调整阀控制空气弹簧充气或排气，以控制车地板高度。载重增加，压力空气通过高度调整阀注入空气弹簧；载重减少，空气弹簧的压力空气通过高度调整阀的排气口排出。高度调整阀工作位置如图 4-29 所示。

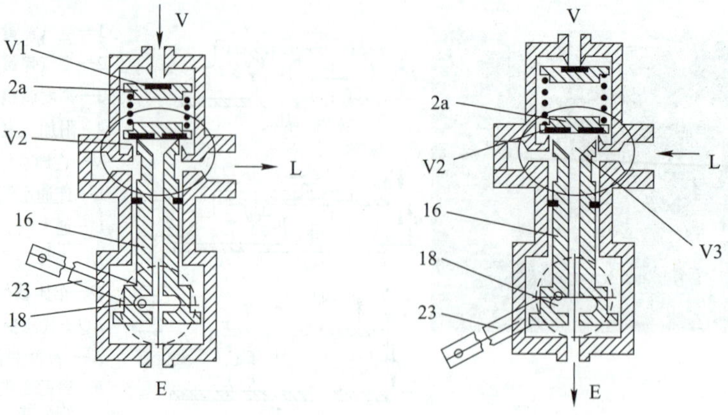

(a) 充气 (b) 排气

图 4-29 高度调整阀工作原理

5. 压差阀

压差阀设于两高度调整阀端，用于有条件地沟通两高度调整阀的出口，既保证两高度调整阀控制的不同气囊间压差不至于过大，又避免加剧因振动造成的气压波动。压差阀的压力设定值是 150 kPa。

郑州地铁 1 号线采用的压差阀型号为 D-1.5，其外形及结构图如图 4-30 所示。它由一个阀箱（a）和一个支承法兰（b）组成。在阀箱（a）中有两个弹簧负载的阀盘，作为相反流向的止回阀来使用。压差阀根据压缩弹簧（d）的不同的作用力，限制压力空气接口 P1 和 P2 之间的压差。在内置压缩弹簧（d）的作用力下，当压差达到设定数值时，压差阀开启，较高的压力被平衡，直到达到设定的压差值。

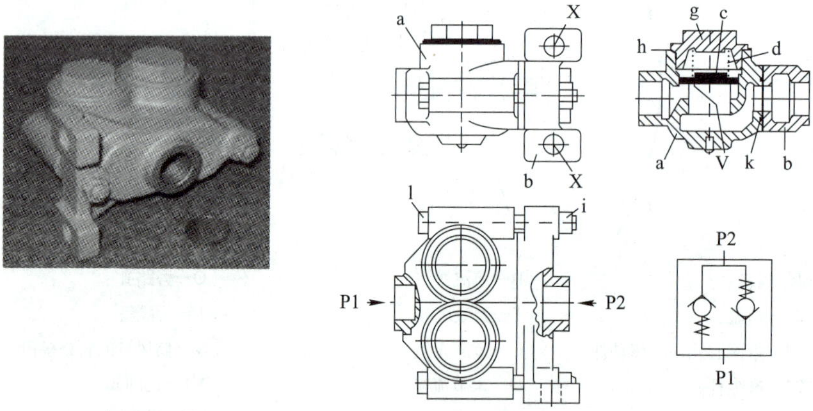

(a) 外形图 (b) 结构图

a—阀箱；b—支承法兰；c—活塞；d—压缩弹簧；g—螺旋塞；h—密封圈；i—六角螺母；k—O 形环；l—六角螺栓；P1，P2—压力空气接口；V—阀座；X—固定孔。

图 4-30 D-1.5 型压差阀外形图与结构图

压差阀的工作原理如图 4-31 所示。只要接口 P1 和 P2 之间的压差未超过所设定数值，则两个阀座（V1 和 V2）就会在压缩弹簧（d）的作用力下保持关闭状态。从 P1 至 P2 或反方向均无气流流通。如果接口 P2 处的压力降至压缩弹簧（d）的作用力值之下，即超出了设定压差，则接口 P1 处的超压就会将阀座 V2 打开，这样两个接口之间就有气流流通。阀座 V2 保持打开状态，直到接口 P2 和 P1 之间的压差又达到设定值为止。当接口 P1 处发生压降现象时，压差阀的作用方式与此完全相同，只是方向相反而已。

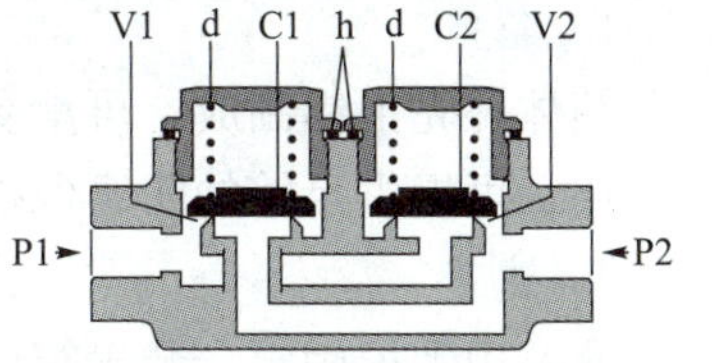

C1，C2—阀盘；d—压缩弹簧；h—密封圈；P1，P2—压力空气接口；V1，V2—阀座。

图 4-31 压差阀工作原理

4.5.2 软管

普通软管的设置有阻止振动传递、连接有相对运动的管路、方便接管等作用，特殊软管还有高压绝缘的作用。城轨车辆制动系统中这两种软管都有。

1. 普通软管

城轨车辆中使用的普通软管有 10 种之多，如表 4-5 所示。

表 4-5 城轨车辆使用的普通软管

代号	参考名称	作用	型号	数量
A00. A04	压缩机出风软管	阻止振动传递	2TE19N90N	1/C 车
B16	司机室表软管	方便接管	2TE08NT	2/A 车
B25	闸缸软管	适应相对运动	2TE16NN	4/车
B26	停放制动软管	适应相对运动	2TE08NN45	2/车
U06	脚踏泵出风软管	适应相对运动	2TE08NN	1/B 车
W02	全自动车钩总风软管	适应相对运动	2TE25NN45	1/A 车
W04	半永久车钩总风软管	适应相对运动	2TE25NN45	8/列车
W07	全自动车钩解钩软管	适应相对运动	2TE08NN45	1/A 车
W09	半自动车钩解钩软管	适应相对运动	2TE08NN45	1/C 车
W12	半自动车钩总风软管	适应相对运动	2TE25NN45	1/C 车

2. 特殊软管（U08）

由特殊材料做成的绝缘软管（U08）称为特殊软管，城轨车辆中的特殊软管用于将受电弓所受高压与车下的管路系统绝缘。

4.5.3 空气净化装置

空气净化装置是能实现空气中杂质过滤、除湿等一项或几项功能的可提高空气品质的装置。城轨车辆制动系统中的空气净化装置主要有如下几类。

1. 精细滤油器

空气压缩机油耗主要取决于压缩机类型、油的性质以及运行条件，因而不是一个恒量。特别是在高温运行下，高达 50% 的空气压缩机油耗是通过空气干燥器消耗掉的。精细滤油器装于干燥器的后续管路中，进一步过滤干燥剂粉尘等细小杂质，以提高空气品质。郑州地铁 1 号线项目的精细滤油器采用克诺尔公司的 OEF1 型产品。

精细滤油器的结构如图 4-32 所示，主要部件组成如下。

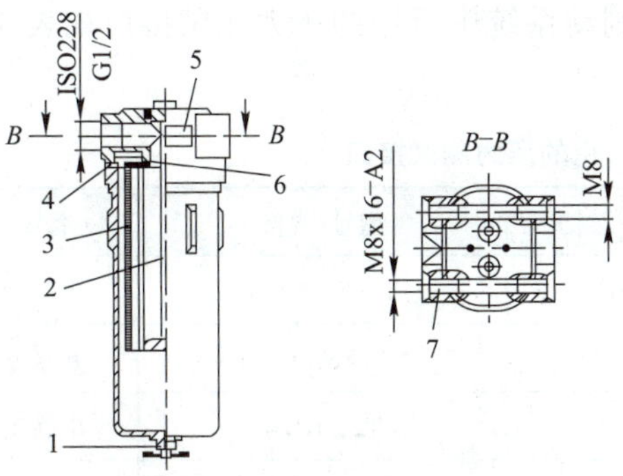

1—手动放油阀；2—螺纹杆；3—过滤元件；4，6—O 形环；5—标牌；7—螺纹衬套。

图 4-32 精细滤油器结构图

1）箱体

箱体外壳由铝制成，可承受最高 1 600 kPa 的工作压力。在箱体的聚酯基底上有一层粉末涂层，可提供足够的防腐保护，其梯形螺纹用于连接过滤器的上、下两部分。

2）滤芯

滤芯用螺栓固定，装于箱体外壳（过滤器端部）中间的螺纹杆上，并通过端帽自行密封（见图 4-33）。滤芯有一个很深的玻璃纤维基座，同时具有高比例的空心体积，这样便可实现较大的通过能力和较小的压差。滤芯的特殊材质使得过滤层可直接做在折叠纤维网中，这样就尽量避免了泡沫材料外包层作为过滤层（耐热性低、自身颗粒散落、溶解效应）的缺点。同时，该过滤元件还具有过滤面积大、脏物容纳量大、使用寿命长及压差小等优点。

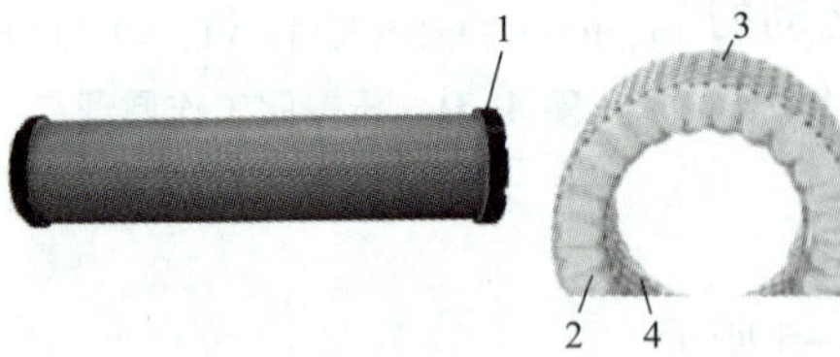

1—塑料端帽；2—硼硅盐酸玻璃纤维基座；
3—外部支承钢套；4—内部支承钢套。

图 4-33　滤芯

3）排放装置

通过拧松手动放油阀的翼形螺栓，可以进行排放污物操作。

当 1 μm 以上的油性气胶和固体杂质被滤出后，剩余油在 20℃、70 kPa 时最大密度为 0.1 mg/m^3。当微细液滴在引力作用下形成较大的液滴，然后在重力作用下通过内置的、起液膜作用的排放层向下流入外壳的汇集区时，固体颗粒沉积在滤布中。

2. 空气干燥器

空气干燥器是最主要的空气净化装置，安装在空气压缩机的后面，其空气处理能力应与空气压缩机的打风能力匹配。

3. 管路过滤器

城轨车辆制动系统中两处使用了管路过滤器，分别用在每车制动模块的风源入口处和 B 车升弓管系的总风入口处，用于进一步提高后续管路的供风品质。

4.5.4　压力测试接口

为了调整压力控制元件设定值，或检测局部管路压力，或为局部管路充风，城轨车辆制动系统中在多处设有压力测试接口（俗称测试头）。根据压力测试接口通径与所测管系通径的匹配关系，测试接口分串联型和并联型两大类；根据管路布置的需要，同种压力测试接口有不同的安装和接口形式。城轨车辆制动系统中所用的压力测试接口如表 4-6 所示。

表 4-6　城轨车辆制动系统中所用的压力测试接口

代号	主要作用	型号/规格	备注
A01.07	调整压力开关（A01.08 及 A01.09）的设定值	T2-S，G1/4	串联型
B00.L04	测量悬挂系统风源压力	K1-ES，G1/4	并联型
B15	检测压力表（B14）的精度	T2，G1/4	串联型
L11	检测各高度调整阀出口的压力	K1-ES，G1/4	并联型

1. T2-S 型压力测试接口

T2-S 为按管式结构设计的压力测试接口，可安装在管路系统中，其结构如图 4-34 所示。压力测试接口的两个主要部件为基座（a）和管头（b），二者均用不锈钢制成。管头（b）包在一个软塑料制的护套中。测试接口和外部供风口（P2）用插接头（c）封闭。

管形基座（a）的两个相对的侧面上有压力空气连接口（P1 和 P3）。P1、P2 和 P3 在基座（a）的上表面用相应的数字①、②和③标明。插接头（c）可防止接口（P2）的开口被污染，并防止内部锁闭机构受损。为防止插接头（c）丢失，将其用一根金属丝（g）紧连在外壳上。

测量压力时，需要在按连接卡钮（f）的同时将插接头（c）拉出。将测量仪（测压计连在螺纹接头（m）上。只要将合适的螺纹接头（m）插入测量和外部供风接口（P2）中，便会自动建立起待测定的压力空气管路（P1、P3）与测量仪的连接，如图 4-35 所示。

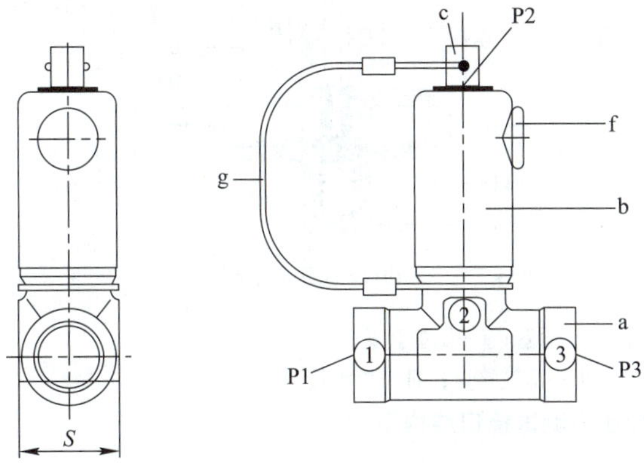

a—基座；b—管头；c—插接头；f—连接卡钮；
g—金属丝；S—安装用扳手开口度；m—螺纹接头；
P1—进气接口；P2—测量和外部供风接口；P3—排气接口。

图 4-34　T2-S 型压力测试接口结构图

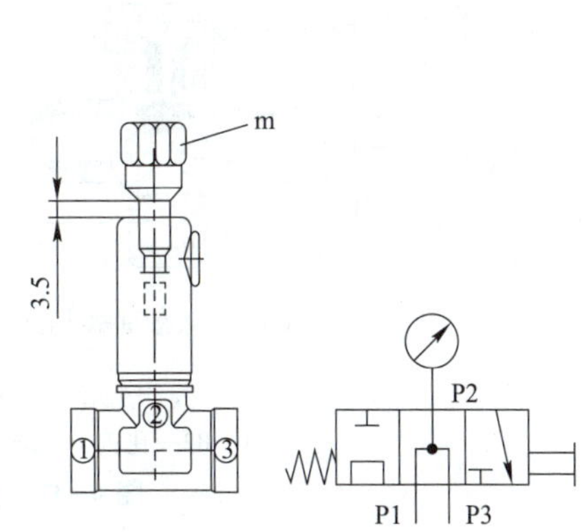

图 4-35　压力测量连接示意图

2. K1-ES 型压力测试接口

K1-ES 型压力测试接口可快速连接用于检查某一压力空气系统中压力的诊断仪。它的检测套管（a）及其螺纹接头（B）被拧入汇接板或管路上为其预留的螺纹接口中。诊断仪插接头接口（A）的开口大小可确保在采用了一个合适的接头后能够气密地连接到诊断仪的管路上。用一根金属线（d）固定在外壳上的螺旋塞（b）用于封闭检测套管。检测套管（a）上有一个连接卡钮（c），只能在按住连接卡钮（c）的同时才可拔出螺旋塞（b），如图 4-36 所示。

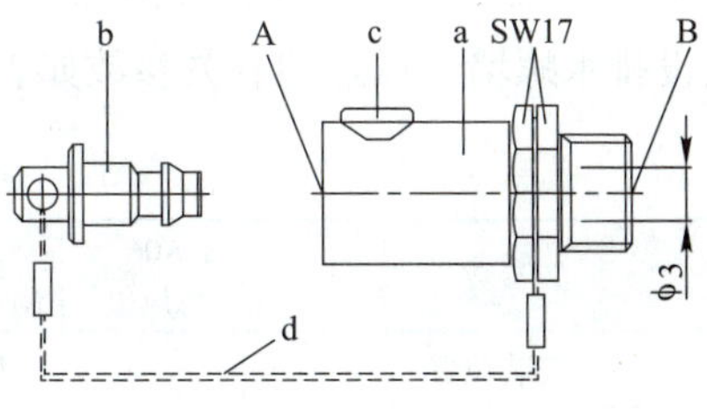

a—检测管套；b—螺旋塞；c—连接卡钮；
d—金属线；A—诊断仪插接头接口；
B—连接空气系统的螺纹接头；
SW17—安装用扳手开口度。

图 4-36　K1-ES 型压力测试接口结构图

其工作方式是：将压力空气系统通过检测套管（a）与一台诊断仪相连接，以检查及调节空气压力。将合适的连接管路的插接头插入检测套管中，即自动建立需检测的管路与诊断仪之间的连接。

3. T2 型压力测试接口

借助压力测试接口 T2，一方面可以检测管路压力，另一方面可以通过外部供风检查或调节压力监控器、压力开关和可调式载重制动阀等设备。

压力测试接口 T2 主要由外壳（a）、封口件（b）和有弹簧负载的活塞（c）组成，拧到检测接口上的防护帽可避免污物进入，因此应在检测结束之后重新拧上。其工作方式分为工作状态和测试状态。

① 工作状态时，如图 4-37（a）所示，测试接口由封口件（b）关闭。活塞（c）被压缩弹簧（f）向上推，接口Ⅰ到Ⅱ的通路打开。

② 压力测试状态时，如图 4-37（b）所示。欲进行压力测量，需将活塞（c）尽量下压，通过孔 B1 和 B2 建立起进气接口（Ⅰ）、排气接口（Ⅱ）和检测接口（Ⅲ）之间的连接。

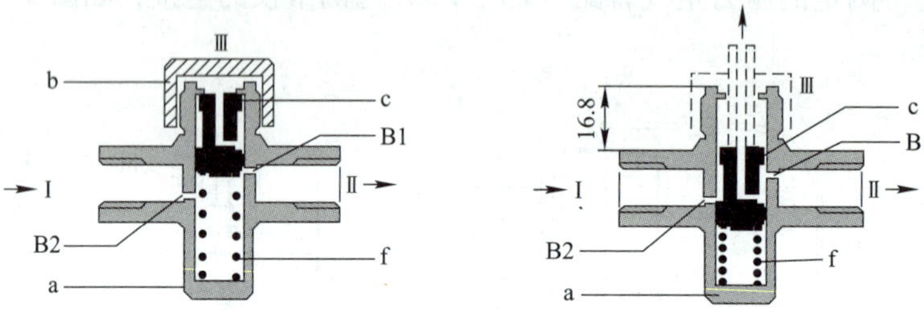

(a) 工作状态(通路状态)　　(b) 压力测试状态

a—外壳；b—封口件；c—活塞；f—压缩弹簧；

B1，B2—孔；Ⅰ—进气接口；Ⅱ—排气接口；Ⅲ—检测接口。

图 4-37　T2 型压力测试接口结构图

4.5.5　风缸模块

风缸的主要作用是储存压力空气和稳定相关管路压力。城轨车辆制动系统除了风缸模块中的三个风缸（A06、B03 和 L02）外，还有空气弹簧风缸 L12（4 个/车）和升弓风缸 U11（1 个/Mp 车，在升弓模块上）。为了操作方便，总风缸（A06）和空气悬挂风缸（L02）设有排水塞门；为了保证制动的安全性，制动风缸（B03）只设排水螺堵，并在气路入口设有止回阀（B02）；考虑操作频次和施工的方便性，空气弹簧风缸（L12）和升弓风缸（U11）只设排水螺堵。风缸的有关参数如表 4-7 所示。

表 4-7　风缸的有关参数

参数	A06 总风缸	B03 制动风缸	L02 空气悬挂风缸	L12 空气弹簧风缸	U11 升弓风缸
安装位置	风缸模块中			底架中部靠两端转向架处	升弓模块中
材料	铝合金			钢	钢
容积/L	100	60	100	50	15
质量/kg	12	8. 2	12	30	10. 5
允许最大工作压力/kPa	1 000				
工作温度范围/℃	-50～65			-40～100	-40～100
油漆色号	RAL 7026			RAL 7026	RAL 3012

4.5.6 气流控制部件

气流控制部件用于控制管路中的气体流向或流速，主要有止回阀和缩堵两种部件。

1. 止回阀

止回阀只允许气体按规定的方向流动，反向流动禁止。城轨车辆制动系统使用的止回阀如表4-8所示。

表4-8 城轨车辆制动系统使用的止回阀

代号	主要作用
B00. B02	总风丧失时，确保制动风缸有足够的压力空气进行紧急制动
U04. 01	阻止升弓风缸中的压力空气向总风管逆流
U04. 02	阻止升弓管路中的压力空气向脚踏泵逆流
U04. 03	阻止脚踏泵产生的压力空气进入升弓风缸

1）分类

止回阀根据安装方式分为管式安装（见图4-38）和板式安装（见图4-39），它们的工作原理相同。

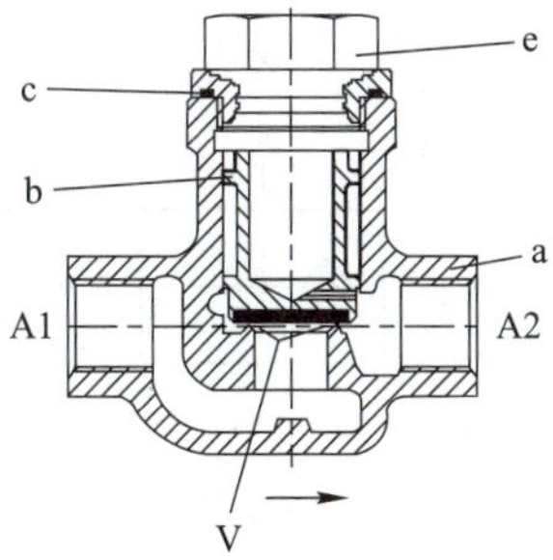

a—阀箱；b—阀锥；c—O形环；
e—螺塞；V—阀座；
A1—进气口；A2—排气口。

图4-38 管式止回阀

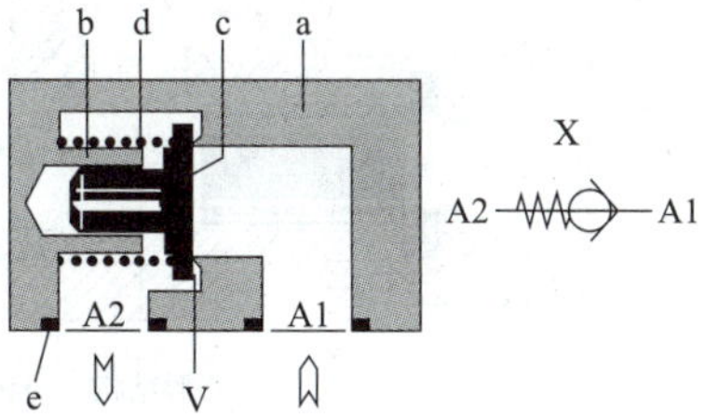

a—阀箱；b—导向杆；c—阀盘；
d—压缩弹簧；e—O形环；
A1—进气口；A2—排气口；V—阀座；
X—电路标记（根据DIN—ISO1219）。

图4-39 板式止回阀

管式止回阀主要由阀箱（a）和阀锥（b）组成（见图4-38），阀箱（a）外面的箭头指明了流向。阀座（V）通过阀锥（b）闭锁。阀锥（b）不受弹簧负载。

板式止回阀设计为法兰结构，适合安装在汇接板上。它有两个压力空气接口A1和A2。用O形环（e）进行法兰面上压力空气接口的密封。阀座（V）用弹簧负载的阀盘（c）封闭。

2）工作原理

下面以管式止回阀为例，介绍其工作原理。通过进气口（A1）流入的压力空气将阀锥（b）从阀座（V）上顶起，并流过止回阀。同时，部分压力空气通过阀锥（b）中的横孔回流，充满阀座（V）上方的空间，从而在那里形成一股反作用力。只要止回阀中的控制压力大于或等于反作用力，阀座（V）就一直处于开启状态。如果流向止回阀的气流被截止或排出，或A2处压差大于A1处压差，止回阀便会在阀锥（b）上方存在的反压力作用下关闭。空气回流即被阻止。只有在阀锥（b）上方的反压力小于 A1 处压力时，阀座（V）才再次开启。

2. 缩堵

缩堵用于控制气体流速，防止相邻管路中气体压力的过快变化。它通常是一个中间带小节流孔的短螺杆结构，一般装于阀口或接管座中。城轨车辆制动系统使用的缩堵如表 4-9 所示。

表 4-9 城轨车辆制动系统中使用的缩堵

代号	主要作用
B00. B10	确保停放因大泄漏等原因意外作用时压力控制器 B00. B22 能动作
W06002	防止全自动解钩风缸活塞回撤过快
W08002	防止半自动解钩风缸活塞回撤过快

4. 5. 7 气路转换部件

气路转换部件指无须人工操作，能自动根据车辆工况进行气路转换的部件。城轨车辆制动系统中的该类部件主要有梭阀和高度调整阀等。图 4-40 为梭阀外形结构示意图及其 ISO 1219 符号。

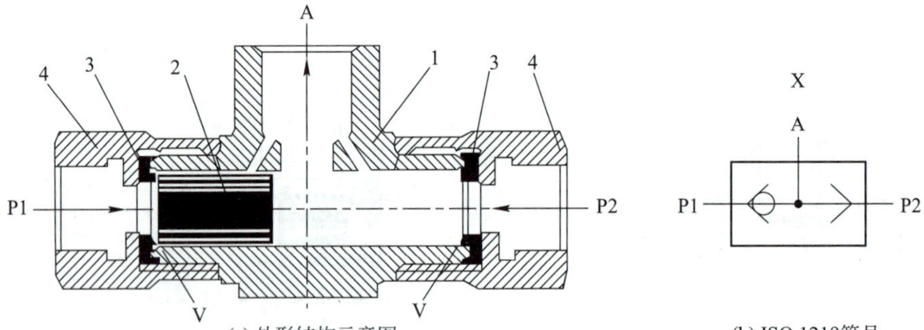

(a) 外形结构示意图　　(b) ISO 1219符号

1—阀体；2—活塞；3—密封圈；4—盖螺母；P1，P2—进风口；A—排风口；V—阀座。

图 4-40 梭阀外形结构示意图及其 ISO 1219 符号

梭阀的设置是为了防止带停放功能的单元制动机发生过制动现象。

梭阀有三个气路接口：进风口（P1、P2）和排风口（A）。其工作原理是这样的：两进风口永远不可能互相连通，其中气压较高的进风口推开活塞（2），抢占排风口（A），并将气压较低的进风口封堵。

4. 5. 8 塞门

塞门在气路中的主要作用，相当于电路中的开关或转换开关，打开或关闭塞门，可使塞门两侧的气路连通或隔断，实现气路转换，从而方便检修、局部调试、人工气路切换等。有些塞门根据需要设有一些辅助功能，如带排风孔的塞门，在关闭状态下，在隔断进气的同时能将排风口与大气连通；又如带电接点的塞门，在塞门状态改变时，通过机械装置可引发外接电路改变，将塞门状态以电信号的方式反馈给有关系统。

解钩阀、普通两位三通电磁阀、脉冲阀均可看成是一种特殊的带排风孔的塞门，它们的功能与塞门完全一致，差别在于操作方式和阀体均有所变化。转换阀也可看成是一种转换气路的特殊塞门。所有这些部件的共同特点是正常情况下通过人为操作（手柄、机械按钮、电按钮等）实现气路切换。

1. 普通塞门

普通塞门指手柄式纯机械类塞门，此类塞门通过改变手柄与阀体的相对位置来改变气路，分带排风孔型和不带排风孔型两种，同时手柄有蝶形、杆形等不同形式。城轨车辆制动系统中此类塞门的设置情况如表 4-10 所示。

表 4-10 城轨车辆制动系统中的普通塞门设置情况

代号	主要作用	规格	备注
A00. A10	干燥器出风隔离	G3/4	
A00. A11	压力开关 A13 泄压	G1/4	带排风孔
B00. A06. 001	主风缸排水	G1/4	
B00. B02	本车风源隔离	G1/2	带排风孔
B00. B05	本车制动系统风源隔离	G1/2	带排风孔
B00. L02	本车悬挂系统风源隔离	G1/2	带排风孔
B00. L05	悬挂风缸排水	G1/4	
P03	司机室端气动设备泄压	G1/4	带排风孔
U01	升弓系统总风切除	G1/4	带排风孔
V01	轮喷系统风源切除	G1/4	带排风孔
W03	半永久车钩总风隔离泄压	G3/4	带排风孔
W11	半自动车钩总风隔离泄压	G3/4	带排风孔
W03	全自动车钩总风隔离泄压	G3/4	带排风孔

图 4-41 是常用球阀的剖视图。球阀有两个转换位置：连通位置和截断位置，通过将手柄（d）转动 90°可在两个位置之间切换。

① 连通位置：在此位置，截止球（a）通孔的方向与球阀纵轴一致。在开关主轴顶盖端面上可见的标记点 K 也同样与球阀纵轴一致。从进风口（P1）至排风口（P2）的通路开启。

② 截断位置：在此位置，截止球（a）通孔的方向与球阀纵轴垂直。在开关主轴顶盖上可见的标记点 K 也同样与球阀纵轴垂直。在闭锁位置，不同类型的球阀，其工作方式也不同。

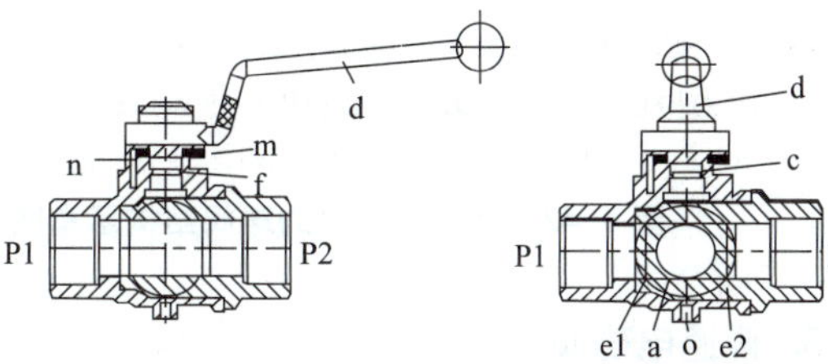

(a) 连通位置 (b) 截断位置

a—截止球；c—开关主轴；d—手柄；e1—异型密封圈；e2—支座；f—O 形环；m—止挡片；n—止挡销；o—工艺螺堵；D—球体上的通孔；P1—进风口；P2—排风口。

图 4-41 常用球阀剖视图

2. 带电接点塞门

带电接点塞门用于在转向架制动管路气体严重泄漏时切除其空气制动功能，同时以电信号形式反馈给列车控制系统。与普通截断塞门相比，此塞门多了一个开关模块，用于控制塞门的通断及电信号的反馈。

图 4-42 为带开关模块的球阀结构示意图，此阀带球杆手柄（d1）和蝶形手柄（d2）。其开关模块的主要结构如下：镀铬黄铜制的截止球浮动地置于阀箱中。通过两个装在阀箱内部的塑料圈确保其支承和密封。异型密封圈位于进风侧，支座位于排风侧。截止球壁上有一个斜通孔，通过该孔连接塞门排风口（P2）与排风孔（O）。阀箱是不可拆分的，它由镀镍黄铜制成，因此未涂漆也无须涂漆。铝制手柄通过（开关模块和塞门的）开关主轴与截止球刚性连接。开关主轴在阀箱中通过 O 形环密封。开关模块有一个抗冲击并耐低温的塑料外壳。它的内部完全绝缘，因此无须接地。开关模块的卡口式插接件，保证可以快速、可靠地安装。

开关模块中的电路连接如图 4-43 所示。开关模块中有两个带金触点的微型开关，微型开关依据以下设计定位：一个开关监控通路位置（连接 6、2、7），另一个开关监控闭锁位置（连接 5、3、4）。具体工作方式是：阀门手柄在通路位置的时候，开关模块中的两个电子微型开关关上，5—3 和 6—2 的连接接通；阀门手柄在锁闭位置的时候，开关模块中的两个电子微型开关关下，5—4 和 6—7 的连接接通。

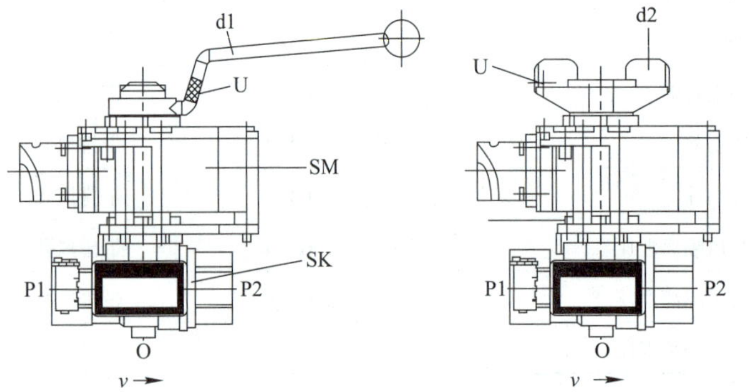

SK—球阀；SM—开关模块；U—手柄上的铅封孔；
d1—球杆手柄；d2—蝶形手柄；P1—进风口；P2—排风口；
O—排风孔（可通过型芯塞封闭）；v—流向。

图 4-42 带开关模块的球阀结构示意图

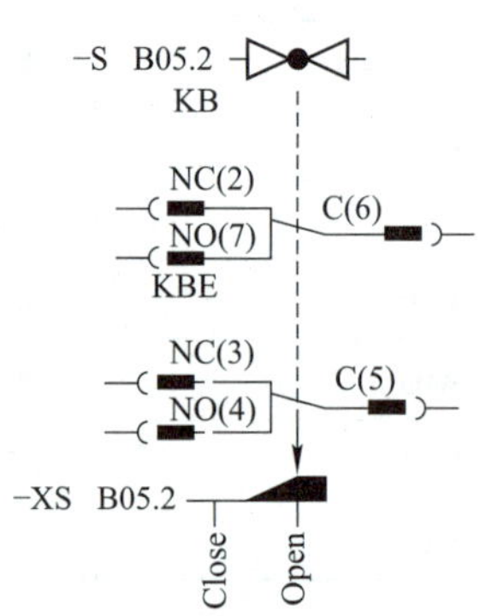

图 4-43 开关模块中的电路连接（以 B05. 02 为例）

3. 普通电磁阀

普通电磁阀指的是普通二位三通电磁阀，由一个电磁线圈控制气阀阀芯动作，进而引起气路变化。城轨车辆制动系统使用的该类电磁阀如表 4-11 所示。

表 4-11 城轨车辆制动系统使用的普通电磁阀

代号	主要作用	型号	规格	备注
B00B09	停放制动施加或缓解 紧急制动施加或缓解	先导控制型二位三通电磁阀（WMV1. 1-NT）	II67043/110A	
U03	受电弓升降控制	间接控制型二位三通电磁阀（WMV-1/2ZG R1/4）	I82555/110	
W06	全自动车钩解钩控制	间接控制型二位三通电磁阀（WMV-1NZG R1/4）	I84874/110	排气口装有缩堵

1）先导控制型二位三通电磁阀

图 4-44 是 WMV1. 1-NT 型电磁阀外形及结构示意图。此阀是一个气动先导型二位三通电磁阀，用于为气动设备充风和排风。

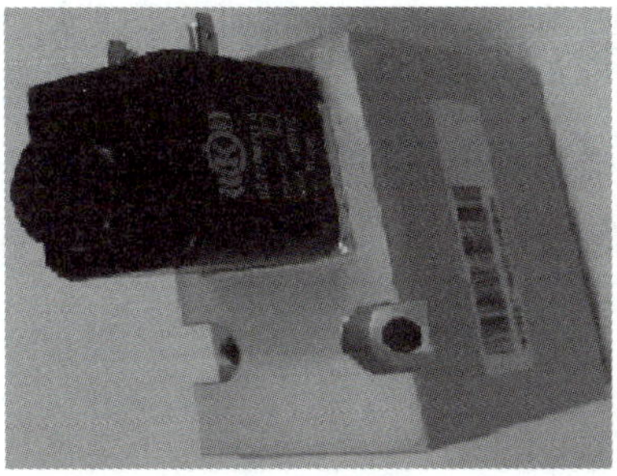

(a) 外形图

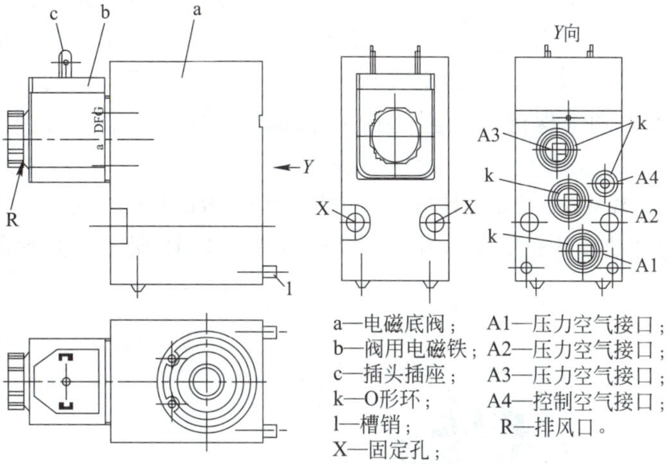

(b) 结构示意图

图 4-44　WMV1. 1-NT 型电磁阀外形及结构示意图

该设备主要由气控电磁底阀和用于调节先导空气的电动阀用电磁铁两部分组成。WMV1. 1-NT 型电磁阀气路图如图 4-45 所示。

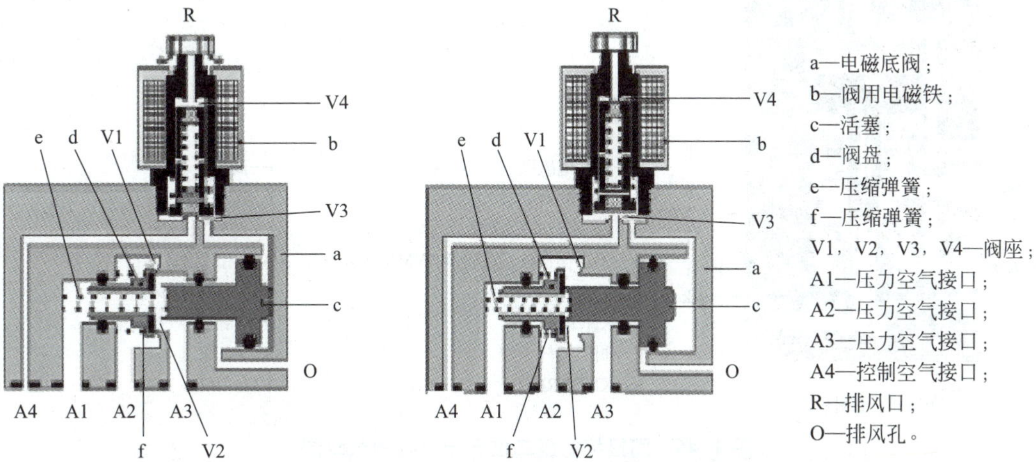

(a) 失电状态　　(b) 得电状态

图 4-45　WMV1. 1-NT 型电磁阀气路图

（1）失电状态

阀用电磁铁（b）未得电，则设备处于静止位置。控制压力空气由接口（A4）截断。阀盘（d）被压缩弹簧（f）压向阀座（V1）。由此，压力空气在接口 A2 和 A3 之间的连接即截断。活塞（c）被压缩弹簧（e）压至其右侧终端位置。由于电磁线圈的衔铁被弹簧力推至阀座（V3）处，控制压力空气接口 A4 至活塞（c）背面的压力空气连接被截断。活塞（c）背面区域通过阀座（V4）排风。最终阀座（V2）打开，压力空气在接口 A1 和 A3 之间连接建立。

（2）得电状态

阀用电磁铁（b）得电，设备进入工作状态，控制压力空气由接口（A4）引导。衔铁将逆着弹簧力运动。阀座（V3）打开，而阀座（V4）关闭。活塞（c）将在来自压力空气接口（A4）的控制空气作用下顶着压缩弹簧（e）运动到左侧终端位置。此时阀座（V2）关闭，阀座（V1）打开。压力空气从压力空气接口（A2）流向压力空气接口（A3），压力空气接口（A1）处于保持着稳定压力的闭合状态。如果阀用电磁铁失电，则电磁阀重新回到静止状态。

2）间接控制型二位三通电磁阀

WMV-1/2ZG R1/4 与 WMV-1NZG R1/4 型电磁阀为间接控制型二位三通电磁阀，用于为气动设备充风和排风，其气路图如图 4-46 所示。此阀通常可用于升弓控制和全自动解钩控制。

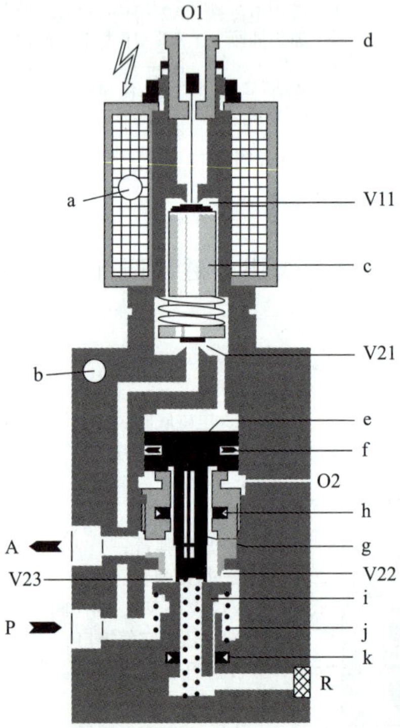

电磁阀气路图

a—阀用电磁铁；
b—电磁底阀；
c—衔铁；
d—手动操作按钮(只针对WMV-1NZG型)；
e—活塞；
f—KNORRK环；
g—阀门推杆；
h—KNORRK环；
i—阀盘；
j—压缩弹簧；
k—KNORRK环；
A—用气设备接口；
O1，O2—排风孔；
P—压力空气接口；
R—排风口；
V11，V21，V22，V23—阀座。

图 4-46 间接控制型二位三通电磁阀气路图

该型电磁阀由气控电磁底阀和阀用电磁铁两部分组成，其中 WMV-1NZG 的阀用电磁铁上有一个手动操作按钮，用于在失电状态下进行手动操作。

（1）未得电状态（静止位置）

若阀用电磁铁未得电，则电磁阀处于静止位置。阀座（V23）开启，阀座（V22）关闭。压力空气接口（P）到用气设备接口（A）之间的通道锁闭，用气设备接口（A）到排风口（R）之间的通道开启。活塞（e）将通过弹簧力保持在上极限位置，并通过排风孔（O1）排风。衔铁（c）由弹簧力压至阀座（V21）处。阀座（V11）开启，由压力空气接口（P）分流产生的控制压力施加在阀座（V21）上。

（2）得电状态（工作位置）

若阀用电磁铁得电，则电磁阀进入工作位置。衔铁（c）将逆着弹簧力运动。阀座（V21）开启，阀座（V11）关闭。活塞（e）因控制气流充风，而运动至下极限位置。同时阀座（V23）关闭，阀座（V22）打开，压力空气从接口（P）流向接口（A），排风口（R）被锁闭。如果阀用电磁铁失电，则电磁阀重新回到静止位置。压力空气供给将中断，用气设备接口（A）通过排风口（R）排风。

4. 带电接点的二位三通转换塞门

图 4-47 为 DH07-TS1 型带电接点的二位三通转换塞门结构图，用于系统无电时转换受电弓的升弓气路，同时将其状态以电信号形式反馈给列车控制系统。

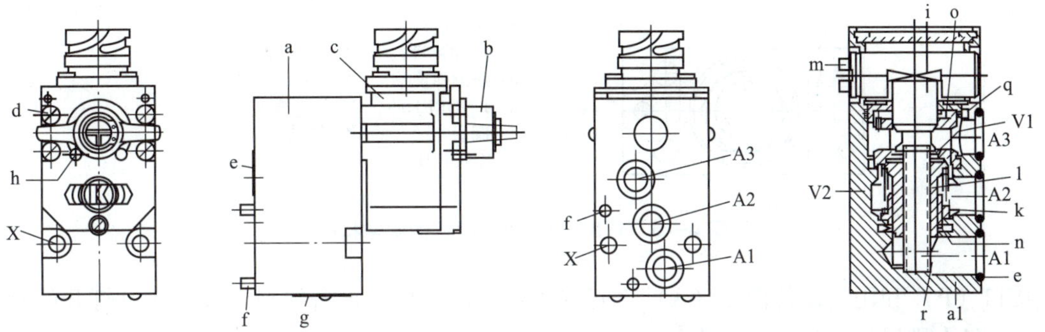

a—二位三通旋塞阀；
b—锁紧手柄；
c—开关模块；
d—圆柱头螺栓；
e—O形环；
f—槽销；
g—铭牌；
h—止动销；
A1—压力空气接口；
A2—压力空气接口；
A3—压力空气接口；
X—固定孔；
a1—阀箱；
i—挺柱；
k—压缩弹簧；
l—阀盘；
m—凸轮轴；
n—KNORRK环；
o—KNORRK环；
q—O形环；
r—压缩弹簧；
V1—阀座；
V2—阀座。

图 4-47 DH07-TS1 型带电接点的二位三通转换塞门结构图

该塞门主要由一个二位三通旋塞阀、一个机械操作元件、一个电气开关模块组成。借助装入的电气开关，可以显示旋塞的各种开关状态，或用来控制其他装置。

二位三通旋塞阀在初始状态下，压缩弹簧（r）使阀门挺柱（i）保持在其上部位置，由此使阀座（V1）保持在开启状态。压缩弹簧（k）将阀盘（l）压到阀座（V2）上，由此封住压力空气接口（A2）。在该状态下，压力空气接口（A3）至压力空气接口（A1）之间的通路开通。通过用操作元件转动凸轮轴（m），阀门挺柱（i）将阀盘（l）向下压。由此阀座（V1）关闭，阀座（V2）打开。在该状态下，阀座（V1）上的压力空气接口（A1）被封住，压力空气接口（A2）至压力空气接口（A3）的通路开通。

5. 手动解钩阀

该阀用于两单元之间半自动车钩连接的解钩操作，除具有手动操作按钮转换气路外，阀体部分与普通二位三通阀类似。排气口装有缩堵，用于减缓解钩气缸活塞回撤的速度。郑州地铁 1 号线项目采用的手动解钩阀型号是 WBV-1S，其结构图如图 4-48 所示，其工作原理如下。

（1）阀门挺杆（a）未被操作

阀门挺杆（a）通过压缩弹簧（c）的弹力被保持在上部终端位置上，阀座（V1）打开。阀盘（e）通过压缩弹簧（b）的弹力被保持在上部终端位置上，阀座（V2）关闭。供

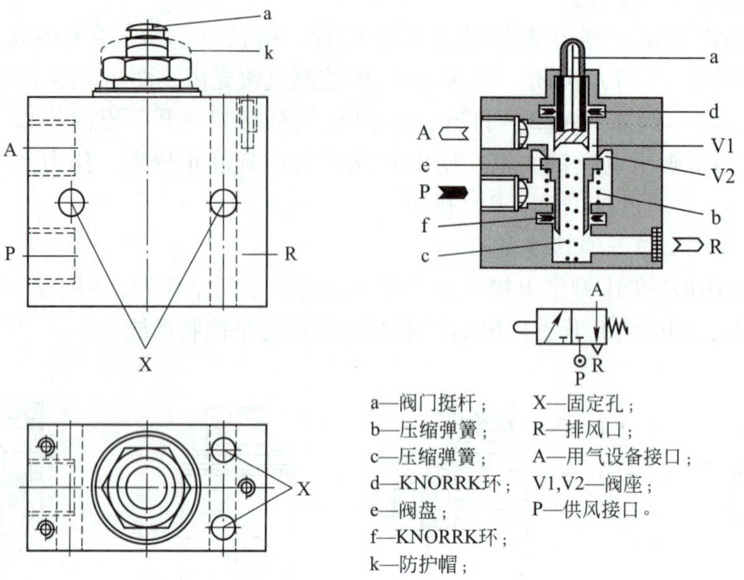

图 4-48　WBV-1S 型手动解钩阀结构图

风接口（P）和用气设备接口（A）之间的连接中断。用气设备接口（A）通过打开的阀座（V1）经由排风口（R）进行排风。

（2）阀门挺杆（a）被操作

阀门挺杆（a）顶着压缩弹簧（c）的弹力被向下压向阀盘（e），阀座（V1）关闭。用气设备接口（A）和排风口（R）之间的连接中断。在接下来的流程中，阀盘（e）顶着压缩弹簧（b）的弹力被向下压，然后阀座（V2）打开。接通供风接口（P）和用气设备接口（A）之间的连接。阀门挺杆（a）被松开后会在压缩弹簧（c）的弹力作用下重新回到上部终端位置。

6. 脉冲阀

脉冲阀是一个共阀芯的双电磁阀，用于控制系统停放制动功能的施加和缓解，其结构如图 4-49 所示。

脉冲阀是先导控制型二位五通阀（R、A、P、B、S），用于电气控制回路中。如果电脉冲被触发，则控制腔充气或排气，或按顺序交替充排气。其作用原理是：当阀用电磁铁（c1，c2）失电时，处在缓解位，即电磁铁断电，活塞（d）总是处于一个端部位置（图 4-49中活塞处于左端）。进气口（P）与用气设备接口形成通路。

当阀用电磁铁（c1）得电时，控制空气经阀座（V）到活塞（d），使活塞移到右端位。当电脉冲终止时，衔铁同其底座被弹簧压在阀座（V）上，流进活塞的控制空气被切断，活塞仍留在原处（右端位），操作气流通过用气设备接口（A）后经排气口（R）排入大气。当阀用电磁铁（c2）得电时，压力空气驱动活塞运动到左端位。

断电情况下，可以手动操作脉冲阀，按下手动操作按钮到停止位，使活塞（d）移到左、右两端中的一端，松开手后，按钮复原，活塞停留在原处。

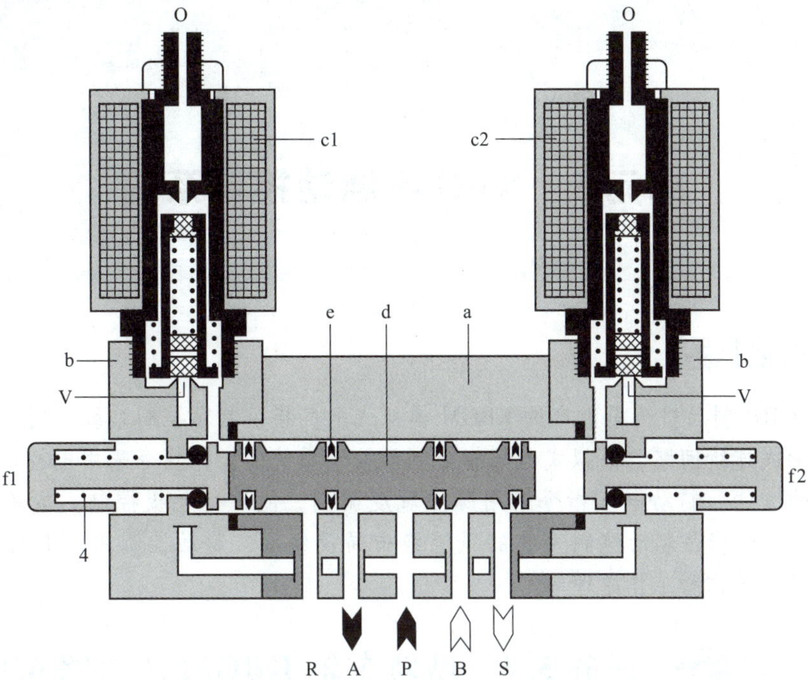

a—底阀；b—阀盖；c1，c2—阀用电磁铁；d—活塞；e—KNORRK环；f1，f2—手动操作按钮；
A，B—用气设备接口；P—进气口；R，S—排气口；V—阀座；O—排风孔。

图4-49 脉冲阀结构图

复习思考题4

1. 城轨车辆上有哪些用风设备？
2. 城轨车辆供气系统有何特点？主要包括哪些部分？各部分的作用是什么？
3. 活塞式空气压缩机由哪几部分组成？其作用原理是什么？
4. 简述螺杆式空气压缩机的工作原理。
5. 与活塞式空气压缩机比较，螺杆式空气压缩机有何优缺点？
6. 螺杆式空气压缩机的润滑油有什么作用？
7. 空气干燥器有何作用？它由哪几部分组成？
8. 简述单塔式空气干燥器的工作原理。
9. 简述双塔式空气干燥器的工作原理。
10. 简述调压阀的工作原理。
11. 转换塞门由哪些部件组成？
12. 简述城轨车辆气路系统各组成部分的作用。

单元 5　KBGM 制动控制系统

【单元概述】

德国 KNORR 制动机公司生产的 KBGM 模拟式电气指令制动控制系统，用一条电缆贯通整个列车，形成连续回路，模拟式电气指令制动控制系统的操作指令采用电控制空气、空气再控制空气的方法。制动电气指令采用脉冲宽度调制，能进行无极控制。本单元主要介绍 KBGM 模拟式电气指令制动控制系统的风管路布局及组成、制动控制单元 KBGM 结构及其主要组成部件的结构和工作原理等。

任务 5.1　城轨车辆 KBGM 风管路布局

【学习目标】

① 熟知城轨车辆 KBGM 风管路布局及组成。
② 掌握风管路系统总图中的相关部件的结构和工作原理。

【教学环境】

可利用多媒体设备进行直观的理论教学，利用图片和录制的视频进行初步认知教学，也可以到现场参观城轨交通车辆实训设备或实物。

【教学设施】

教学用的 PPT、视频以及相关教学引导资料。

【理论模块】

列车制动装置是用以实现列车减速或停止运行，保证行车安全的设备，主要由供风系统、制动系统及基础制动装置组成。我国城轨车辆大多采用了德国克诺尔（KNORR）制动机公司生产的模拟式电空制动装置，它通过列车总线贯通整个列车，形成连续回路。该模拟制动装置采用电控制空气、空气再控制空气的控制方式。制动的电指令以脉冲宽度调制，能进行无级控制。

5.1.1　供风和制动系统的气路说明

供风和制动系统主要由以下 9 个子系统组成。

1. A 组——供风系统

大气通过空气过滤器进入空气压缩机（A01），然后经过空气干燥器单元（A07）及附加的油过滤器，使供风系统温度、油量及湿度符合要求。压力空气进入主风管（MRE），向所有气动设备供风。司机室的压力表（B29）指示主风管的压力和常用制动缸压力。

2. B 组——制动系统

KBGM 制动控制系统的气动装置集中安装，形成制动控制模块，安装在每辆车上。每辆车上有一个 100 L 的主风缸（B09），主风缸向受电弓执行机构、汽笛系统、空气悬挂设备、防滑阀（G01）、电空制动控制单元 KBGM（B06.1）及辅助控制单元、制动储风缸（B04）等供风。

电空制动控制单元气路的主要功能：形成并调整预控压力，实现对制动缸的充风/排气。辅助控制单元气路的主要功能：控制停放制动的施加/缓解，监测常用制动缸/停放制动缸的压力，监测主风管的压力。

3. C 组——基础制动系统

基础制动系统的主要设备是踏面制动单元，踏面制动单元包括一个采用弹簧执行机构的停放制动单元（C03）及不带弹簧机构的常用制动单元（C01）。停放制动单元配有辅助缓解装置。

4. G 组——防滑控制系统

每辆车有 4 个防滑阀（每轴一个）。防滑所需要的轴速的实际值由速度传感器（G03）获得，速度信号传输至 EBCU（B05），EBCU（B05）将其与列车的减速度、速度比较，进行防滑控制。

5. K 组——箱体通风设备

K 组设备仅装于动车上，由空气过滤器（K01）、溢流阀（K02）、减压阀（K03）及截断塞门（K04）、节流阀（K05）组成，其主要功能是使较小的气流由该设备吹向箱体（电气设备安装处）内，以保持箱体内无尘等。

6. L 组——空气弹簧系统

空气弹簧系统中，主风管通过溢流阀向空气弹簧储风缸供风，空气弹簧储风缸向空气悬挂系统供风。空气悬挂设备主要由高度阀（L07）、差压阀（L08）、空气弹簧风缸（L04）、空气弹簧（L12）等组成。

7. P 组——汽笛系统

P 组设备仅安装在拖车 A 车上，主要由汽笛操纵阀（P03）、汽笛（P04）组成。

8. U 组——受电弓用风系统

U 组设备仅安装在动车 B 车上，主要由截断塞门（U01）、止回阀（U04）、电磁阀（U03）及人工操纵的脚踏泵（U05）组成。如果车上没有压力空气，推动受电弓的风将由脚踏泵（U05）提供。

9. W 组——车钩用风系统

W 组设备主要由软管（W25）、截断塞门（W27）以及每个 C 车一位端上的半自动解钩按钮（W01）组成。

下面以广州地铁一号线为例，介绍车辆风管路系统总图（简称总供风图）以及 KBGM 的结构和作用原理。

5.1.2 拖车总供风图

城轨车辆的供风系统主要由空气压缩机组（主要包括驱动电机、空气压缩机、空气干燥器、压力控制器等）及相应的供风管路组成。空气压缩机组采用模块化设计，吊挂于车辆底架下部。广州地铁一号线车辆的空气压缩机组安装在 A 车（拖车）下部，而广州地铁二号线和上海地铁一、二号线车辆的空气压缩机组均安装在 C 车（动车）下部。由两个单元组成的列车具有两套风源系统，为了减少空气压缩机的磨损，列车前部单元的空气压缩机组总是给整列车供风，而不同时使用两套空气压缩机组；反方向运行时，则使用另一套空气压缩机组。带有空气压缩机组的拖车管路系统如图 5-1 所示，与其编组的动车，除风源系统、受电弓管路以外，其他管路与拖车一样。该系统中，每辆车上设有 4 个风缸，其中包括一个 250 L 的主风缸，一个 100 L 的空气悬挂系统（空气弹簧）风缸，一个 50 L 的制动储风缸和一个 50 L 的客室风动门风缸。另外，装用单塔式空气干燥器的还附设一个 50 L 的再生风缸。

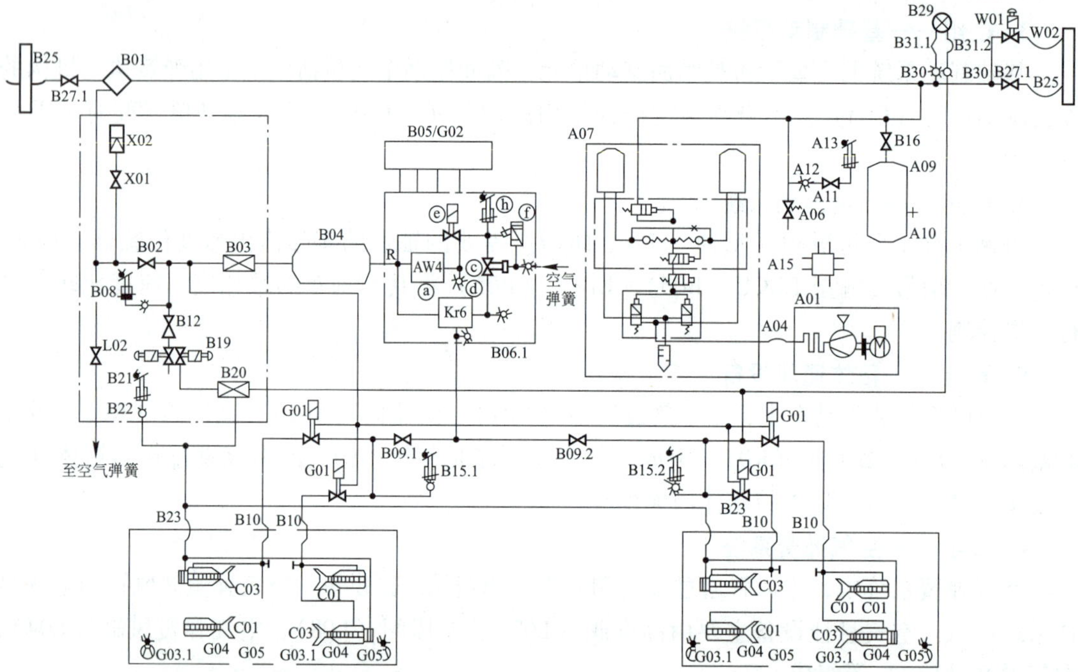

A 组—供风系统；B 组—制动系统；C 组—基础制动系统；G 组—防滑控制系统；
L 组—空气弹簧系统；U 组—受电弓用风系统；W—车钩用风系统；X—车间供气系统。

图 5-1 带有空气压缩机组的拖车管路系统

1. 空气弹簧管路

图 5-2 是每车均有的空气弹簧管路，主要由截断塞门（L01、L06）、滤清器（L02）、溢流阀（L03）、空气弹簧风缸（L04）、高度调整阀（L07）、差压阀（L08）等组成。

2. 受电弓管路图

受电弓管路如图 5-3 所示。受电弓管路主要由截断塞门（U01）、电磁阀（U03）、升弓泵（U06）逆止阀（U04.1、U04.2）、受电弓（U07）、升弓风缸（U08）、滤清器（U10）等组成。广州地铁一号线车辆的受电弓及管路安装在 A 车（拖车）上，而广州地铁二号线和上海地铁一、二号线车辆的受电弓及管路均安装在 B 车（动车）上。

脚踏泵（U05）主要用于压力空气供应出现故障或车辆长时间停放后，而主风缸或控制风缸压力较低时的受电弓升起和主断路器闭合。

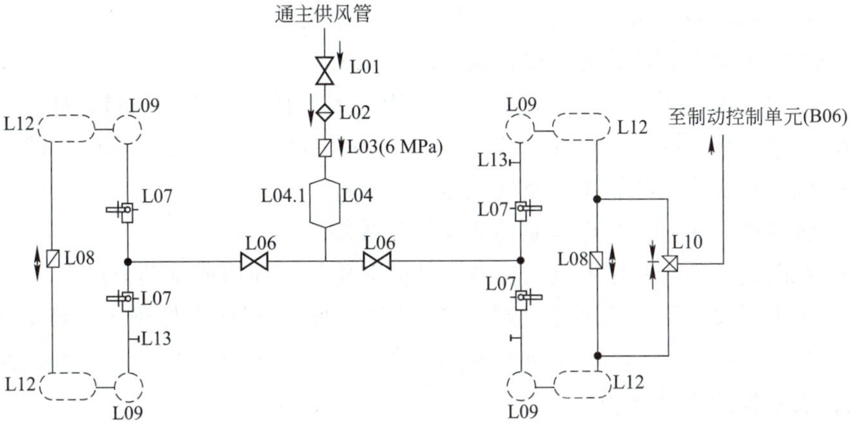

L01，L06—截断塞门；L02—滤清器；L03—溢流阀；L04—空气弹簧风缸；L07—高度调整阀；L08—差压阀；L09—管路接头；L10—三通；L12—空气弹簧。

图 5-2　空气弹簧管路

5.1.3　辅助供气系统管路图

辅助供气系统是一些阀类元件的集中安装单元，这些元件都安装在一块铝合金的气路板上，犹如电子分立元件安装在印刷电路板上一样，便于安装、调试与维修。辅助供气系统如图 5-4 所示，其主要部件功能如下。

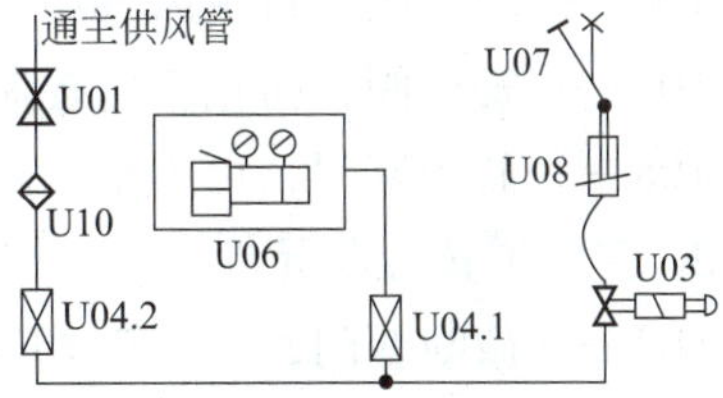

U01—截断塞门；U03—电磁阀；U06—升弓泵；U04.1、U04.2—逆止阀；U07—受电弓；U08—升弓风缸；U10—滤清器。

图 5-3　受电弓管路

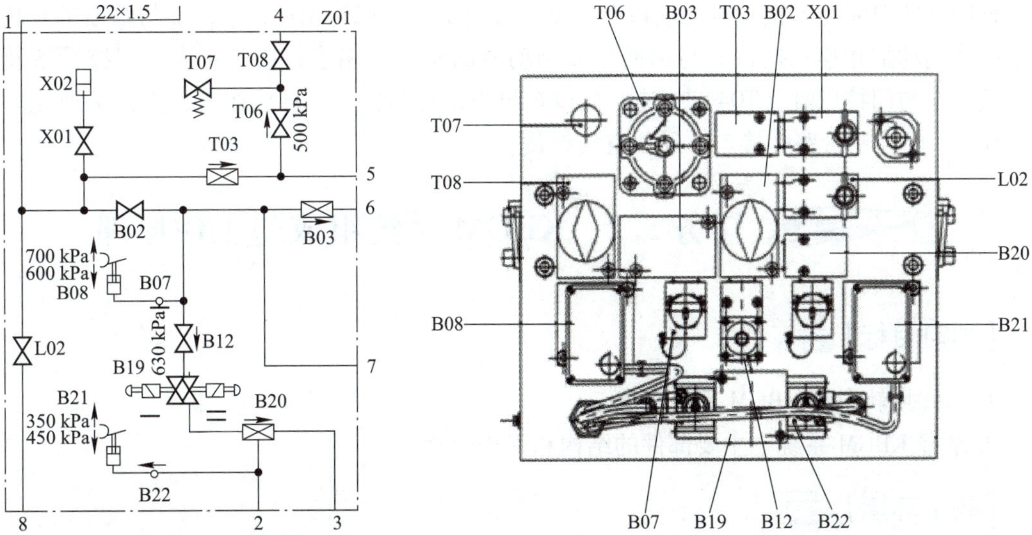

(a) 辅助供气系统气路简图　(b) 辅助供气系统布置图

图 5-4　辅助供气系统

1. 制动控制元件

B02——截断塞门，可用来切除制动系统管路与主风管的通路，便于测试与检修。

B03——止回阀，防止制动系统管路的压力空气逆流。

B07——压力测试点，从此处可以得到主风管压力。

B08——压力开关，用于监控主风管压力，当主风管压力低于 600 kPa 时，列车将自动实施紧急制动，并牵引封锁，当主风管压力高于 700 kPa 时，列车解除牵引封锁。

B12——减压阀，将主风管压力空气减压至 630 kPa。

B19——脉冲阀，用于控制停放制动的施加与缓解。

B20——双向阀，防止常用制动与停放制动同时施加时而造成制动力过大。

B21——压力开关，用于控制停放制动指示灯的动作，当压力低于 350 kPa 时，停放制动指示灯（蓝灯）亮，表示停放制动已施加，当压力高于 450 kPa 时，停放制动指示灯（蓝灯）灭，表示停放制动已缓解。

B22——压力测试点，从此处可以得到停放制动的压力。

2. 车门控制元件

T03——止回阀，防止车门控制系统管路的压力空气逆流。

T06——减压阀，将主风管压力空气减压至 350 kPa，供车门控制系统用。

T07——安全阀，防止车门控制系统压力过大。

T08——截断塞门，可用来切除车门控制系统管路与主风管的通路，便于测试与检修。

3. 空气弹簧控制元件

L02——截断塞门，可用来切除空气弹簧控制系统管路与主风管的通路，便于测试与检修。

4. 车间外接供气元件

X01——截断塞门，可用来切除车间外接供气管路与主风管的通路。

X02——车间外接供气快速接头。

辅助供气单元与外接设备的接口有 8 个：接口 1 与主风管相连；接口 2 与踏面单元制动器的弹簧制动缸相连；接口 3 与踏面单元制动器的制动缸相连；接口 4 通往门控设备及空调；接口 5 与门控风缸（T04）相连；接口 6 与制动储风缸（B04）相连；接口 7 通往防滑阀（G01）的控制管路；接口 8 通往空气弹簧。

任务 5.2 KBGM 系统组成与工作原理

【学习目标】

① 熟知城轨车辆 KBGM 系统组成。

② 掌握 KBGM 系统中主要部件的结构和工作原理。

【教学环境】

可利用多媒体设备进行直观的理论教学，利用图片和录制的视频进行初步认知教学，也可以到现场参观城轨车辆实训设备或实物。

【教学设施】

教学用的 PPT、视频以及相关教学引导资料。

【理论模块】

空气制动装置主要由风源及管路系统、控制部分和执行部分三个主要部分组成。控制部分是制动装置的核心，由带有防滑控制的微机制动控制单元 MBCU（B05/G02）、制动控制单元 BCU（B06）、空气控制屏（Z01，部分阀类的集中安装屏）等组成。

5.2.1　制动控制单元

制动控制单元是空气制动的核心，主要由模拟转换阀（ⓐ）、紧急电磁阀（ⓔ）、称重阀（ⓒ）、中继阀（ⓓ）、载荷压力传感器（ⓕ）（将载荷压力 T 转换成相应的电信号传输给 ECU）、压力开关（ⓗ）等元件组成。制动控制单元采用模块化设计，所有的元件都安装在一个铝合金集成板上。这样设计的主要目的是便于集成板从车上拆卸和更换，维修检查或大修时不会影响车辆的运用。图 5-5 为制动控制单元气路简图。

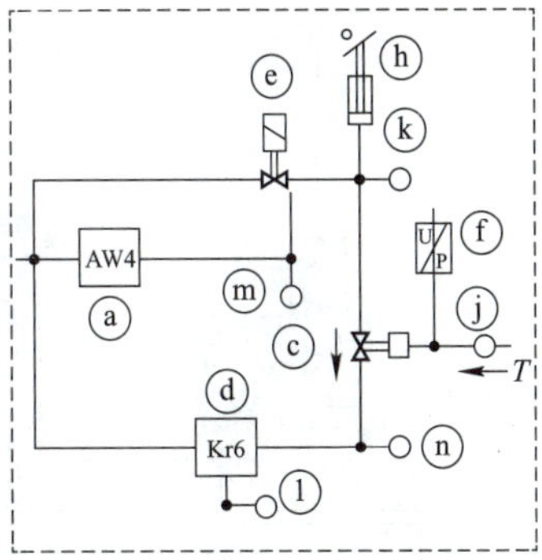

AW4，ⓐ—模拟转换阀；ⓔ—紧急电磁阀；ⓒ—称重阀；Kr6，ⓓ—中继阀；ⓕ—载荷压力传感器；ⓗ—压力开关；ⓙ，ⓚ，ⓛ，ⓜ，ⓝ—压力测试接口；T—载荷压力。

图 5-5　制动控制单元气路简图

同时，在气路板上装置了一些压力测试接口（图中ⓙ、ⓚ、ⓛ、ⓜ、ⓝ）。因此，要测量各个控制压力和制动缸压力，只要在这块气路板上测试即可。这种设计便于安装、测试和维护。

制动控制单元的作用是将 ECU 发出的制动指令电信号通过模拟转换阀（ⓐ）转换成与之成比例的预控制压力，这个预控制压力是线性变化的，同时也受到称重阀（ⓒ）和防冲动检测装置的检测和限制，再通过中继阀（ⓓ），连通制动储风缸（B04）与制动缸的通路，并控制进入制动缸的压力，最后使制动单元（C01 和 C03）获得符合制动指令的空气制动压力。

制动控制单元的工作原理如下：

当压力空气从制动储风缸（B04）进入制动控制单元（B06）后，分成三路，一路进入紧急电磁阀（ⓔ），另一路进入模拟转换阀（ⓐ），第三路进入中继阀（ⓓ）。其流程如图 5-6所示。

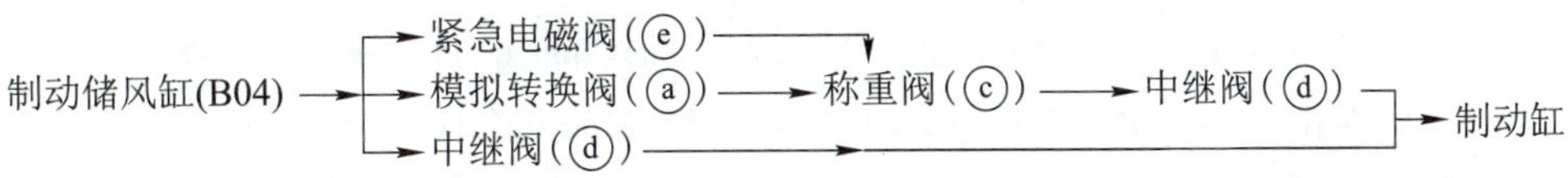

图 5-6　压力空气进路流程

整个制动控制单元犹如一个放大器，图 5-7 是按气路连通关系绘制的展开图，示出了各部件之间的气路关系及其在气路板内的通路，也简略示出了各部件的外形。

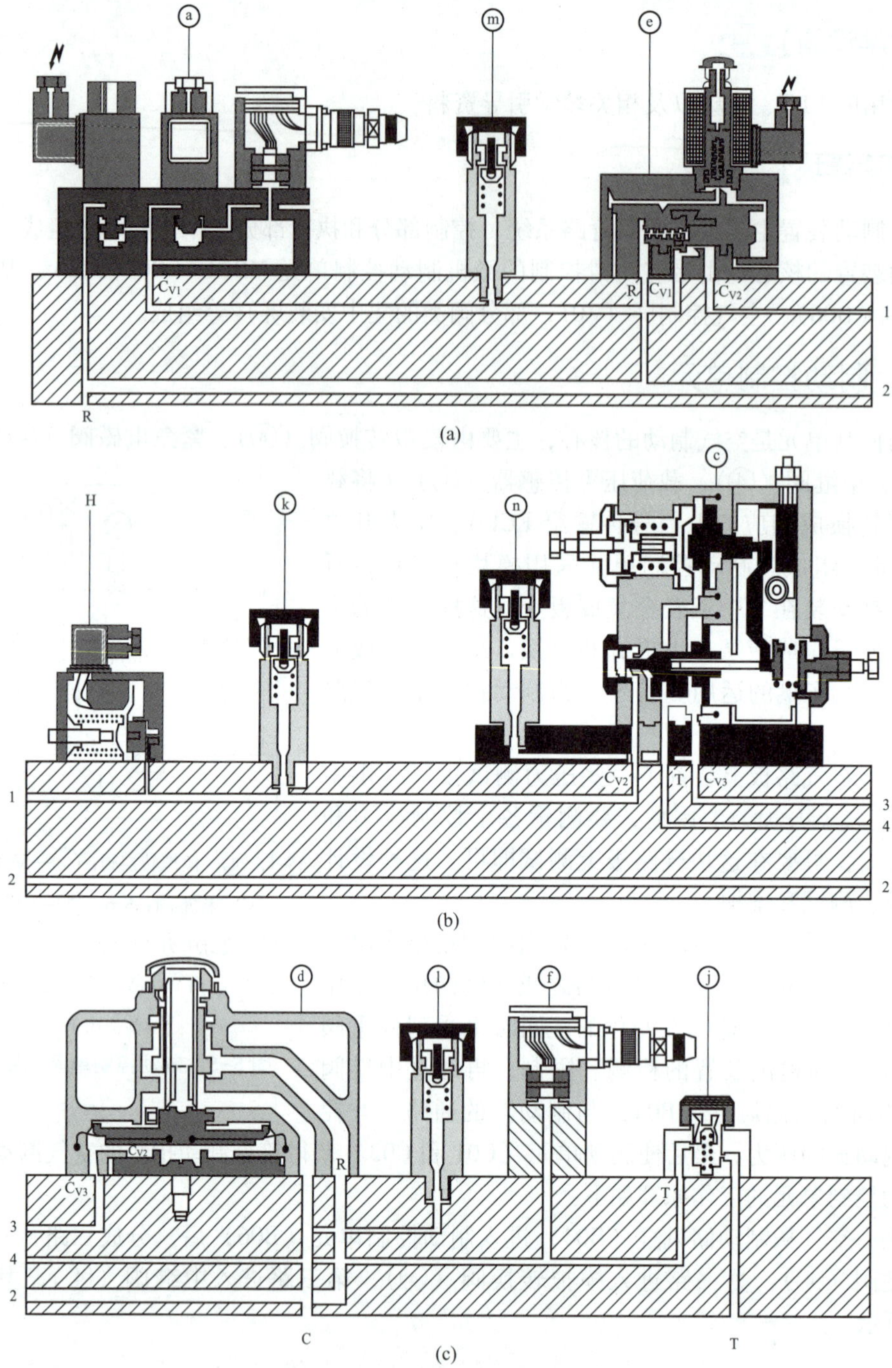

ⓐ—模拟转换阀；ⓔ—紧急电磁阀；ⓒ—称重阀；ⓓ—中继阀；ⓕ—载荷压力传感器；
C—通往制动缸压力空气接口；C_{V1}，C_{V2}，C_{V3}—预控制压力空气接口；H—压力开关；
R—制动储风缸压力空气接口；T—空气弹簧压力空气接口；ⓙ，ⓚ，ⓛ，ⓜ，ⓝ—压力测试接口。

图 5-7 按气路连接关系绘制的制动控制单元展开图

（注：图（a）、（b）、（c）组成一个完整的制动控制单元图，由于版面限制，切割成了 3 个图，数字编号 1、2、3、4 示出了 3 个图的对接关系。）

5.2.2　制动控制单元主要组成部件的结构和工作原理

1. 模拟转换阀

1）结构

模拟转换阀又称电空转换阀，其工作原理如图 5-8 所示。模拟转换阀主要由一个电磁进气阀（简称进气阀）、一个电磁排气阀（简称排气阀）及一个气-电转换器（简称转换器）组成。

2）作用原理

当微处理器发出制动指令时，进气阀的励磁线圈得电励磁，克服弹簧反力，压开阀芯，打开进气阀，使制动储风缸的压力空气通过进气阀进入输出端，作为预控制压力空气经 C_{V1} 口输出。经过 C_{V1} 口后，压力空气分两路，一路送向紧急电磁阀（ⓔ），另一路送向气-电转换器和排气阀，气-电转换器将该压力空气信号转换成相应的电信号，并馈送回微处理器，让微处理器将此信号与制动指令比较，当小于制动指令信号时，则继续开放进气阀，而当大于制动指令信号时，则关闭进气阀并打开排气阀，直到预控制压力增高或降低到制动指令的要求为止。此时进气阀和排气阀同时处于关闭状态。

2. 紧急电磁阀

1）结构

紧急电磁阀简称紧急阀，其工作原理如图 5-9 所示。紧急阀是一个电磁阀控制的二位三通阀，它的三个阀口分别通制动储风缸（A1）、模拟转换阀出口（A2）及称重阀入口（A3）。它主要由空心阀、阀座、弹簧、活塞、活塞杆和电磁阀组成。其中，空心阀还起到阀口的作用，活塞杆顶部做成阀口结构。

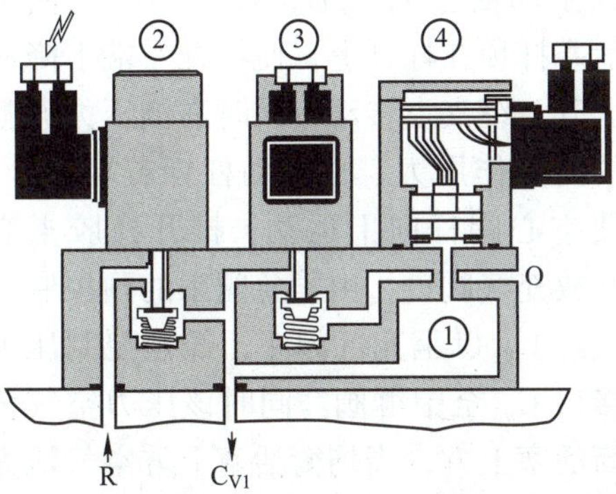

①—气-电转换器；②—电磁排气阀；
③—电磁进气阀（图示线圈处于励磁状态）；④—阀座；
O—排气口；R—由制动储风缸引入压力空气的接口；
C_{V1}—引出预控制压力空气的接口。

图 5-8　模拟转换阀工作原理

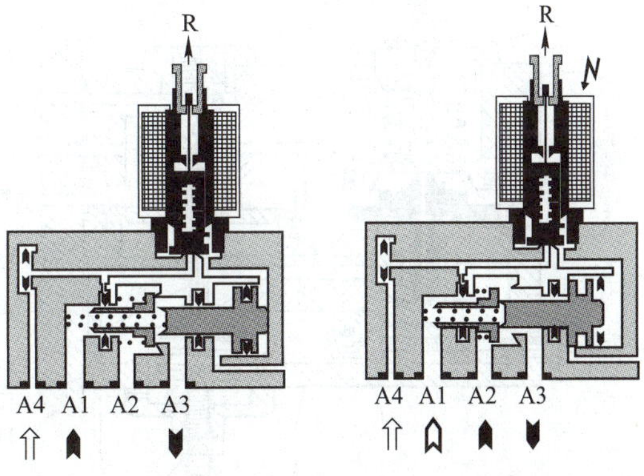

A1—通制动储风缸；A2—通模拟转换阀；A3—通称重阀；
A4—控制压力空气输入孔；R—排气口。

图 5-9　紧急电磁阀工作原理

2）工作原理

在常用制动时，紧急阀的电磁阀得电励磁，阀心吸起，打开下阀口，由控制压力空气输入孔（A4）输入的控制压力空气送入活塞右侧，推动活塞、活塞杆和空心阀左移，一方面关闭制动储风缸通路（A1），另一方面开放模拟转换阀通路（A2）与称重阀通路（A3），这时由模拟转换阀输出的预控制压力空气经 C_{V1} 口便可通过紧急阀输出到称重阀。

当预控制压力空气经 C_{V1} 口到达紧急电磁阀时，由于阀的通道阻力使预控制压力略有下降，这个紧急阀输出的预控制压力空气接口为 C_{V2}。同样，经 C_{V2} 口输出的预控制压力空气也是通过气路板内部管道进入称重阀的。

在紧急制动时，紧急阀失电，其电磁阀不励磁，电磁阀阀芯在其反力弹簧作用下，关闭下阀口，切断控制压力空气输入孔（A4），活塞右方气室压力空气经电磁阀上阀口排入大气。于是，空心阀在阀弹簧作用下右移，关闭模拟转换阀通路（A2），而活塞杆在活塞杆弹簧作用下右移，顶部离开空心阀，打开制动储风缸通路（A1）与称重阀通路（A3），制动储风缸压力空气越过模拟转换阀而直接进入称重阀。

3. 称重阀

称重阀为杠杆膜板式结构。称重阀的作用是根据车辆载重的变化，即根据乘客的多少自动限制车辆的最大制动力，其工作原理如图 5-10 所示。

1）结构

称重阀主要由负载指令部、压力调整部和杠杆部组成。

① 负载指令部：由主动活塞、膜板、从动活塞、K 形密封圈及调整弹簧、调整螺钉等部分组成。

② 压力调整部：由橡胶夹心阀、均衡活塞、空心阀杆、阀座、调整弹簧和调整螺钉等组成。

③ 杠杆部：由杠杆、支点滚轮和调整螺钉组成。

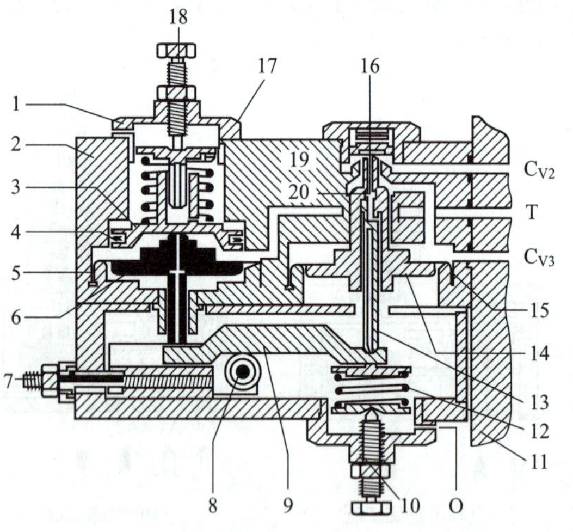

1—螺盖；2—阀体；3—从动活塞；4—K 形密封圈；5—膜板；6—主动活塞；7—调整螺钉；8—支点滚轮；9—杠杆；10—调整螺钉；11—阀座；12—调整弹簧；13—空心阀杆；14—均衡活塞；15—膜板；16—橡胶夹心阀；17—调整弹簧；18—调整螺钉；19—充气阀座；20—排气阀座；O—排气口；C_{V2}，C_{V3}—预控制压力空气接口；T—空气弹簧压力空气接口。

图 5-10 称重阀工作原理

2）作用原理

与负载重量成比例的空气压力信号（空气弹簧压力）通过空气弹簧压力空气接口 T 输入到主动活塞的上部，将主动活塞向下推，活塞杆顶在杠杆上，使杠杆左端下降而右端上升，绕支点转动，同时右侧压力调整弹簧的向上作用力，也推动杠杆右端上升，从而使空心阀杆向上运动，推开橡胶夹心阀，开放充气阀口，由紧急阀来的预控制压力空气经 C_{V2} 口至充气阀座，经预控制压力空气接口 C_{V3} 至中继阀。同时该压力空气传到均衡活塞上方，当均衡活塞上方空气压力和下方空心阀杆压力（即杠杆力和调整弹簧力之和）平衡时，橡胶夹心阀在夹心阀弹簧作用下关闭，停止向中继阀供风。

当乘客减少时，空气弹簧压力下降，均衡活塞上方的空气压力大于下方顶杆推力，于是均衡活塞下移，空心阀杆离开橡胶夹心阀，压力空气经空心阀杆阀口排向大气，直到均衡活塞上、下方压力重新平衡，均衡活塞重新上移，关闭排气阀口。

当空气弹簧压力很小，甚至因破损而无压力时，从动活塞向上的作用力不足以平衡调整弹簧的力，则由两个调整弹簧的作用力使称重阀输出压力保持一定的值。

由于克诺尔模拟制动机的模拟转换阀输出的预控制压力是受微处理器控制的，而微处理器的制动指令本身就是根据车辆的负载、车速和制动要求给出的，所以在常用制动中称重阀几乎不起作用，仅起预防作用，以防模拟转换阀控制失灵。称重阀的主要作用是发生在紧急制动时，由于紧急制动时预控制压力是从制动储风缸直接经紧急阀到达称重阀的，中间没有经过模拟转换阀的控制，而紧急阀也仅仅作为通路的选择，不起控制空气压力大小的作用，所以在紧急制动时，预控制压力只受到称重阀的限制，即制动储风缸空气压力经称重阀限制后作为最大的预控制压力输出。

同样，预控制压力空气经 C_{V2} 口流经称重阀时，也受到阀的通道阻力，压力有所下降，然后通过预控制压力空气接口 C_{V3}，并经管路板进入中继阀。

4. 中继阀

克诺尔模拟制动机的空气制动装置是一个间接控制的直通式制动机，由制动控制单元（BCU）控制预控制压力，再由中继阀根据预控制压力的大小控制车辆制动缸的充风和排风作用，中继阀起到“均衡放大”的作用，因此中继阀也称均衡阀。

1）结构

中继阀由带橡胶阀面的空心导向杆、膜板、均衡活塞、进/排气阀座、弹簧等部分组成，其工作原理如图 5-11 所示。

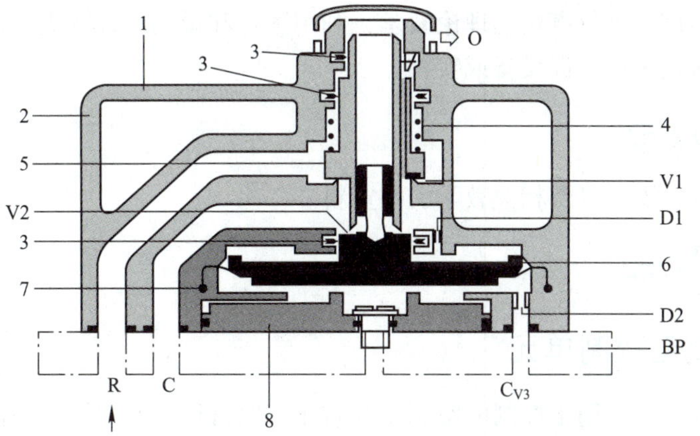

1，2—阀体；3—K 形密封圈；4—弹簧；5—空心导向杆；
6—均衡活塞；7—膜板；8—均衡阀安装面；
BP—气路板；C—接口（通向各个单元制动缸）；C_{V3}—来自称重阀的预控制压力空气接口；
D1—节流孔；D2—压力空气入口；O—排气口；R—接口（通向制动储风缸）；V1—进气阀，V2—排气阀。

图 5-11　中继阀工作原理

2）作用原理

由压力空气入口（D2）进入中继阀的预控制压力空气经 C_{V3} 口，推动具有膜板的活塞（均衡活塞）上移，首先关闭通向制动缸的排气阀（V2），然后进一步打开进气阀（V1），使制动储风缸来的压力空气经接口（R）进入中继阀，再经打开的进气阀（V1）、接口（C）充入制动缸，使制动缸压力上升，闸瓦压向车轮，列车产生制动作用。同时，该压力经节流孔（D1）充入均衡活塞上方，平衡下侧压力，当上、下侧压力平衡时，均衡活塞回到平衡位置，空心导向杆在弹簧压力作用下重新关闭进气阀（V1），制动缸压力停止上升。

从上述可知，中继阀能迅速地进行大流量的充、排气，大流量压力空气的压力变化是随 C_{V3} 口预控制压力的变化而变化的，并且相互间的压力传递比为 1∶1，即制动缸压力与 C_{V3} 口压力相等，从而实现了小流量压力空气控制大流量压力空气的作用。

同样，模拟转换阀接到微处理器发出的缓解指令后，将其排气阀打开，使 C_{V1}、C_{V2}、C_{V3} 口的预控制压力空气均通过此阀向大气排出。随着 C_{V3} 口压力空气排出，中继阀活塞在其上方制动缸压力空气作用下下移，于是中继阀中的进气阀关闭，而排气阀打开，使各制动缸的压力空气经开启的排气阀排出，列车得到缓解。

任务 5.3　KBGM 制动控制系统综合作用原理

【学习目标】

① 掌握 KBGM 制动控制系统作用原理。

② 掌握 KBGM 制动控制系统的常用制动、紧急制动、停放制动及防滑控制的工作原理。

【教学环境】

可利用多媒体设备进行直观的理论教学，利用图片和录制的视频进行初步认知教学，也可以到现场参观城轨车辆实训设备或实物。

【教学设施】

教学用的 PPT、视频以及相关教学引导资料。

【理论模块】

5.3.1　微机制动控制单元

制动控制系统有一个用于控制电空制动和防止车轮滑行控制的微处理器，一般称其为微机制动控制单元（MBCU）。当列车在运行中施行制动时，将所有与制动有关的参数信号送入该微处理器中，微处理器立即计算出一个当时所需制动力的制动指令，这个指令由模拟转换阀转换成一个与电指令成一定比例关系的预控制空气压力，然后再由预控制空气压力通过均衡阀使制动缸充入压力空气，并使制动缸压力与预控制空气压力相对应。这个制动控制系统对每一辆车的控制都是独立的。

此外，微机制动控制单元还具有整个制动控制系统的故障自诊断和故障储存功能。

电空制动电子控制原理如图 5-12 所示。

当 MBCU 根据制动要求发出制动指令时，伴随着指令也出现制动信号。此信号使开关线路 R1 导通，制动指令能通过 R1、R2 到达冲动限制阀，在这里检验其减速度的变化率是否过大。制动指令到达负载补偿器，负载补偿器可以根据信号存储器中的负载大小检测制动指令的大小，并将调整好的制动指令送至开关线路 R3 及 R4（为防止制动力过大，R3 只有电制动关闭触发才能导通），再送至制动力作用器。从制动力作用器出来的电信号送至

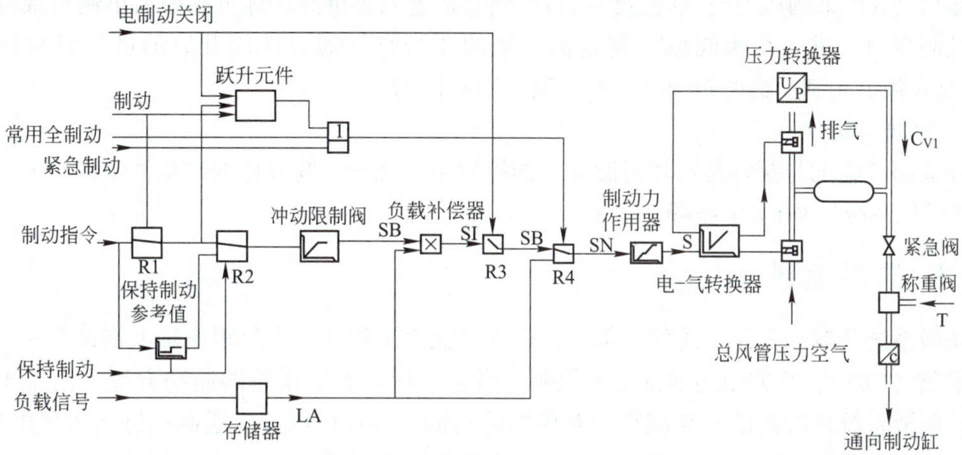

图 5-12　电空制动电子控制原理

电-气转换器，并将电信号转换成控制电流，去控制 KBGM 系统的模拟转换阀，并且接受模拟转换阀反馈回来的电信号，进一步调整控制电流。当列车速度低于 4 km/h 时，制动指令将被保持制动的级别所代替。

当列车需要施行常用全制动（100%制动指令）或者紧急制动时，最大制动信号或者紧急制动信号可以触发一个旁路或者门电路，输出高电平驱动开关电路 R4，使制动力作用器直接接收负载存储器的信号，大大缩短信号传输时间。

5.3.2　空气制动系统作用原理

空气制动系统的主要作用是将来自微机制动控制单元的电子模拟信号通过制动控制单元（B06）中的模拟转换阀转换成一个与其相对应的预控制（空气）压力，这个预控制压力是成线性变化的，以后还会受到称重阀和冲动限制阀的检测和限制，最后使制动单元（C01 和 C03）获得符合制动指令的空气制动压力。

1. 常用制动

当模拟转换阀的电磁进气阀的励磁线圈接收到摩擦制动的电指令时，吸开阀芯，使压力空气从制动储风缸接口进入模拟转换阀，并通过该转换阀转变成与电指令要求相符的压力，即预控制压空气接口 C_{V1}的压力。由于是常用制动，紧急阀处于励磁工况，滑动阀在左侧，接口 A2 和 A3 导通，来自 C_{V1}口的预控制压力空气经紧急阀后通过 C_{V2}口由接口 A3 进入称重阀。称重阀根据车辆负载对来自 C_{V2}口的压力空气再次进行调整，在 C_{V3}口输出预控制压力空气。来自 C_{V3}口的压力空气进入均衡阀后推动具有膜板的活塞上移，打开进气阀，使制动储风缸的压力空气经接口 R 进入均衡阀，通过该阀开启的进气口，经输出口 C 充入各单元制动机的制动缸，产生制动作用。

同样，制动缓解指令也由微处理器发出，模拟转换阀接到缓解指令后，将其排气阀打开，使来自 C_{V1}口的预控制压力空气通过此阀向大气排出，均衡阀活塞向下移动，排气口开启，使各单元制动缸中的压力空气经开启的排气口和空心导向杆中空通路及排气口（O）排入大气，列车得到缓解。

2. 紧急制动

紧急制动时，紧急阀处于不励磁工况，滑动阀在右侧，接口 A1 和 A3 导通，从制动储风缸接口（R）来的压力空气绕过模拟转换阀直接进入称重阀。称重阀根据车辆负载输出最大预控制压力，进入均衡阀后使制动储风缸的压力空气通过该阀开启的进气口和输出口（C）充入各单元制动机的制动缸，产生紧急制动作用。

3. 停放制动

停放制动施加与缓解是通过对脉冲阀的控制来实现的，其具体的结构和工作原理参见单元4“供风系统”中的图4-49。

5.3.3 防滑控制

防滑系统是制动控制系统的一部分，但它是独立工作的，在每根车轴上都设有一个对应的防滑阀（G01），它们由防滑系统所控制。当某一轮对上的车轮的制动力过大而使车轮滑行时，防滑系统所控制的、与该车轮对应的防滑阀（G01）迅速连通制动缸与大气的通路，使制动缸迅速排气，从而解除该车轮的滑行现象。防滑系统通过车轮测速装置（G03.1、G04、G05，见图5-1）始终监视着同一车辆上四个轮对的转速，并控制着与四个轮对对应的防滑阀（G01）。

复习思考题5

1. KBGM 制动控制系统的主要组成部分有哪些？
2. KBGM 制动控制系统中制动控制单元由哪些部分组成？
3. 简要说出 KBGM 制动控制系统的空气制动系统作用原理。
4. KBGM 制动控制系统的供气单元有哪些主要部件？
5. KBGM 制动控制系统是如何进行防滑控制的？
6. KBGM 制动控制系统是如何进行紧急制动的？
7. KBGM 制动控制系统有哪几种制动方式？
8. KBGM 制动控制系统的动力制动和空气制动是如何协调进行的？
9. KBGM 制动控制系统的模拟转换阀有何作用？
10. KBGM 制动控制系统的紧急电磁阀有何作用？

单元6　EP2002制动控制系统

【单元概述】

EP2002制动控制系统是德国克诺尔公司生产的城轨车辆制动控制系统，为电气模拟指令式制动控制系统，其核心部件为EP2002阀，负责空气制动系统的监控和车辆控制系统的通信。EP2002制动控制系统与常规制动控制系统的最大区别在于设计思想不同：常规制动控制系统一般采用车控式，即一个电子制动控制单元控制同一节车的两个转向架；而EP2002制动控制系统采用架控式，即一个EP2002阀控制一个转向架，这样当一个EP2002阀出现故障时，只有一个转向架的空气制动失效，减少了对车辆制动力的影响。由于EP2002制动控制系统与常规制动系统相比具有相对突出的优点，所以目前在国内多条新建城市轨道交通线路上得到广泛应用。

本单元主要介绍EP2002制动控制系统的风管路布局及组成、EP2002阀的结构及其主要组成部件的结构和工作原理等。

任务6.1　EP2002制动控制系统的风管路布局及组成

【学习目标】

① 熟知EP2002制动控制系统风管路布局及组成。

② 掌握EP2002制动控制系统风管路系统总图中的相关部件的结构和工作原理。

【教学环境】

可利用多媒体设备进行直观的理论教学，利用图片和录制的视频进行初步认知教学，也可以到现场参观城轨车辆实训设备或实物。

【教学设施】

教学用的PPT、视频以及相关教学引导资料。

【理论模块】

1. 列车系统配置

列车配置图如图6-1所示，各系统的代号为其在气路图中的代号，具体如下：

① 风源设备（A组）。该组设备负责为列车提供并储存充足、干燥、洁净、压力合适的压力空气，主要包括电动压缩机组、空气干燥器、总风缸等。

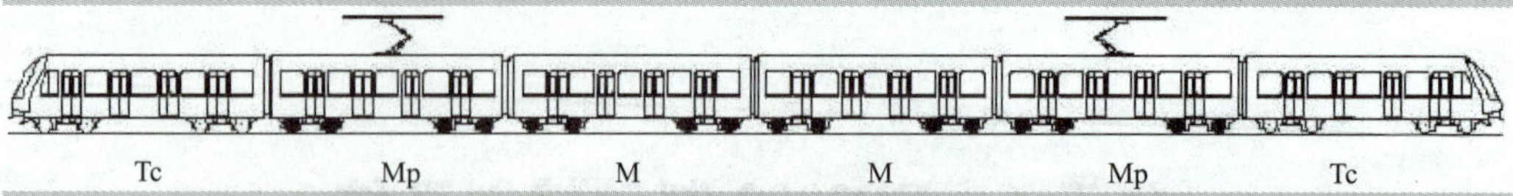

- Tc Trailer car with Cab(Cab car)有驾驶室的拖车
- Mp Motor car with Pantograph(Intermediate car)有受电弓的动车
- M Motor car动车

A–Air Supply Equipment风源设备	M
B–Brake Control Equipment制动控制设备	All
C–Bogie Mounted Brake Equipment转向架制动设备	All
G–Wheel–slide Protection Equipment防滑设备	All
L–Air Suspension Equipment空气悬挂设备	All
U–Pantograph Actuating Equipment升弓设备	Mp
W–Coupler Actuating Equipment车辆连接设备	All

图 6-1　列车配置图

② 制动控制设备（B 组）。该组设备由一个模拟的单通道摩擦制动系统构成，系统为架控型电空控制系统，其核心部件是 EP2002 网关阀和智能阀，它们包含了制动控制和车轮防滑系统两大主要微机控制功能，其余外围控制散件主要集中在辅助控制模块（CUBE）中。

③ 转向架制动设备（C 组）。转向架制动设备安装在转向架上，主要包括两种单元制动器，二者的区别在于其中一种带停放制动功能。两种单元制动器数量相等，在转向架内部斜对称布置，每轴安装一个带停放功能的单元制动器。

④ 防滑设备（G 组）。防滑设备主要是指转向架上安装在轴箱外侧的车轴速度传感器等信号采集设备。

⑤ 空气悬挂设备（L 组）。该组设备用于控制车辆地板保持在设定的高度，使之不随载荷的变化而变化，系统采用三点调平式。

⑥ 受电弓控制设备（U 组）。该组设备用于满足气动升弓的需要，它包括一个脚踏泵、一个电磁阀以及升弓操作所需的一些辅助装置。

⑦ 车辆连接设备（W 组）。该组设备主要用于车辆之间的连挂和解编工作，它包括电磁解钩阀、手动解钩阀、解钩软管和塞门等。

图 6-1 中未标出轮缘润滑供风装置（V 组设备），其安装列数通常占列车总数的 30%~40%，且仅安装在首、尾车上，参见图 6-13。

2. 总供风图

空气制动系统供风图如图 6-2~图 6-4 所示。图中各器件首字母的含义如下：A——风源设备，B——制动控制设备，C——转向架制动设备，G——防滑设备，L——空气悬挂设备，U——受电弓控制设备，W——车辆连接设备。

3. 各系统的管路原理图

1）风源模块

风源系统原理图如图 6-5 所示，风源模块模型如图 6-6 所示。

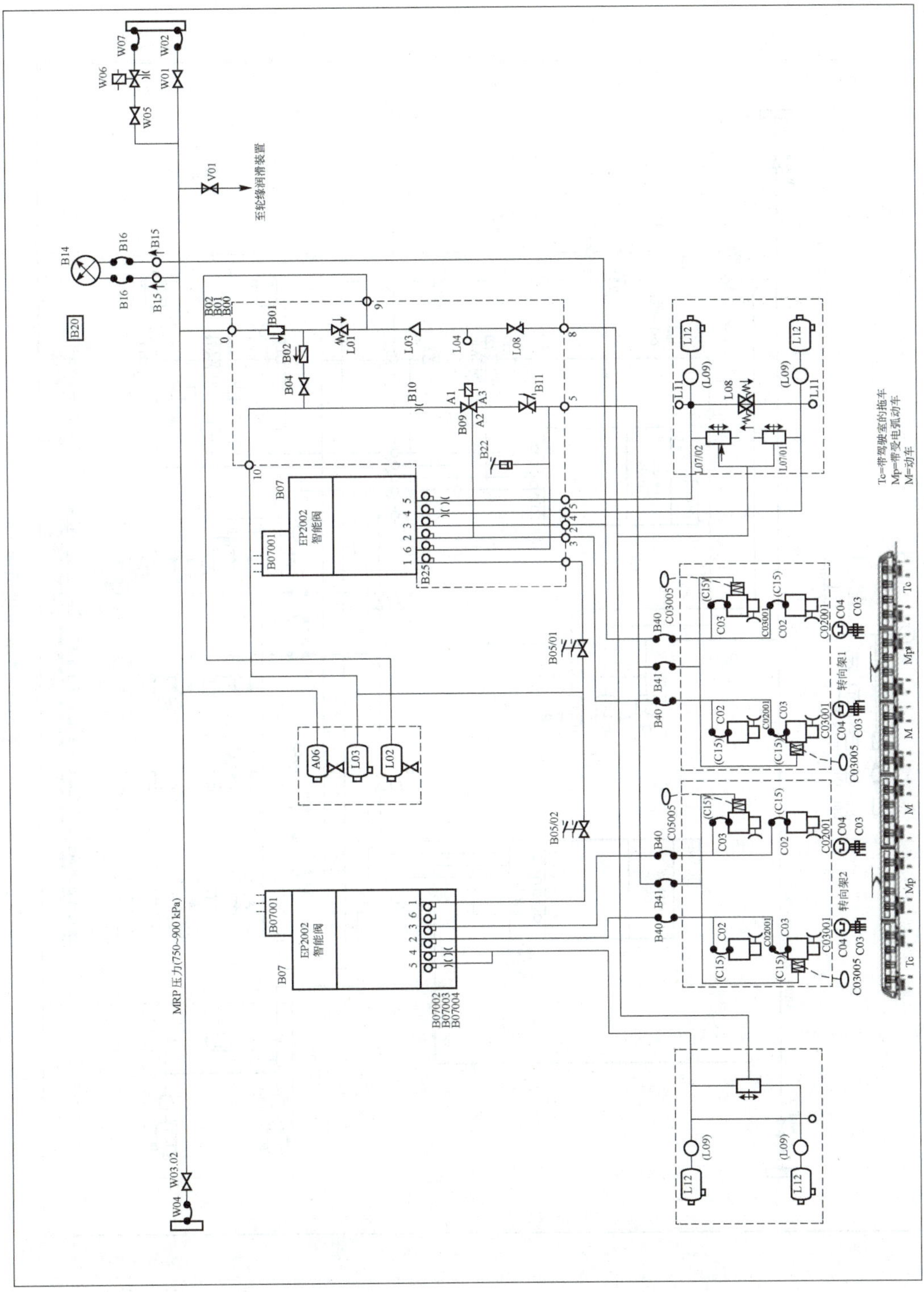
至轮缘润滑装置
MRP 压力(750~900 kPa)
EP2002
智能阀
转向架1
转向架2
Tc=带驾驶室的拖车
Mp=带受电弓动车
M=动车

图 6-2　Tc 车气路图

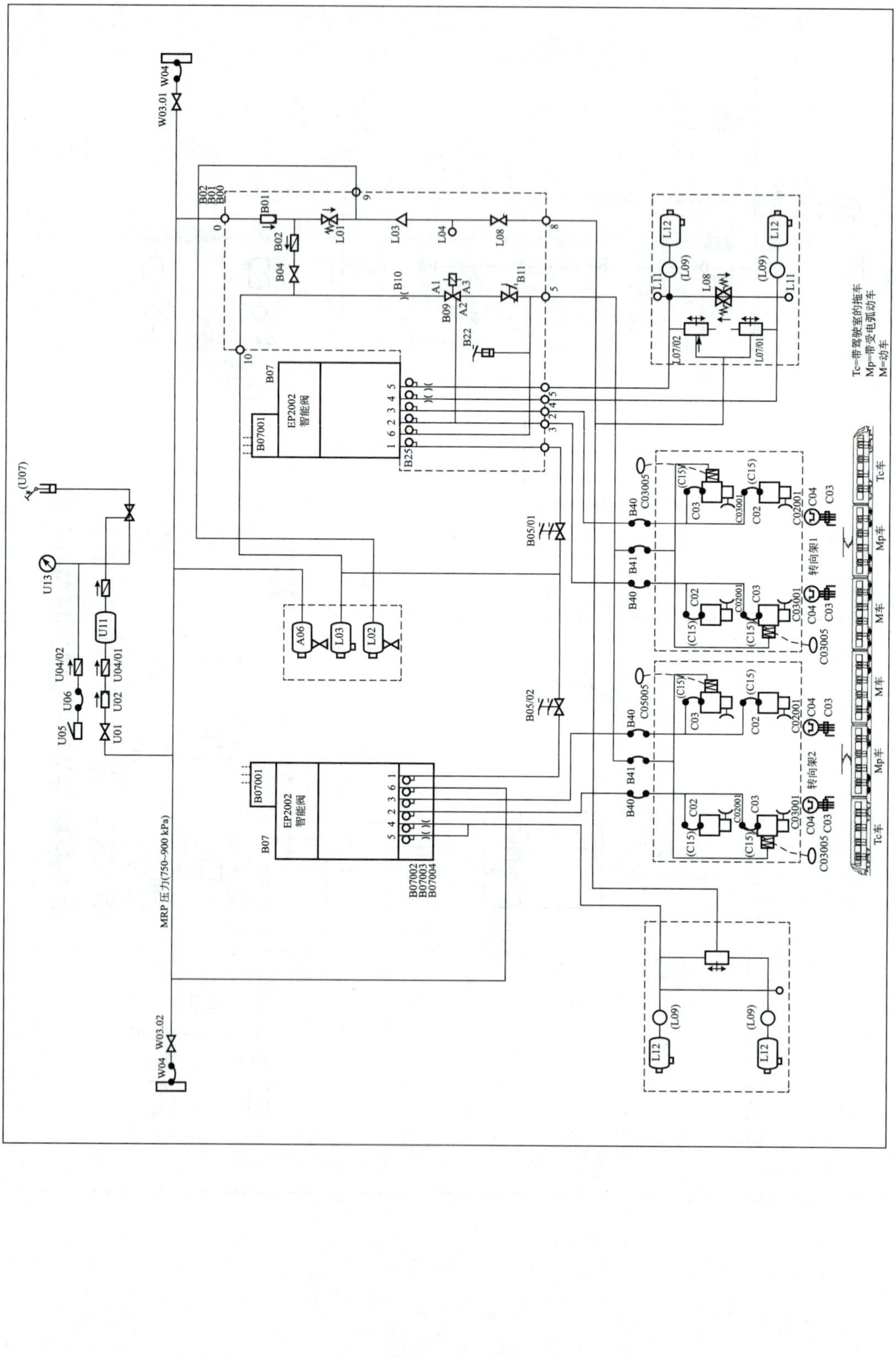

W04
W03.01
W03.02
B02
B01
B00
B01
B02
B04
L01
L03
L04
L08
B10
A1
A2
A3
B09
B11
B22
B07
B07001
EP2002
智能阀
B25
B07002
B07003
B07004
L12
(L09)
L11
L08
L07/02
L07/01
Tc=带驾驶室的拖车
Mp=带受电弓动车
M=动车
U07
U13
U11
U04/02
U04/01
U06
U02
U05
U01
A06
L03
L02
B05/01
B05/02
MRP 压力(750~900 kPa)
B40
B41
C03005
(C15)
C03
C03001
C02
C02001
C04
转向架1
转向架2
Tc车
Mp车
M车

图 6-3 Mp 车供风图

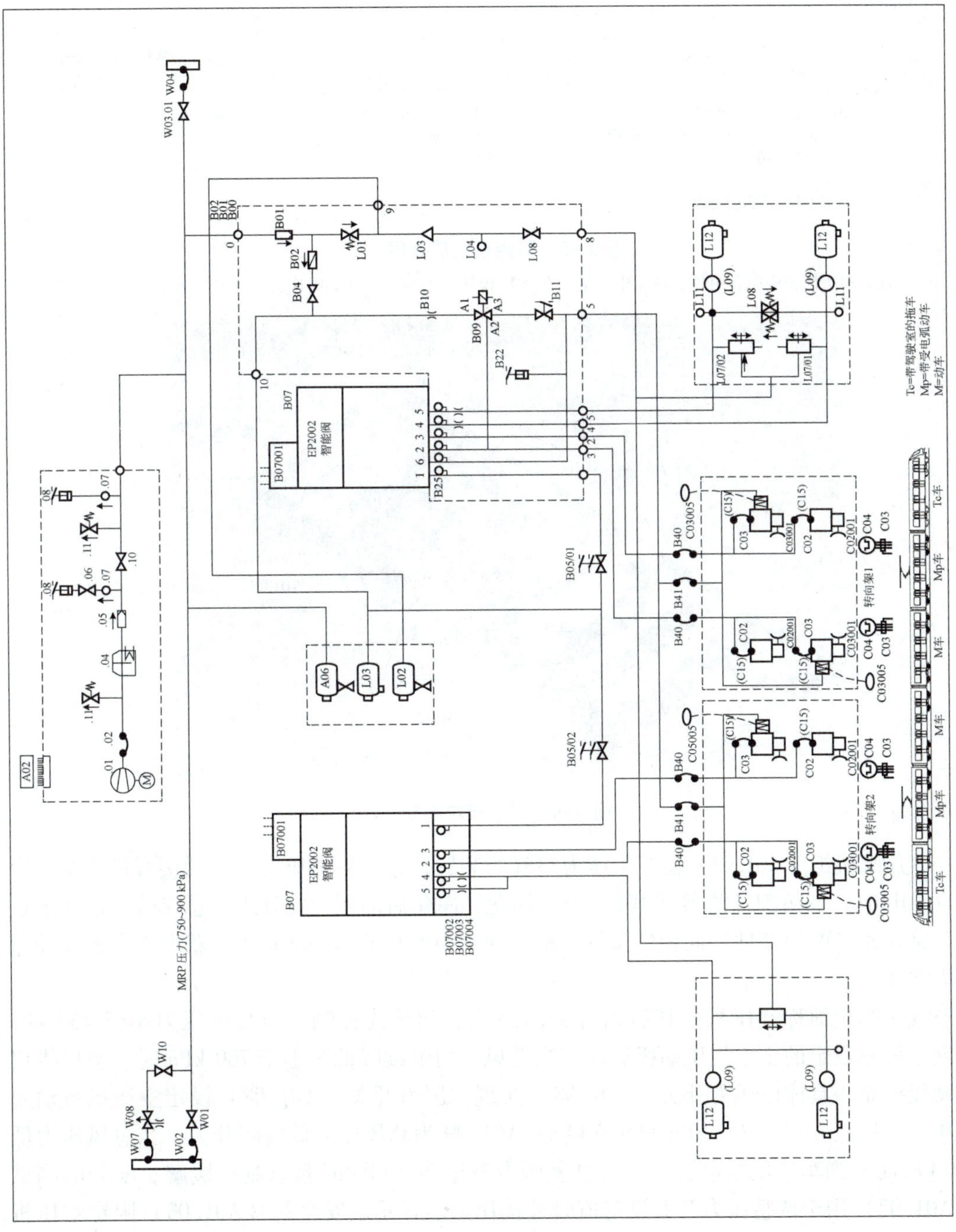
MRP 压力(750~900 kPa)
EP2002
智能阀
转向架1
转向架2
Tc=带驾驶室的拖车
Mp=带受电弓动车
M=动车
Tc车
Mp车
M车

图 6-4　M 车供风图

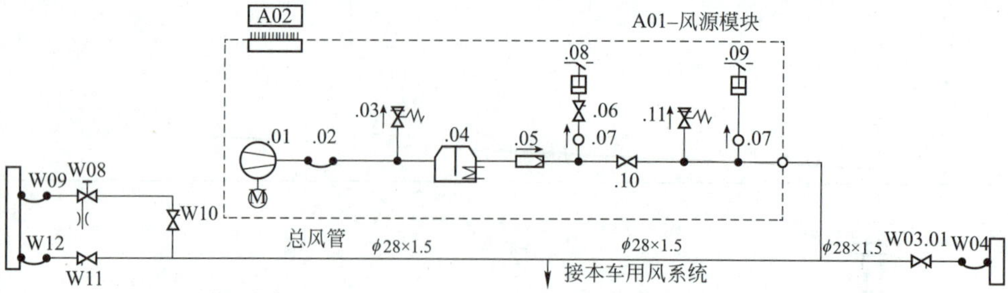

A01.01—空气压缩机组；
A01.02,W09，W12，W04–软管；
A01.03，A01.11—安全阀；
A01.04—空气干燥器；
A01.05—精细过滤器；
A01.10，A01.06，W10，W11，W03.01—塞门；
A01.07—测试头；
A01.08，A01.09—压力开关。

图 6–5 风源系统原理图

（注：A01 模块中的各组件，在图中仅编其在 A01 模块中的编号，如 .01 代表 A01. 01，依次类推）

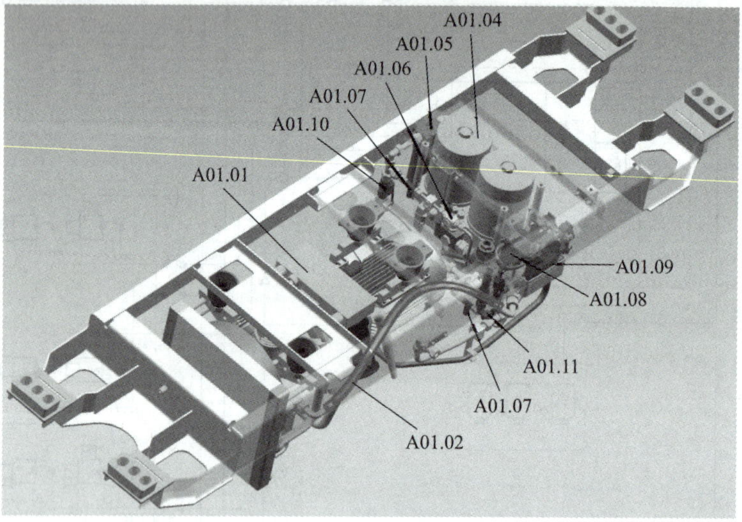

图 6–6 风源模块模型

空气压缩机组（A01. 01）是产生压力空气的装置，它产生的压力空气紧接着进入空气干燥器（A01. 04）及精细过滤器（A01. A05）净化，净化后的压力空气进入总风管，进而通过车钩气路装置（W 组部件）向相邻车辆传输；列车中的每节车均从总风管获取本车所需使用的压力空气。

空气压缩机简称空压机，其启动分为网络控制和硬线控制。当总风压力小于 750 kPa 时，网络控制设定的主空气压缩机启动。当总风压力继续降低至小于 700 kPa 时，空压机启动由硬线控制，具体由压力开关（A01. 08）实现。压力开关（A01. 08）设定空压机自动起停的压力转换点分别为 700 kPa 和 900 kPa；A01. 09 为总风压力低监测开关，当总风压力低于550 kPa时，列车产生紧急制动，当总风压力升至 700 kPa 时紧急制动缓解。配套的测试头（A01. 07）用于调整压力开关设定值时外接压力表显示。安全阀（A01. 03）限定空压机最高出口压力为1 200 kPa，安全阀（A01. 11）限定总风管系最高压力为 1 050 kPa。

2）受电弓升弓模块

升弓模块中主要是两种风源的组合使用，即有电升弓和无电升弓的气路切换。受电弓升弓原理如图 6–7 所示。

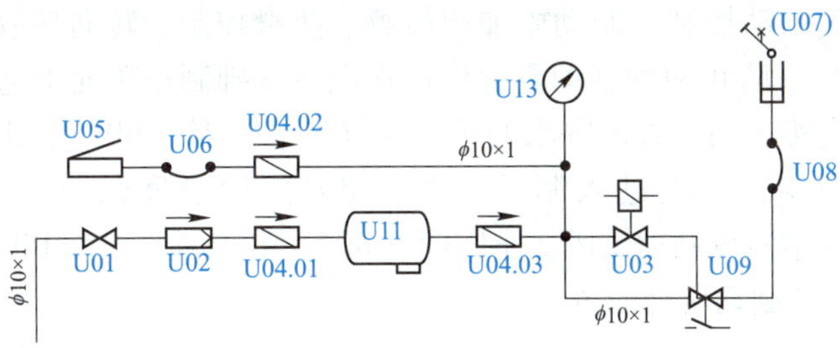

U01—塞门；U02—滤尘器；
U03—电磁阀；
U04.01、U04.02、U04.03—止回阀；
U05—脚踏泵；U06、U08—软管；
U07—受电弓；U09—转换阀；
U11—升弓风缸；U13—压力表。

图 6-7　受电弓升弓原理

正常情况下［风源来自总风管，电磁阀（U03）得电、转换阀（U09）打正常升弓位］升弓时，来自总风管的压力空气经塞门（U01）、止回阀（U04.01）到达升弓风缸（U11），出升弓风缸（U11）后再经止回阀（U04.03）、开放的电磁阀（U03）到达转换阀（U09）的下阀口，正常升弓位的转换阀将下阀口压力空气连通至右阀口，进而通过软管（U08）进入受电弓风缸将受电弓（U07）升起。

当使用脚踏泵（U05）风源进行无电升弓时，脚踏泵产生的压力空气经软管（U06）、止回阀（U04.02）到达转换阀（U09）的左阀口，后续路径和正常升弓时完全一致。止回阀（U04.03）的设置使此时的压力空气无法进入升弓风缸（U11），从而提高了使用脚踏泵升弓的效率。

当电磁阀（U03）无法得电时，不管是哪一种风源都将在电磁阀（U03）的进气口截止，此时需将转换阀（U09）打到无电升弓位。处于无电升弓位的转换阀（U09）将右阀口与左阀口沟通，压力空气从转换阀（U09）的左阀口到达右阀口，进而通过软管（U08）进入升弓风缸，将受电弓升起。

转换阀所处的不同状态通过电信号反馈给列车控制系统进行监控，以便司乘人员记得及时恢复正常升弓状态。无论哪种情况下的升弓，压力表（U13）始终能指示升弓压力空气的压力，以便进行有效监测。

升弓风缸的作用：当总风管出现破裂、漏气严重的时候，升弓风缸仍能在相当长的一段时间内保持受电弓处于升起状态。这样的设计提高了列车的可靠性，同时升弓风缸并不影响受电弓的正常升降，以及有电升弓操作、无电升弓操作。但是当总风管压力不足以升弓时，升弓风缸不能确保受电弓升到位。受电弓升弓模块安装结构图如图 6-8 所示。

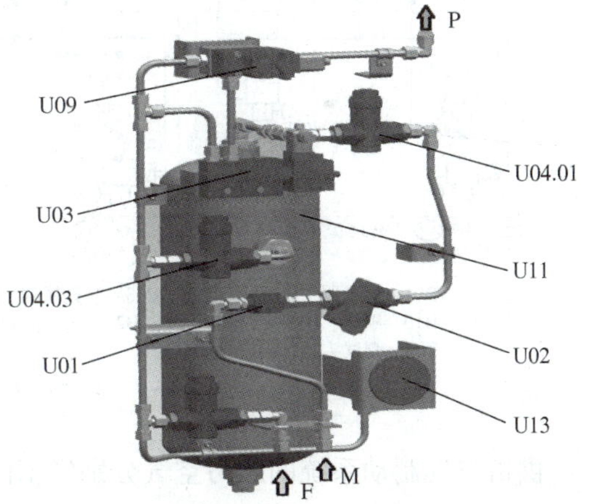

P—进入升弓风缸的压力空气接口；
F—来自脚踏泵的压力空气接口；
M—来自主风管的压力空气接口。

图 6-8　受电弓升弓模块安装结构图

3）制动施加/缓解模块

空气制动系统属主动制动，充气时制动，排气时缓解；停放制动属被动制动，充气时缓解，排气时通过弹簧力制动。它们是不同性质的两种制动，也有各自相对独立的控制系统，但由于带停放制动功能的单元制动器将两种制动揉合在一起同时作用在一套闸瓦上，系统相应地设置了防叠加制动装置。本系统的两种制动无法截然分开，此处将它们放在一起介绍。

制动控制气路原理图（Tc 车）如图 6-9 所示。结合在一起的空气制动系统和停放制动系统主要实现三方面的功能：空气制动控制（制动施加与缓解、防滑控制、转向架故障隔离）、停放制动控制（施加与缓解）、防止两种制动叠加作用在同一基础制动单元上造成过制动。这些功能是通过下面的方式实现的：总风缸来的压力空气经滤尘器（B01）、止回阀（B02）及塞门（B04）后分为两支，一支进入制动风缸（B03）后经塞门（B05.01，B05.02）给空气制动供风，另一支给停放制动供风。止回阀（B02）和制动风缸（B03）的设置可保证系统在任何情况下有紧急制动所需的风源。

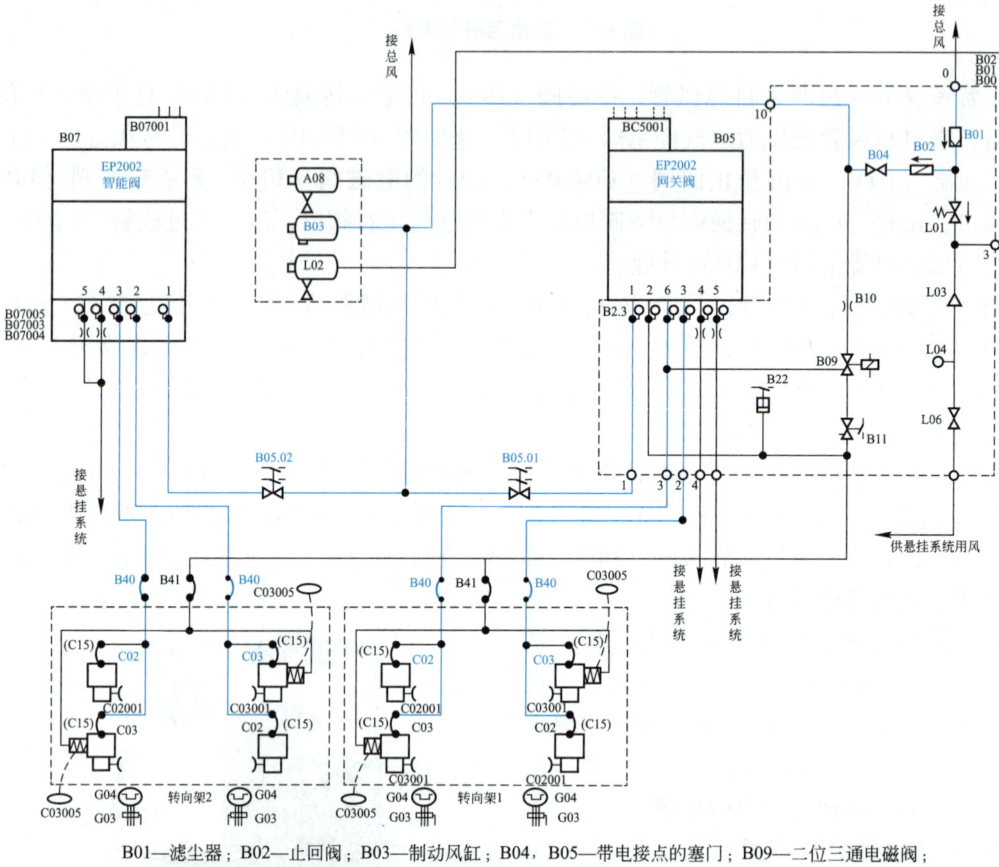

B01—滤尘器；B02—止回阀；B03—制动风缸；B04，B05—带电接点的塞门；B09—二位三通电磁阀；B10—缩堵；B11—二位三通阀；B22—压力控制器；B40，B41—软管；C02，C03—基础制动单元；L04—测试头；L06—普通塞门。

图 6-9 制动控制气路原理图（Tc 车）

供给空气制动系统的压力空气分别经塞门（B05.01 和 B05.02）供给靠两端转向架处的 EP2002 阀（EP2002 智能阀，EP2002 网关阀）。空气制动的施加与缓解、防滑控制等功能由 EP2002 阀在列车的控制下自动完成。空气制动的施加最终体现为从 EP2002 阀制动缸管出来的压力空气经软管（B40）进入转向架空气制动管路，进而进入所有基础制动单元（C02、C03）的空气制动缸。当某转向架的空气制动管路发生严重泄漏时，关闭转向架故障隔离塞门（B05.01 或 B05.02），其所对应的 EP2002 阀将排空所控制转向架管路中制动缸管系的压力并使之保持为零，从而实现转向架的故障隔离功能。

4）空气悬挂系统

空气悬挂系统主要有三方面的功能：一是为车辆提供空气悬挂，改善车辆的动力学特性和运行品质；二是通过设置高度阀，可使车辆地板面高度不随载荷的变化而改变；三是将簧上载荷（可变）准确地测量并提供给车辆控制系统，为列车的有效牵引和精确制动打下基础。根据每辆车所设置高度阀的个数不同，空气悬挂系统有两点式、三点式、四点式等悬挂方式，本系统采用三点式。

空气悬挂系统气路原理图如图 6-10 所示。

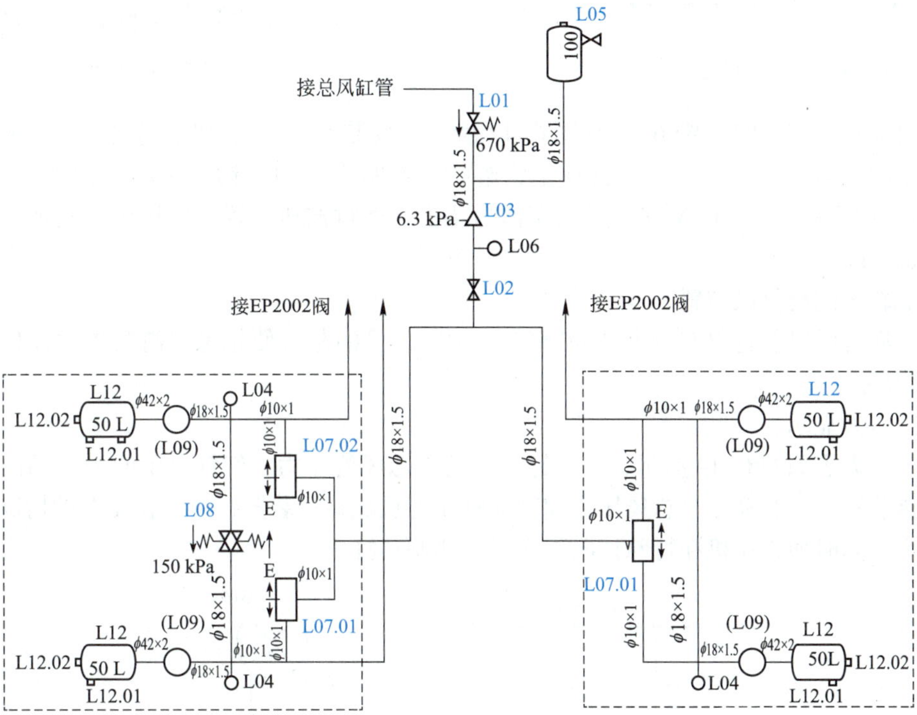

L01—限压阀；L02—塞门；L03—调压阀；L05—空气悬挂风缸；
L07.01，L07.02—高度阀；L08—压差阀。

图 6-10　空气悬挂系统气路原理图

风源经限压阀（L01）充入空气悬挂风缸（L05）。从 L05 出来的压力空气经调压阀（L03）调整为 6.3 kPa 后通过塞门（L02），再分两支通向两转向架的高度阀（L07.01，L07.02）。高度阀根据车辆载荷变化情况控制气囊的充气或排气。

各高度阀出风口的压力均采集进相应的 EP2002 阀，由 EP2002 阀进行压力数据的转化和传递。保持车辆地板高度不变是本系统的重要功能，实现该功能的核心部件是高度阀（L07.01、L07.02）。高度阀的阀体安装在车辆的底架上，手柄与一根安装在转向架上的连杆相接，通过调整连杆的长度可以设定车辆地板面距轨面的高度。高度阀根据阀体与手柄的相对位置关系的不同有充气、保压和排气三种状态，载荷变化时，空气弹簧气囊高度的暂时变化引起高度阀的状态相应地发生变化，最终恢复气囊原有的高度，维持车辆地板高度不变。同一转向架的两高度阀出风管之间设有压差阀（L08），它是一个双向止回阀，使得两侧压力差高于设定值（150 kPa）时互相连通，低于设定值时互相独立，其作用是使两侧不因较小的压力波动而频繁沟通，同时又不至于因压力差过大而影响行车安全。

5）辅助系统

（1）车辆连接装置供风

车钩操作装置包括半自动车钩操作装置和全自动车钩操作装置，如图 6-11、图 6-12 所示。

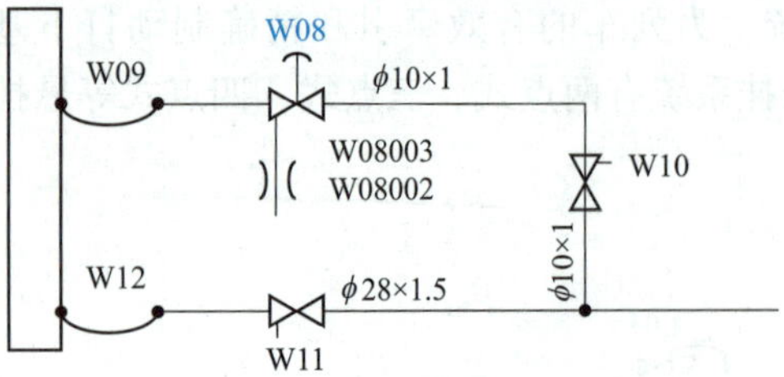

图 6-11 半自动车钩操作装置

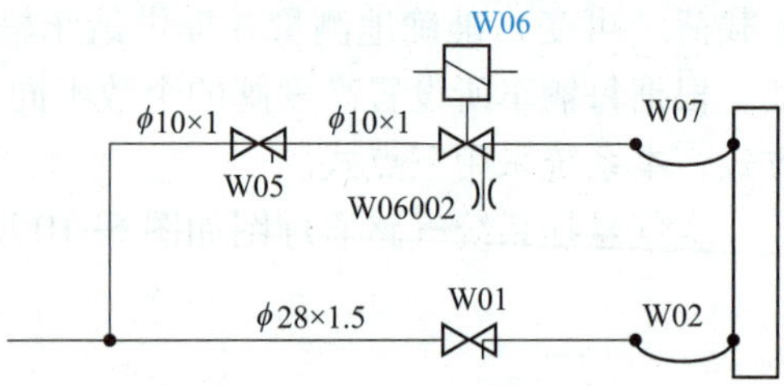

图 6-12 全自动车钩操作装置

全自动车钩解钩阀（W06）（如图 6-12 所示）安装在 Tc 车底架牵引梁附近，通过按压司机台上的"解钩"按钮实现全自动车钩解钩。控制半自动车钩的手动解钩装置（W08）（如图 6-11 所示）安装在 M 车二端的车体边梁上，通过按压装置上的按钮可实现半自动车钩机械部分断开。

（2）轮缘润滑供风装置

轮缘润滑供风装置仅有一个截断塞门（V01），目的是方便轮缘润滑装置检修使用，如图 6-13 所示。

（3）压力显示

双针压力表如图 6-14 所示，其白针显示的为总风管压力，红针显示的为一轴制动缸的压力。该装置属于制动系统总风压力和制动缸压力机械显示装置，便于在无电的情况下观察总风压力，同时便于司机在特殊情况下实时监测制动缸压力。

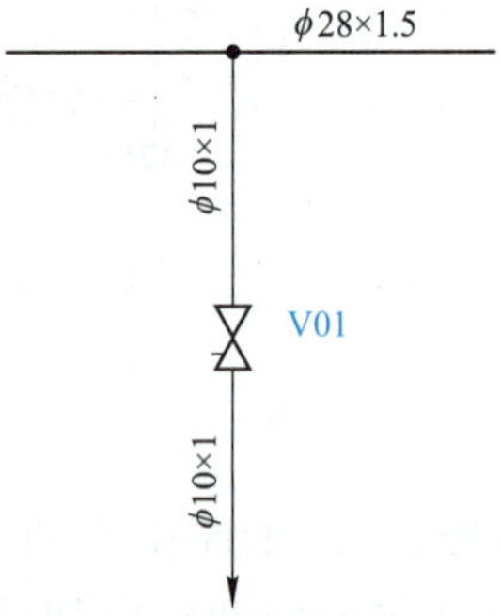

图 6-13 轮缘润滑供风装置

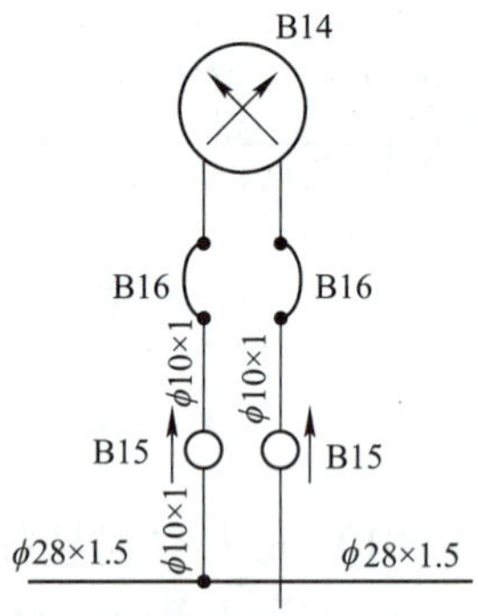

图 6-14 双针压力表

任务 6.2 EP2002 制动控制系统组成

【学习目标】

① 熟知城轨车辆 EP2002 制动控制系统的组成。

② 掌握 EP2002 制动控制系统结构的逻辑控制关系。

③ 掌握 EP2002 阀的结构、特点及各阀接口。

【教学环境】

可利用多媒体设备进行直观的理论教学，利用图片和录制的视频进行初步认知教学，也可以到现场参观城轨车辆实训设备或实物。

【教学设施】

教学用的 PPT、视频以及相关教学引导资料。

【理论模块】

6. 2. 1　EP2002 制动控制系统概述

EP2002 制动控制系统为电气模拟指令式制动控制系统，其核心部件是 EP2002 阀，负责空气制动系统的控制、监控及与车辆控制系统的通信。

EP2002 制动控制系统与常规制动控制系统的最大区别在于设计思想不同：常规制动控制系统采用车控式，即一个电子制动控制单元控制同一节车的两个转向架，如图 6-15 所示。而 EP2002 制动控制系统采用架控式，即每一个转向架配装一个 EP2002 阀，一个 EP2002 阀控制一个转向架，这样当一个 EP2002 阀出现故障时，只有一个转向架上的空气制动失效，减小了对车辆产生的影响。EP2002 制动控制系统将制动控制和带气动阀的制动管理电子装置结合在了安装于每个转向架上的单个机电一体化包中（EP2002 阀门）。这些气动阀用于常用制动（SB）、紧急制动（EB）和车轮滑动保护（WSP）。气动供应可以是从一个中心点到每个 EP2002 阀，也可以是到本车每个阀，其布局如图 6-16 所示。

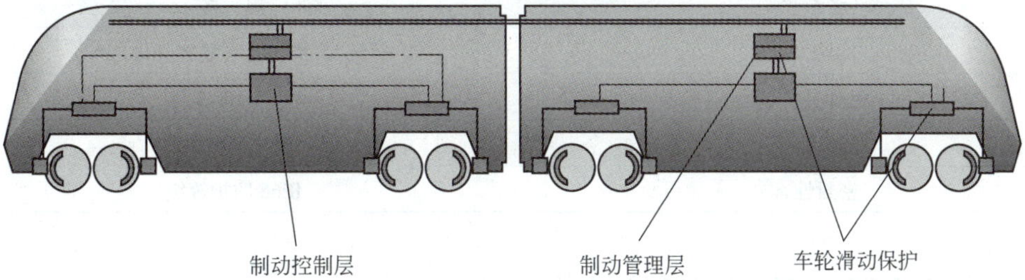

图 6-15　车控式制动控制布局

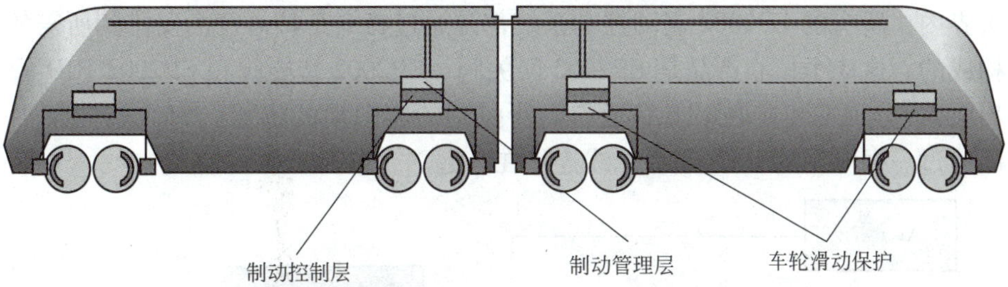

图 6-16　架控式制动控制布局

由于 EP2002 制动控制系统与常规制动控制系统相比具有突出的优点，目前已经在国内外多个新造城轨车辆项目中获得了应用，广州地铁 3 号线是全球首个采用 EP2002 制动控制系统的城轨车辆项目。

本系统设计寿命为 40 年，大修时间设定为 9 年，而且每个装置都有一个软件控制的寿命到期指示器，在设备需要进行大修时会发出警告。

常用制动是针对每个转向架进行的，按照本车空气悬挂系统压力（ASP）进行载荷补偿。常用制动功能可以配置为故障释放或故障施加。

紧急制动是针对每个转向架进行的，按照本车 ASP 进行载荷补偿。紧急制动功能可以配置为故障超载载荷或空车载荷，或者介于二者之间的任何数值。

车轮滑动保护（WSP）通常是按车轴提供的，在常用制动和紧急制动期间都可激活。WSP 控制可以在每个转向架上配置，以满足应用要求。

① EP2002 制动控制系统制动施加指示器可以连续地监视轴 1 和轴 2 上的制动缸压力（BCP），并在 BCP 超过设定值时向列车管理系统提供一个硬线通知信号。

② EP2002 制动控制系统的标准供电电压范围为 24~110 V。

③ EP2002 制动控制系统可以与下列各种不同的列车总线标准接口：MVB、Lonbus、FIP、RS485 等。

④ 可配置继电器输入输出：EP2002 制动控制系统提供了一系列的无电压触点，可以配置为常开触点或常闭触点。车辆制造者可以利用这些触点对各种辅助系统提供简单的控制。

⑤ 当遇到制动供气风缸中压力空气耗尽（LBSR）时，EP2002 制动控制系统提供了一个硬线通告信号给列车管理系统接口。

EP2002 制动控制系统运行环境如表 6-1 所示。

表 6-1 EP2002 制动控制系统运行环境

环境参数	规 格
温度	-45~55 ℃环境（装置壳体之外）
相对湿度	0~100%
振动	BS EN 61373
密封性	IP66 防护等级

6.2.2 EP2002 制动控制系统结构

图 6-17 显示了 EP2002 制动控制系统在列车制动系统内的安装方式。在 EP2002 制动控制系统边界内，所有的 EP2002 制动控制系统都是通过将 3 个核心产品安排到所需的网络配置中而构成的。这 3 个核心产品是 EP2002 网关阀、EP2002 智能阀和 EP2002 RIO 阀（远程输入输出阀），分别安装在底架上靠近它们所控制的转向架的位置（每个转向架 1 个阀）。这些产品通过一根专用的 CAN 制动总线连接在一起。

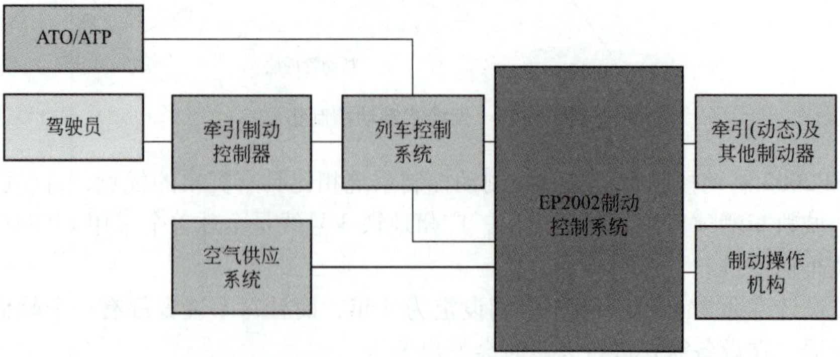

图 6-17 EP2002 制动控制系统在列车制动系统内的安装方式

6.2.3　EP2002 阀内部结构

EP2002 阀相当于常规制动控制系统中微机制动控制单元（MBCU）和制动控制单元（BCU）的集成部件，所有的 EP2002 阀上都提供了多个压力测试接口，可以方便地测量制动风缸压力、制动缸压力、载荷压力、停放制动缸压力等。EP2002 阀的主要技术参数见表 6-2。

表 6-2　EP2002 阀的主要技术参数

项目	网关阀	RIO 阀	智能阀
最高工作压力/kPa	1 030	1 030	1 030
允许环境温度/ ℃	-25～55	-25～55	-25～55
防护等级	IP66	IP66	IP66
额定工作电压/V	110	110	110
额定功率/W	85	85	70
质量/kg	18.5	18.5	17.2
外形尺寸［(长/mm)×(宽/mm)×(高/mm)］	210×210×324	210×210×324	210×210×268

1. 智能阀

智能阀是机电一体化的产品，其内部结构如图 6-18 所示。智能阀产生的电控制信号直接控制气动阀，气动阀对其控制的转向架的电-空制动和车轮滑行进行控制，并通过 CAN 总线与其他 EP2002 阀进行通信。另外，智能阀还对其控制的转向架的空气制动系统进行故障诊断及故障显示。智能阀通过硬连线与列车安全回路（紧急制动回路）相连，当列车安全回路失电时，智能阀将使其控制的转向架产生紧急制动。

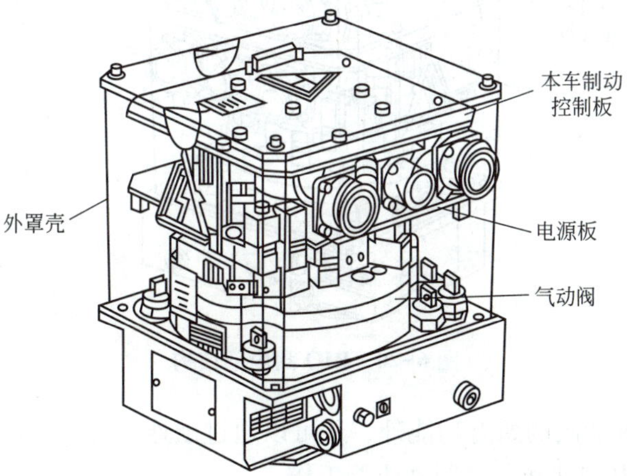

图 6-18　智能阀内部结构

EP2002 智能阀包括一个直接安装在气动阀上的电子控制部分，称为气动阀单元（PVU）。每个阀分别按照 EP2002 网关阀通过 CAN 制动总线提供给它的制动要求来控制其所在转向架上的制动执行机构中的制动缸压力（BCP）。该装置为每一个转向架提供摩擦制动和紧急制动，同时还执行每根轴的WSP控制。智能阀采用软件和硬件结合的方式对监控对象进行控制和监视，从而能够检测到潜在的危险故障。通过结合所在车轴的轴速数据和由专门的CAN制动总线传递的其他轴速数据，来执行车轮防滑保护。车轮滑动保护是本车取得的轴速数据和从其他阀获得的速度数据相结合并通过专用CAN制动总线来提供的。图6-19是智能阀的输入输出示意图。

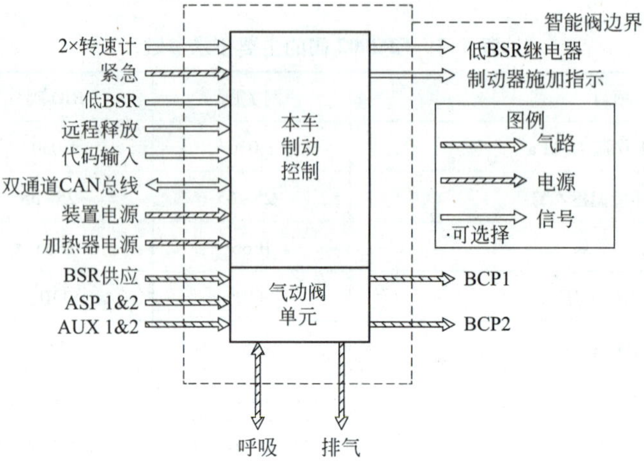

图6-19 智能阀的输入输出示意图

2. RIO阀

RIO阀（远程输入输出阀）内部结构如图6-20所示。

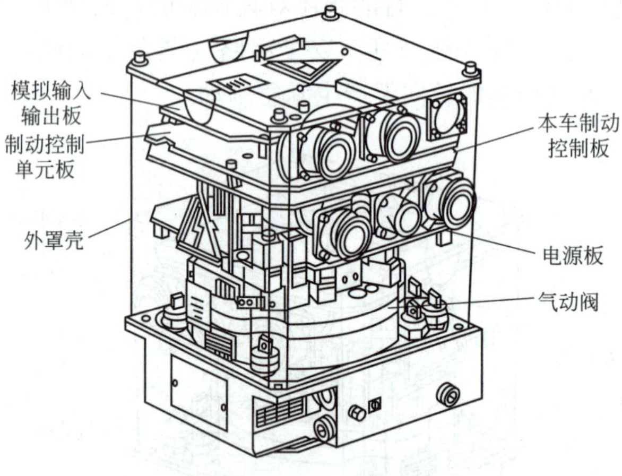

图6-20 RIO阀内部结构

RIO阀除了具有智能阀的所有功能外，还可以通过硬连线与其控制的转向架上的牵引控制单元进行通信，使电制动和空气制动协调工作。

RIO阀读取可编程输入，主要的网关阀通过EP2002双通道CAN总线也可应用可编程输入。RIO阀可编程输出的状态由主要的网关阀控制。

RIO阀的输入输出示意图如图6-21所示。

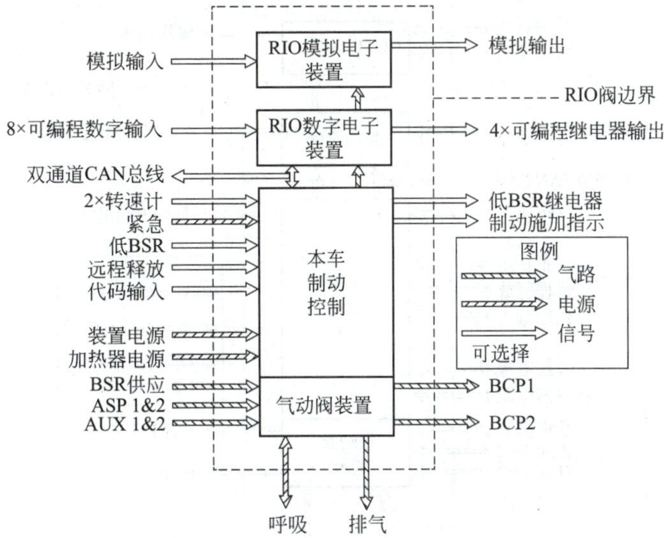

图 6-21　RIO 阀的输入输出示意图

3. 网关阀

网关阀执行智能阀和 RIO 阀的所有功能，并由网关阀的通信卡通过 MVB 总线（或其他总线）将常用制动压力要求分配至所有装在本地网络中的 EP2002 阀，与列车控制系统进行通信。网关阀的内部结构如图 6-22 所示。

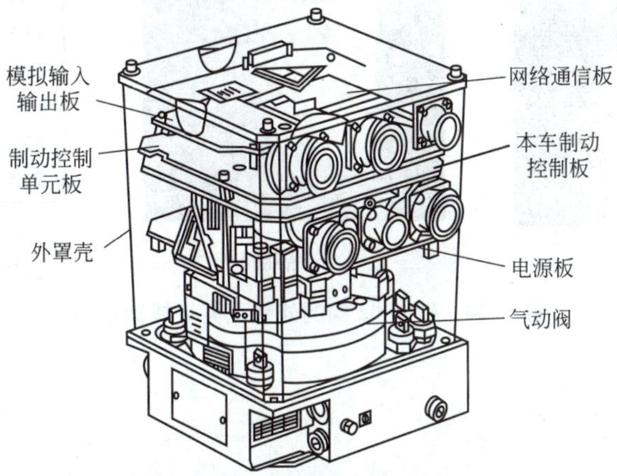

图 6-22　网关阀的内部结构

在 EP2002 制动控制系统中，网关阀内的制动需求分配功能可以将踏面制动的制动力要求分配到列车上安装的所有制动系统中，以便达到驾驶员/ATO 所要求的制动力。

EP2002 网关阀执行 EP2002 智能阀的所有功能，还提供 EP2002 制动控制系统与列车管理系统之间的接口。EP2002 网关阀可以定制，以便与 MVB、LON、FIP 和 RS485 通信网络和（或）传统的列车线及模拟信号系统接口。网关阀的输入输出示意图如图 6-23 所示。

EP2002 阀的外形及其连接器功能如图 6-24 所示。

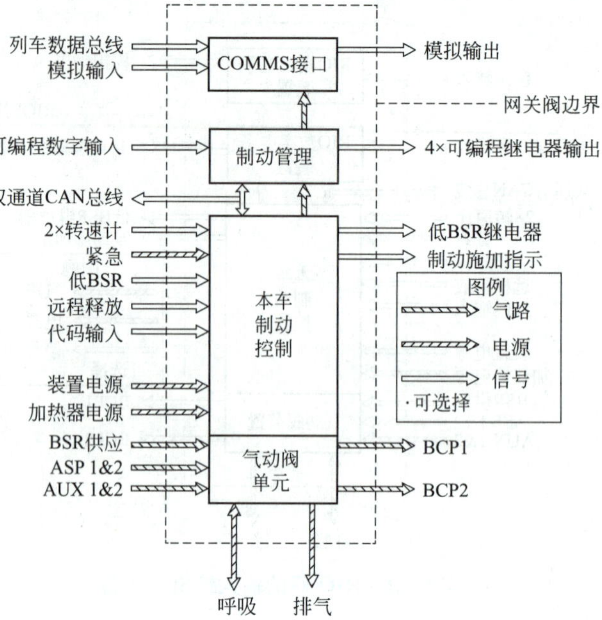

图 6-23　网关阀的输入输出示意图

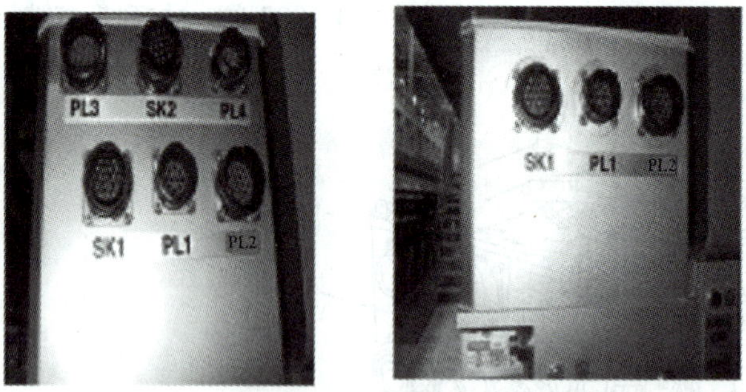

(a) 网关阀　　(b) 智能阀

连接器	功能
SK1	CAN/PAL
PL1	测速
PL2	电源
PL3	数字/IO
SK2	模拟/IO
PL4	MVB

(c) 连接器功能

图 6-24　EP2002 阀的外形及其连接器功能

知识链接：

EP2002 制动控制系统中首字母缩写词及缩略词含义

EP2002 制动控制系统中首字母缩写词及缩略词含义如下：

ASP——空气悬挂系统压力；

BCP——制动缸压力；

BCU——制动控制单元；

BSR——制动供气风缸；

CAN——受控区域网络；

LBSR——低制动供气风缸；

MVB——多功能车辆总线；
MMU——人机装置；
PWM——脉宽调制；
PVU——气动阀单元；
RTC——实时时钟；
VLCP——可变载荷控制压力；
WSP——车轮滑动保护；
SB——常用制动；
EB——紧急制动；
RR——远程释放；
EMJ——紧急冲动限制。

任务 6.3　EP2002 阀组成及气动阀单元结构

【学习目标】

① 熟知 EP2002 阀的组成。
② 掌握 EP2002 阀不同元件之间的功能责任分隔。
③ 掌握气动阀单元的结构。

【教学环境】

可利用多媒体设备进行直观的理论教学，利用图片和录制的视频进行初步认知教学，也可以到现场参观城轨车辆实训设备或实物。

【教学设施】

教学用的 PPT、视频以及相关教学引导资料。

【理论模块】

6.3.1　EP2002 阀组成

图 6-25 是 EP2002 阀的结构。下面介绍 EP2002 阀各元件之间的功能责任分割。

1. 设备外壳

EP2002 阀的外壳为重型模压成型阳极氧化铝外壳。外壳的作用是保护内部电子部件，使其与外部工作环境隔离，并为设备提供 IP66 级密封。

2. 气动阀单元（PVU）卡

气动阀单元卡由本地制动控制卡发出指令，用来控制进行常用制动、紧急制动和车轮防滑保护的各车轴上的 BCP 压力，提供常用制动、紧急制动以及车轮滑动保护。

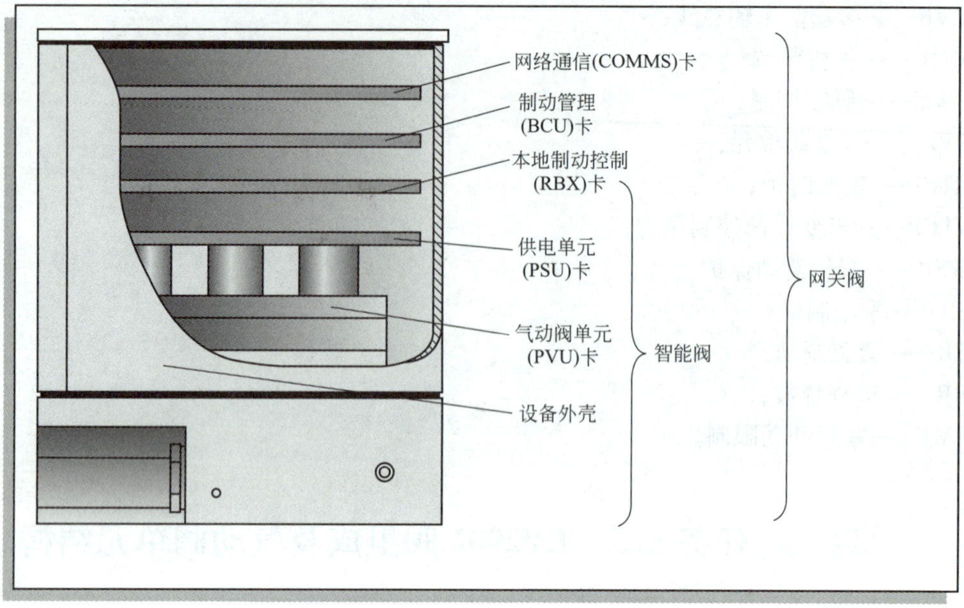

图 6-25 EP2002 阀的结构

3. 供电单元（PSU）卡

供电单元卡接收所输入的电池供电和加热器供电。电池供电经调控后在内部被传送至设备内的其他电子元件卡上。加热器供电则被传输至设备的加热器上，使其可以在极低温度下进行工作。

4. 本地制动控制（RBX）卡

本地制动控制卡根据主先导单元通过专用 CAN 总线传达的制动要求来控制 PVU 以进行常用制动、紧急制动和车轮防滑保护。

5. 制动管理（BCU）卡

制动管理卡仅安装在 EP2002 网关阀中，包括对整列列车进行制动管理所需要的功能，而且还支持可配置的 I/O 端口。如果使用主网关阀，则其制动管理功能激活，并且通过 CAN 总线与所有其他的智能阀和网关阀保持通信。如果未使用主网关阀而仍使用一台普通网关阀，则 BCU 卡将作为一个远程输入输出（RIO）卡工作，允许直接进入制动 CAN 总线而无须直接发送硬连线信号至主网关阀。

6. 网络通信（COMMS）卡

网络通信卡仅安装在 EP2002 网关阀中。此卡符合 MVP、FIP 和 RS485 接口标准（一个通信卡对应一种协议标准），其通信连接可以用于控制和诊断数据传输。

7. 模拟 I/O 卡

模拟 I/O 卡是可选卡，可安装到各种型号的网关阀上，以提供进行常用制动控制所需的模拟信号。

6.3.2 气动阀单元的结构

气动阀单元（pneumatic valve unit，PVU）用来控制进行常用制动、紧急制动和车轮防滑保护的各车轴上的 BCP 压力。智能阀与网关阀均有该装置。

PVU 主要由以下部件组成：

① 中继阀；

② 提升阀；

③ 反馈传感器。

气动阀单元（PVU）内部气动功能分区示意图如图 6-26 所示。

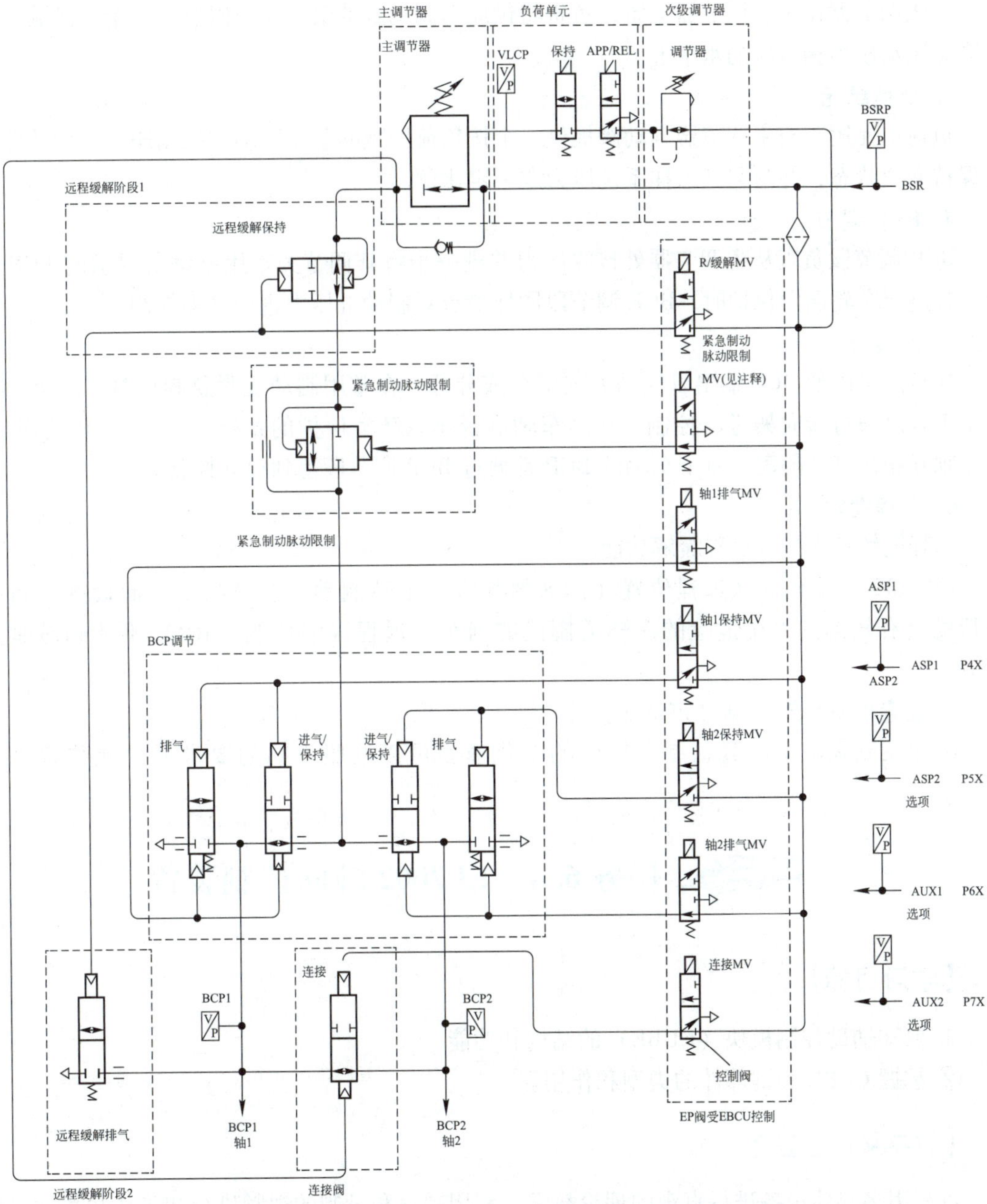

图 6-26　气动阀单元（PVU）内部气动功能分区示意图

1. 主调节器

主调节器负责将供风压力降低到按负荷增减的紧急制动压力的水平上，同时还负责在电子称重系统出现故障时提供机械系统产生的最小（空车状态）紧急制动压力。

主调节器必须进行负荷调控。为此，电子控制装置对于提供给 PVU 的空气悬挂系统压力进行测量，并通过操作按负荷增减的 EP（电空）阀向主调节器提供适宜的控制压力。ASP（空气悬挂系统压力）和控制压力之间的关系储存在一个 PAL（可编程阵列逻辑）设备中，而且此逻辑还控制着 EP（电空）阀。

2. 次级调节器

次级调节器位于主调节器上游，负责将供应至制动缸的最大压力限制在一个与满载荷车辆紧急制动压力相对应的水平上。

3. 负荷单元

负荷单元用于向主调节器继动阀提供一个按负荷增减的紧急制动的控制压力。此功能一直保持激活状态，并与空气悬挂系统压力成一定比例。

4. BCP 调节

BCP 调节段负责从主调节器处接收压力并进一步将其调节为常用制动所要求的 BCP 等级。在进行车轮防滑保护时，BCP 调节段同样负责对制动缸压力进行气动控制。

5. 连接阀

连接阀可以使 BCP 输出以气动方式汇合或分开。在常用制动或紧急制动时，两个 BCP 输出汇合以通过转向架进行控制。在经车轴进行车轮防滑保护的系统上，当 WSP 动作时，两车轴互相被气动隔离，每个车轴的 BCP 都通过 BCP 调节段得到独立控制。

6. 远程缓解

远程缓解负责执行远程缓解功能。

EP2002 系统允许从远程位置（例如驾驶室）下达制动器缓解指令。此设施的目标是帮助具有较高的安全危险的深隧道搁浅的列车。远程缓解功能（RR）不能超越紧急制动。

7. 紧急制动脉动限制（可选择）

施加在制动缸上的紧急制动压力的变化速率可以按照不同的要求通过此装置进行配置。

任务 6.4　EP2002 辅助控制装置

【学习目标】

① 熟知辅助控制模块（CUBE）的结构和功能。

② 掌握 CUBE 关键部件的类型和作用。

【教学环境】

可利用多媒体设备进行直观的理论教学，利用图片和录制的视频进行初步认知教学，也可以到现场参观城轨车辆实训设备或实物。

【教学设施】

教学用的 PPT、视频以及相关教学引导资料。

【理论模块】

6.4.1 辅助控制模块（CUBE）

CUBE 为车辆和制动控制装置 EP2002 之间的连接件，其结构和安装位置如图 6-27 所示。该模块同时还包括在实现弹簧储能器制动作用和为空气弹簧系统提供压力空气时起一定作用的其他组件。CUBE 具有模块式设计，结构紧凑，更换快速。由于所有功能集中在一个装置上，从而能快速发现故障。

(a) 外形结构　　(b) 安装位置

图 6-27　CUBE 外形结构及安装位置

CUBE 的组成结构如图 6-28 所示。CUBE 是气动和电空设备的组合，其功能集成在一个支撑组件上。支撑组件上设计了协调各单个部件所必需的所有压力空气管道和孔，其上安装的各个部件的作用是：空气滤清器（B01）保护下游设备不被污染；止回阀（B02）阻止压力空气向上游设备回流；通过球阀（B04 和 L06）可手动给下游设备充风和排风；电磁阀（B09）用于下游设备的充风和排风；借助二位三通换向阀（B11），可手动给下游设备充风和排风；借助压力开关（B22）可以用电气方式监控弹簧储能器压力；当压差超出一个固定数值时，溢流阀（L01）连接两个压力室；减压阀（L03）将供给压力降低至预设的工作压力；借助压力测试接口（ASS、BSR、PB、BCo、BCi、AS1、AS2），可在一定设备范围内检查压力。

车辆汇集管路通过支撑组件背面管路连接面与 CUBE 建立连接，接口位于支撑组件的背面；CUBE 和 EP2002 阀之间的气动连接为法兰连接，通过 EP2002 阀所属的 O 形密封圈进行密封，其接口位于支撑组件的正面。支撑组件背面的管路接口如图 6-29 所示，支撑组件正面的管路接口如图 6-30 所示。

整个 CUBE 的工作方式是：从供风接口（O）流入的压力空气将在空气滤清器（B01）中得到清洁。同时，已清洁的压力空气从此处流向止回阀（B02）和溢流阀（L01）。如果系统到达溢流阀（L01）上设定的压差，压力空气到达减压阀（L03）后降至预设的工作压力。压力空气从减压阀（L03）通过球阀（L06）继续输送至压力空气出口（8）。在球阀（L06）处可截断下游空气弹簧系统并排风。压力空气从止回阀（B02）通过球阀（B04）到达压力空气出口（10）、通过螺纹旋入式喷嘴（B10）到达电磁阀（B09）。通过压力空气出口（3），电磁阀（B09）上有EP2002中形成的制动缸压力测试接头BCo。根据指定的电磁阀（B09）接通位置，两个压力中的一个可通过二位三通换向阀（B11）和压力空气出口（6，至车辆）导向弹簧储能器制动缸。只有球阀（B04）或二位三通换向阀（B11）被闭锁或BCo压力为0时，弹簧储能制动器才能制动。二位三通换向阀（B11）的开关位置以电气方式监控。压力开关（B22）以电气方式监控弹簧储能制动缸的压力。

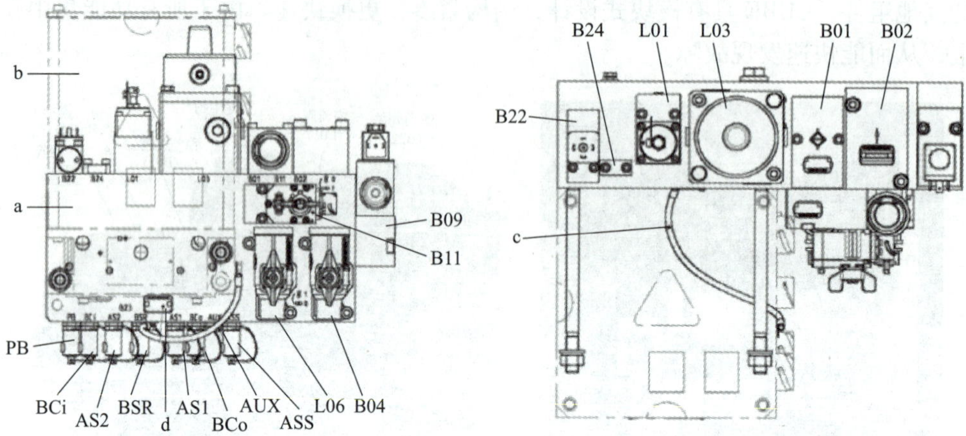

a—支撑组件；
b—制动控制装置EP2002（外购）
c—接地电缆；
d—铭牌；
AS1—测试接头；
AS2—测试接头；
ASS—测试接头；
AUX—螺塞；
B01—空气滤清器；
B02—止回阀；
B04—球阀；
B09—电磁阀；
B11—二位三通换向阀；
B22—压力开关；
B24—罩盖法兰；
BCo—压力测试接口；
BCi—压力测试接口；
BSR—压力测试接口；
L01—溢流阀；
L03—减压阀；
L06—球阀；
PB—测试接头。

图6-28 CUBE的组成结构

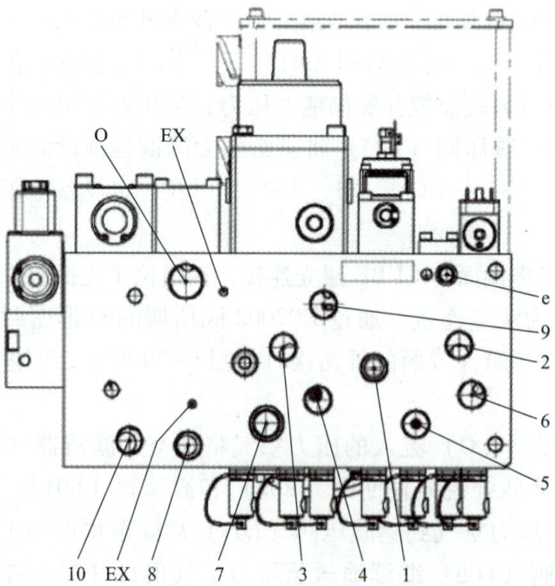

O—供风接口；
1—输送至EP2002的主风缸压力空气入口；
2—从EP2002输送至轮对/转向架的制动缸压力空气出口；
3—从EP2002输送至轮对/转向架的制动缸压力空气出口；
4—从空气弹簧阀输送至EP2002的负载压力空气入口；
5—从空气弹簧阀输送至EP2002的负载压力空气入口；
6—转向架弹簧储能器制动缸压力的压力空气出口；
7—螺塞；
8—至空气弹簧阀的压力空气出口；
9—空气弹簧储风缸的压力空气接口；
10—主风缸的压力空气出口；
EX—排气口；
e—接地螺栓。

图6-29 支撑组件背面的管路接口

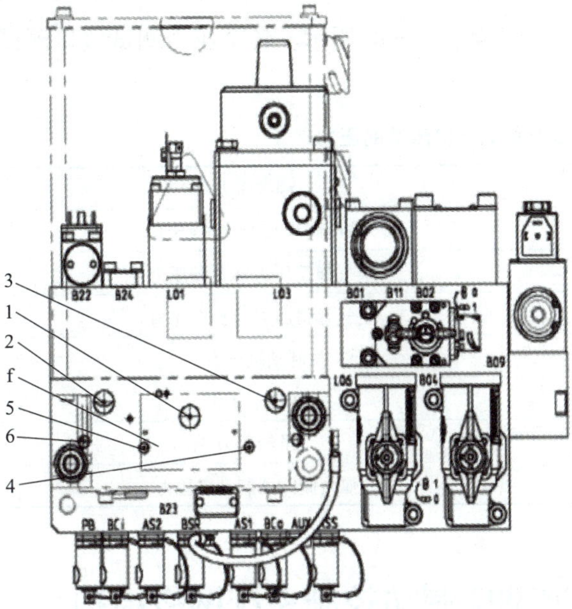

图 6-30　支撑组件正面的管路接口

6.4.2　CUBE 关键部件

CUBE 中减压阀、调压阀、电磁阀、球阀、止回阀、压力开关、压力测试接口等的结构和工作原理已在单元 4 相关内容中做了介绍，这里不再赘述。下面仅介绍其独有的电磁阀和压力测试接口。

1. 电磁阀（B09）

CUBE 通过电磁阀（B09）控制先导压力的输入和排空，来进行充气和排气控制。电磁阀 B09 工作原理如图 6-31 所示。

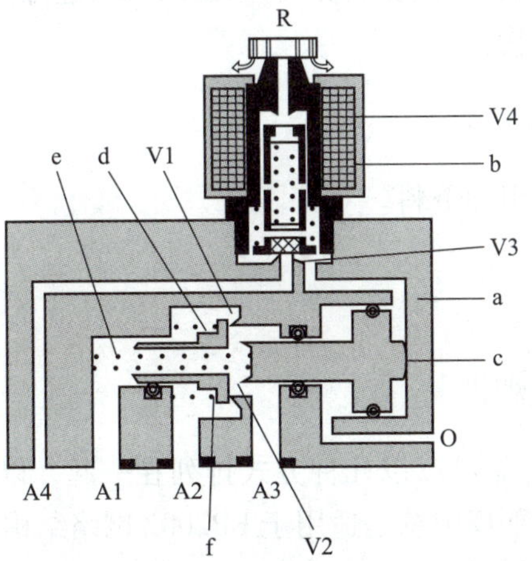

图 6-31　电磁阀（B09）工作原理

其工作方式如下：当电磁阀的磁铁阀芯（b）上电或失电，V4 就会关闭或打开，活塞（c）被推向左侧或右侧，由此空气从 A3 排至 A2，或从 A1 向 A3 充风。

2. 压力测试接口

CUBE 压力测试接口的型号为 K1-ES，结构如图 4-36 所示。各个压力测试接口测试的压力如表 6-3 所示。

表 6-3 各个压力测试接口测试的压力

CUBE 压力测试接口	测试压力
ASS	减压阀（L03）的设定值
AS1	空气弹簧压力（负载压力）
AS2	空气弹簧压力（负载压力）
BCi	制动缸压力
BCo	制动缸压力
BSR	供给压力
PB	弹簧储能器制动缸压力

任务 6.5 EP2002 制动控制系统网络结构

【学习目标】

① 掌握 EP2002 网络结构创建原则。

② 理解 EP2002 系统半列车/单节车的 CAN 总线网络结构。

③ 掌握 4 辆编组和 6 辆编组列车的 EP2002 系统的网络结构。

④ 掌握 EP2002 制动控制系统的功能及其优缺点。

【教学环境】

可利用多媒体设备进行直观的理论教学，利用图片和录制的视频进行初步认知教学，也可以到现场参观城轨车辆实训设备或实物。

【教学设施】

教学用的 PPT、视频以及相关教学引导资料。

【理论模块】

6.5.1 EP2002 网络结构创建规则

EP2002 网关阀和智能阀两个核心产品可以以几种方式排列在一起，以适应系统的实用性和成本要求。无论系统要求如何，以下规则总是适用于 EP2002 网络结构的创建：

① 网络中必须有至少一个 EP2002 网关阀，用以执行制动器管理功能（主通路）；

② 每个 CAN 部分中必须有至少一个 EP2002 网关阀，用于将来自或去向 EP2002 智能阀的制动信息分配到 CAN 部分上，CAN 部分的长度可以为 2~10 个转向架（1 至 5 节车厢）；

③ 每个网关阀或智能阀都引入了硬线安全输入，如紧急线和远程释放功能。

6.5.2　常用 EP2002 网络结构

EP2002 网络结构关系到列车制动控制以及制动力分配等关键问题，因此非常重要。EP2002 制动控制系统具有很高的可用性和灵活性，可以与多种总线结构兼容，如 MVB 总线、RS485 总线、LONBUS 总线和 World FIP 总线等。制动控制系统网络结构的设置主要应从安全性、可靠性、经济性等方面考虑，下面对目前应用较多的几种 EP2002 网络结构进行说明。

1. 半列车 CAN 总线网络结构

半列车 CAN 总线网络结构是将半列车所有的 EP2002 阀用 CAN 总线相连，并由 B 车和 C 车上的两个网关阀通过 MVB 总线（或其他总线）与列车控制系统进行通信，如图 6-32 所示。每半列车上 B 车和 C 车中有一个网关阀将被定义为主网关阀，另一个被定义为从网关阀。当主网关阀出现故障时，从网关阀能够自动接替主网关阀的工作，保证了系统的冗余性。如果 MVB 总线（或其他总线）出现故障，则网关阀将按照默认状态工作。另外，CAN 总线由两对双绞线组成，具有较好的冗余性。

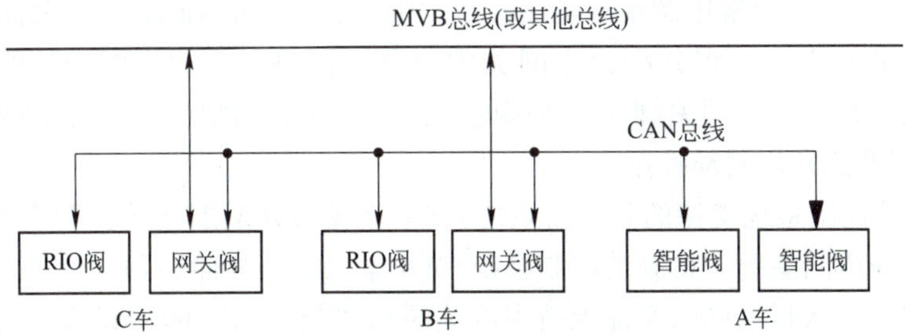

图 6-32　半列车 CAN 总线网络结构

在 B 车和 C 车上各设置一个 RIO 阀的目的是 RIO 阀可以通过硬连线与其控制的转向架上的牵引控制单元进行通信，使电制动和空气制动协调工作。根据每个项目的实际情况，在充分研究网关阀与车辆总线信息传输量的情况下，可以考虑用网关阀与 MVB 总线（或其他总线）之间的通信来代替 RIO 阀与其控制的转向架牵引控制单元的通信工作，这样 B 车和 C 车上的 RIO 阀就可以用智能阀来代替，增强了部件的互换性，同时也减少了备品备件的种类，经济性更好。

2. 单节车 CAN 总线网络结构

单节车 CAN 总线网络结构是将每节车上的两个 EP2002 阀用 CAN 总线相连，并由每节车上的网关阀通过 MVB 总线（或其他总线）与列车控制系统进行通信。如果 MVB 总线出现故障，则网关阀将按照默认状态工作，其网络结构如图 6-33 所示。

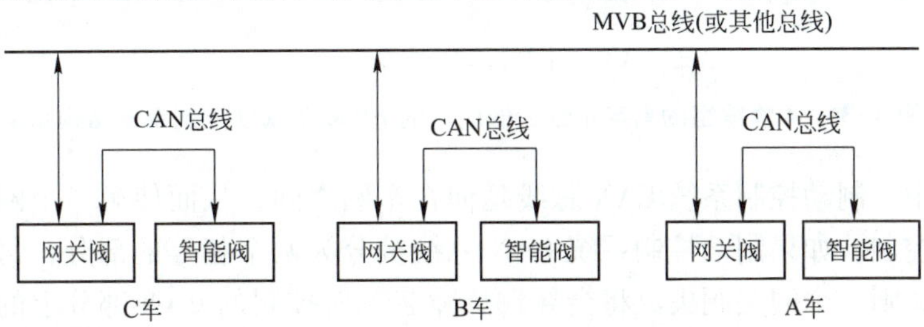

图 6-33　单节车 CAN 总线网络结构

从安全性和可靠性角度分析，半列车 CAN 总线网络结构中的从网关阀作为主网关阀的备份，具有较好的冗余性，如果 CAN 总线在 A、B 车之间断开，将导致 A 车的空气制动失效，但发生这种故障的概率是比较低的。而在单节车 CAN 总线网络结构中，如果某节车上的网关阀出现故障，则该节车空气制动失效；如果某节车上的 CAN 总线断开，则一个转向架上的空气制动失效。经过上述对比可见，半列车 CAN 总线网络结构的安全性和可靠性略高于单节车 CAN 总线网络结构。

从经济性角度分析，半列车 CAN 总线网络结构比单节车 CAN 总线网络结构少使用一个网关阀，多使用了一个 RIO 阀或智能阀。如单纯从 EP2002 阀的总价格来考虑，半列车 CAN 总线网络结构的价格低于单节车 CAN 总线网络结构。但是由于半列车 CAN 总线网络结构比单节车 CAN 总线网络结构所使用的 CAN 总线更长，从综合成本考虑，两者基本相同。

6.5.3 EP2002 制动控制系统网络实例

1. 4 辆编组的高实用性和低成本的 EP2002 制动控制网络

EP2002 具有可支持许多系统结构的内在能力。当有两个 EP2002 网关阀安装在一个 CAN 总线部分上时，摩擦常用制动的实用性达到最高，内置的 EP2002 网关阀角色管理软件可保证把一个 EP2002 网关阀分配为主网关阀角色，而将另一个 EP2002 网关阀设置为以“热备用”模式运行。当主网关阀发生故障时，另一个网关阀则被提升为主网关阀角色，从而能够提供不间断的常用制动控制。

EP2002 制动控制系统支持的制动器系统 CAN 总线部分范围从最少两个 EP2002 网关阀到最多十个 EP2002 网关阀。将制动控制系统 CAN 总线的长度伸展到一个车厢以外有助于减少 EP2002 网关阀的数目，同时又能保持主网关阀和“热备用”网关阀的实用性优势。如果制动控制系统 CAN 总线上只安装一个 EP2002 网关阀，则当它发生故障时，会导致有关制动控制系统 CAN 总线上的摩擦常用制动失灵。在设计 EP2002 制动控制系统时，应当在成本和发生故障时可接受的制动失灵之间寻找一个平衡。

图 6-34 显示了一个高实用性、低成本的 EP2002 制动控制系统结构。当一个 EP2002 网关阀发生故障时，所引起的最大常用摩擦制动失灵只限于一个转向架上，因为第二个 EP2002 网关阀将会取代故障装置的主网关阀角色。

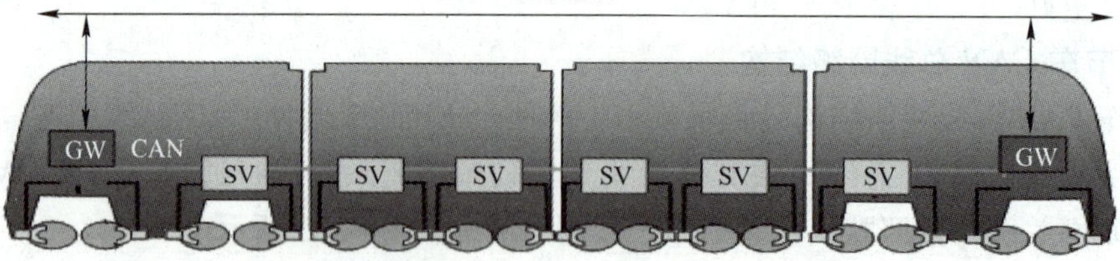

GB—网关阀；SV—智能阀。

图 6-34 4 辆编组的高实用性、低成本的 EP2002 制动控制系统结构示例

在此网络中，制动控制系统 CAN 总线延伸在车厢之间，从而使第二个网关阀能够承担无故障装置的控制。如果制动控制系统 CAN 总线被分为两个相等的部分，每个网关阀控制其中一个部分，则一个网关阀失灵将会导致故障装置所控制的 CAN 部分上的常用摩擦制动能力失灵（即总量的 50%）。

2. 6 辆编组的高实用性和低成本的 EP2002 网络

图 6-35 是郑州地铁 1 号线 6 辆编组列车采用的网络结构，全列车共有 2 个“-Tc ∗ Mp ∗ M=”单元，每个单元使用 2 个 EP2002 网关阀和 4 个 EP2002 智能阀，半列车单元使得智能阀和网关阀形成分布式 CAN 总线网络，完成对空气制动的控制；分布式 CAN 总线网络中两个网关阀通过 MVB 网络与电制动控制系统进行通信。

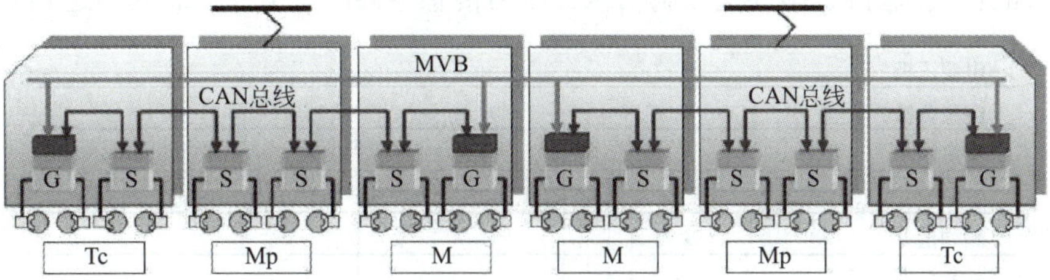

G—网关阀；S—智能阀。

图 6-35 6 辆编组的高实用性和低成本的 EP2002 网络结构示例（郑州地铁 1 号线）

6.5.4 EP2002 制动控制系统的制动功能

在单节车 CAN 总线网络结构的 EP2002 制动控制系统中，一般选择由列车上的主车辆控制单元（VCU）负责列车的制动管理。除紧急制动外，主 VCU 控制列车电制动力与空气制动力的分配。制动力指令由列车总线传输给 VCU 和网关阀，主 VCU 连续循环计算车辆系统所需制动力的大小，实际总制动力值由车辆的载荷决定。主 VCU 再根据网压、电制动/空气制动分配特性将总制动力合理地分配给电制动控制单元和空气制动控制单元。另外，为了使列车具有载荷补偿功能和制动故障时车辆内部制动力的合理分配，VCU 和网关阀之间通过列车和车辆总线进行实际制动力施加值的数据交换。

在半列车 CAN 总线网络结构的 EP2002 制动控制系统中，可以选择由列车上的主车辆控制单元（vehicle control unit，VCU）负责列车的制动管理；也可以设置 2 个半列车 CAN 总线网络结构中的任何一个主网关阀作为整列车的主网关阀，负责列车的制动管理，设置另一个半列车 CAN 总线网络结构中的主网关阀作为备份。

广州地铁 3 号线车辆采用由 VCU 来负责列车的制动管理的工作模式，其制动控制系统的工作逻辑如图 6-36 所示。

1. 常用制动

在常用制动模式下，电制动和空气制动一般都处于激活模式，以方便电制动和空气制动之间的协调和及时转换。常用制动优先采用电制动，当电制动故障或电制动力不足时由空气制动补充，以达到要求的常用制动减速度。常用制动具有防滑控制功能，并且受到冲击极限的限制。

EP2002 阀测量其控制的转向架的载荷，并通过局部制动控制卡传输载荷数据到 CAN 总线。CAN 总线内的主网关阀通过 MVB 总线（或其他总线）与列车控制系统进行通信，根据列车控制数据和转向架载荷为本节车的每个转向架产生单独的、与载荷信号相关的空气制动力指令，并通过 CAN 总线将制动力指令发给各个 EP2002 阀。

常用制动时，气体由制动供气风缸（BSR）进入 EP2002 阀中 PVU 的次级调节器（作用是负责将供给制动缸的压力限定在最大紧急制动压力），经过称重单元（用于向主调节器提供一个按负荷增减的紧急制动控制压力。此控制功能一直保持激活状态，并与空气悬挂系统压力成一定比例。）送到主调节器（主调节器负责调节装置的供风压力，并将其降低至一个按负荷增减的紧急制动压力的水平；主调节器同时还负责在电子负荷系统出现故障时提供机械系统产生的最小紧急制动。）然后由主调节器调节阀门开度，产生预制动压力。压力空气由制动供气风缸（BSR）按主调节器调节的预制动压力，进行制动风缸压力调节（BCP 调节），由 BCP 调节的进气/保持、排气阀和制动风缸压力传感器共同调节，使制动力达到要求。

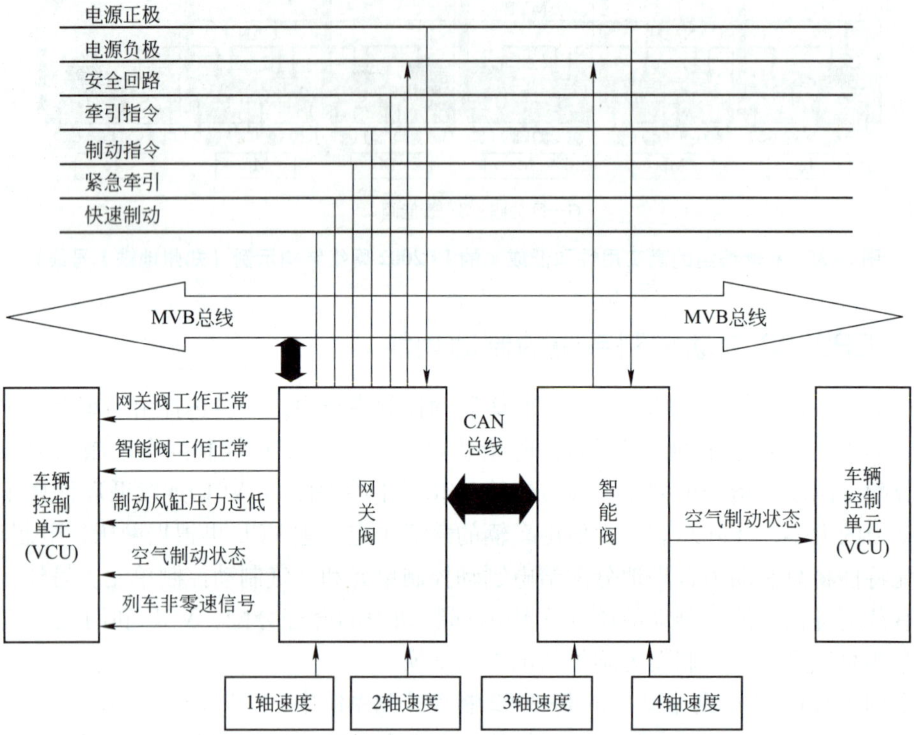

图 6-36 广州地铁 3 号线车辆制动控制系统工作逻辑

2. 快速制动

当司机操作主控制器手柄使其处于快速制动位时快速制动被触发。快速制动是一种特殊的制动模式，其制动率与紧急制动相同。快速制动优先使用电制动，当电制动故障或电制动力不足时由空气制动补充，快速制动命令是可以恢复的，快速制动时具有防滑控制功能，并且受到冲击极限的限制。快速制动时，EP2002 制动控制系统的工作原理基本与常用制动时相同。

3. 紧急制动

紧急制动是列车在紧急情况下采取的制动方式。紧急制动是通过列车安全回路来控制的，一般情况下可以由以下系统或元件触发：紧急按钮、列车超速、警惕按钮、车钩断钩、ATP 系统等。紧急制动一经触发，列车安全回路中断，触发信号传输给列车控制单元和牵引控制单元，牵引控制单元中断牵引系统工作。紧急制动是按照比常用制动更高的制动率设计的，仅能由空气制动提供，且制动命令在停车之前是不可恢复的。紧急制动时具有防滑控制功能，但不受冲击极限的限制。

4. 停放制动

停放制动是为了满足列车较长时间安全停放的要求。停放制动采用弹簧施加、压力空气缓解方式。另外，停放制动还具有手动缓解功能。EP2002 阀将实时监控停放制动缸的空气压力。

5. 保压制动

1）激活保压制动的条件

当城轨列车施加制动后，当检测到列车停车（列车速度约为 0.5 km/h，可以根据不同的项目进行调整）后，由 EP2002 阀激活保压制动，以防止列车溜动，保压制动力的大小将保证 AW3 载荷的列车停在最大坡度线路上而不会产生溜动。

2）缓解保压制动的条件

① 司机将主控制器手柄打在牵引位，每个牵引系统将牵引力的实际值发送给列车主 VCU。

② 主 VCU 计算列车牵引力实际值的总和。

③ 牵引力实际值的总和足以起动列车（不会引起列车后溜）。

④ 主 VCU 向 EP2002 阀发出“缓解保压制动”信号。

空气制动的状态信号将反馈给 VCU，VCU 通过该信号确认制动是否缓解，如果空气制动在某一时间段内没有完全缓解，则主 VCU 将向各牵引系统发出中断牵引的指令，并再次施加保压制动。

6. 车轮防滑保护

车轮防滑保护系统采用轴控防滑方式，包括防滑阀、测速齿轮、速度传感器、防滑电子控制单元，其中防滑电子控制单元和防滑阀都集成在 EP2002 阀内。

车轮防滑保护在 EP2002 阀内部进行。在每个车轴上都安装有一个探针来监测车轴速度。制动控制系统将进行轴速检测并通过控制制动力来修正车轮滑动。轴速信息会在同一个 CAN 段中的 EP2002 阀之间共享。如果一个 EP2002 阀检测到滑动，则会控制制动缸压力以对正在滑动的轴速进行修正。假如列车在制动时发现滑动，车轮防滑控制可以独立地控制各个车轴的制动力。

EP2002 制动控制系统中应用了两种滑动检测方法：

① 单一车轴上减速过量；

② 车轴与车轴最高转速之间出现的速度差异。

一旦检测到上述两种情况中的任意一种，制动控制系统都会以规律的间隔进行地面速度检测，以更新计算出来的实际列车速度。制动控制系统能够准确地控制滑动的深度以进行轨道检测，这样可以改进后面车轮的黏着力情况，并在黏着力低的情况下使制动力最大化而又不会对车轮造成损伤。当车轮防滑保护算法判定黏着力情况已经恢复正常时，系统也会恢复到初始状态，并停止定时的地面速度检测。为了确保制动在延长期内不出现缓解，硬件监视器定时器电路会在持续保持超出 8 s 和持续排气超出 4 s 的情况下监测阀门的状态。每个车轴的减速检测是独立于其他车轴的，而且车轴之间的补偿也不会影响其精确性。

除此之外，EP2002 制动控制系统还具有空气制动和停放制动状态检测功能、制动风缸压力过低检测功能、自测功能、故障记录功能等。

6.5.5　EP2002 制动控制系统的优缺点

1. EP2002 制动控制系统的优点

① 减小了故障情况下对列车的影响。如果一个 EP2002 阀出现故障，则只有一个转向架的制动失效，城轨列车只需要对此转向架损失的制动力进行补偿；而在常规制动控制系统

中，若电子制动控制单元（EBCU）出现故障，则需要对此节车损失的制动力进行补偿。所以使用架控方式的EP2002制动控制系统尤其适合短编组的城轨列车。

② 缩短了制动响应时间。根据克诺尔的试验数据，EP2002制动控制系统的响应时间比常规制动控制系统的响应时间缩短约0.2 s。

③ 提高了制动精确度。常规制动控制系统的精确度约为±20 kPa；而EP2002制动控制系统提供给制动缸制动力的精确度可以达到±15 kPa。

④ 空气消耗量减少。由于EP2002阀靠近转向架安装，从EP2002阀到制动缸的管路长度减小，所以在制动时的空气消耗量将减小，同时空气泄漏量也将减小。

⑤ 节省安装空间，减少布管和布线数量。

⑥ 更高的可靠性和可用性，减小了故障率。根据克诺尔的计算，EP2002制动控制系统的故障率比常规制动控制系统的故障率减少了约50%。

⑦ 维护工作量少。EP2002制动控制系统部件集成化程度较高，不但缩短了安装和调试时间，而且由于需要维护的部件较少，大修期也从常规制动控制系统规定的6年提高到9年。

⑧ 降低总体成本。EP2002制动控制系统的价格与常规制动控制系统相同；但是由于缩短了安装和调试时间，以及后期维护费用降低等原因，EP2002制动控制系统的总体成本将低于常规制动控制系统。

⑨ 可以根据每个转向架的载荷压力调整施加在其控制的转向架上的制动力，比常规制动控制单元以每节车载荷压力进行制动力控制更加精确和优化。

2. EP2002制动控制系统的缺点

① 关键部件维护难度增大。由于EP2002阀集成化程度很高，一旦EP2002阀出现故障，基本上都需要将整个阀送回制造厂家进行维修，维修周期长；常规制动控制系统出现故障时，有经验的工作人员可以直接查找并更换故障部件（如压力传感器、防滑阀、印刷电路板等），维护周期短，减少了对车辆产生的影响。

② 互换性差。在EP2002制动控制系统中，当一个EP2002阀出现故障时，只能够用相同类型的阀进行更换；而常规制动控制系统中的电子制动控制单元（EBCU），甚至EBCU中单独的印刷电路板在所有车上都可以互换。

③ 无直观的故障显示代码。常规制动控制系统中，制动电子控制单元安装在车上的电器柜内，可以提供4位数字的故障代码显示，有利于工作人员查找故障；而EP2002制动控制系统没有直观的数字故障代码显示功能，工作人员只有通过专用软件才能查找故障。

复习思考题6

1. EP2002制动控制系统有何特点？
2. EP2002制动控制系统是由哪些部件组成的？
3. EP2002制动控制系统核心部件是哪三种阀？这三种阀有什么区别？它们各有什么作用？
4. 简述EP2002气动阀单元（PVU）各功能区域的作用。
5. 简述EP2002制动控制系统在常用制动时的控制过程和作用原理。
6. EP2002制动控制系统有哪些优缺点？

7. 简述 EP2002 制动控制系统防滑保护的基本原理。
8. 紧急制动和快速制动有什么区别？它们各在什么情况下使用？
9. 叙述智能阀的主要功能。
10. 画图说明单节车 CAN 总线网络结构。
11. 画出单个网关阀和多个网关阀的网络结构图。

单元 7　EP09 制动控制系统

【单元概述】

我国的城轨车辆制动控制系统在制造初期大多全套引进欧洲或日本的成熟技术，并通过在生产运用过程中的消化、吸收和创新，取得了跨越式发展。尤其是中国铁道科学研究院（以下简称铁科院）独立研发的制动控制系统近年来已经在天津地铁、沈阳地铁、成都地铁等项目中得以应用，取得了长足的发展。相比较于国外既有的城轨车辆制动控制系统，铁科院的制动控制系统设计更为灵活，可以根据用户的需要进行系统的设计。本单元将结合其制动控制系统的应用情况，对采用架控方式的铁科院 EP09 制动控制系统进行介绍。

任务 7.1　EP09 制动控制系统概述

【学习目标】

① 熟知 EP09 制动控制系统特点及相关技术条件。
② 掌握 EP09 风管路系统总图的结构和工作原理。

【教学环境】

可利用多媒体设备进行直观的理论教学，利用图片和录制的视频进行初步认知教学，也可以到现场参观城轨车辆实训设备或实物。

【教学设施】

教学用的 PPT、视频以及相关教学引导资料。

【理论模块】

EP09 制动控制系统是铁科院研制的新一代制动控制系统，该系统采用架控方式的微机控制模拟直通式电空制动系统，每辆车都配有两套电空制动控制模块。

1. 系统特点

EP09 制动控制系统是一个机电一体化的电子机械装置。在结构设计上，为了便于日常的故障检测和维修，该系统将安装在集成气路板上的气动阀单元（PVU）和实施电子控制的板卡机箱分隔成两个独立单元，共同封装在一个箱壳内。

所有制动控制单元（BCU）中的气动阀单元的结构完全一致，它们接受电子指令的控制，产生供气动设备使用的控制压力。但各制动控制单元的电子控制板卡略有不同，制动网关单元中的板卡除包含本地制动控制单元中的所有功能外，它还含有与 MVB 总线通信和列车制动管理功能的板卡。此外，制动扩展单元中还含 I/O 接口功能。

EP09 制动控制系统的技术特点如下：

① 常用制动时制动力随输入指令大小进行无级控制，并可随载重变化进行自动调整；

② 常用制动时优先使用再生制动，再生制动力不足部分由空气制动补足，并满足常用制动 0.75 m/s^3 的纵向冲击极限要求；

③ 具有高性能的空气防滑控制性能，系统可以根据列车减速度、速度差进行滑行检测，同时实现列车的全轴滑行控制，满足列车安全运用要求；

④ 具有独立的紧急制动控制安全回路，紧急制动采用纯空气制动的方式，其制动力可随载重变化进行自动调整；

⑤ 具有保持制动、制动力不足检测、不缓解检测等功能；

⑥ 具有故障记录功能，便于故障的分析和处理；

⑦ 能够与盘形制动装置稳定匹配，可以适用于 100 km/h 及以上各速度等级的车辆要求。

2. 技术条件

① 供电电压：DC 110 V（1±5%），波动范围：77~137 V。

② 总风缸管最大压力：1 000 kPa。

③ 正常工作压力范围：750~900 kPa。

④ 常用制动平均减速度（车速 100 km/h）：1.0 m/s^2。

⑤ 紧急制动平均减速度（车速 100 km/h）：1.2 m/s^2。

⑥ 计算用制动黏着系数：0.15。

⑦ 冲击极限：≤0.75 m/s^3。

⑧ 电制动与气制动转折点小于 6 km/h（可调整）。

⑨ 紧急制动时制动缸压力升至最高压力 90%的时间：≤1.6 s。

3. 系统组成

本制动控制系统由空气制动系统及相关控制部件组成，主要包括：风源系统、控制系统、基础制动装置、防滑装置、空气悬挂辅助装置。

1）风源系统

风源系统的作用是为空气制动系统和其他子系统提供清洁而干燥的压力空气。列车的每个动力单元配备一套风源装置，6 辆编组的列车共两套风源系统，如果其中一套风源系统不能工作，另一套风源系统也能提供足够的压力空气以保证列车的正常运行。风源系统主要由空气压缩机、干燥器、精细过滤器、压力开关、安全阀等组成，相关内容参见单元 4“供风系统”。

正常运行时，总风压力达到 900 kPa 时停止打风。当初次充风时，两台空气压缩机同时打风，直至达到 900 kPa 时停止；当总风压力低于 800 kPa 时，单台空气压缩机打风；当总风压力低于 750 kPa 时，两台空气压缩机同时打风。

总风压力传感器故障时，若总风压力低于 700 kPa，由压力开关控制两台空气压缩机打风至 900 kPa 后停止工作。

2）控制系统

控制系统包括微机控制的模拟电空制动控制模块 EP09 和微机控制的空气防滑控制装置等。一般每节车配有两套制动控制单元，从功能上分为制动网关单元（EP09G）、制动控制单元（EP09S）和制动扩展单元（EP09R）同时，每节车配有 1 套辅助控制模块，该模块集成了停放制动控制功能和空簧供风用溢流阀、减压阀、塞门以及风缸等部件。

EP09 制动控制系统中，每节车具有两个架控单元，以转向架为单位进行制动控制。制动控制系统的风管路配置如图 7-1～图 7-3 所示。

由风源系统产生的压力空气经塞门（A10）通入 Tc 车总风管中，再经过截断塞门（W1）和软管（W2）使车辆与车辆间的气路贯通。总风管的压力空气给总风管上的风缸（B3）充气，同时通过滤清器（B7.01）、截断塞门（B7.02）和单向阀（B7.03）给制动风缸（B9）充风。

制动风缸可以为本列车的制动控制装置提供快速、稳定的压力空气。截断塞门（B7.02）下方的压力空气为停放制动控制装置供风。

空气弹簧系统的用风也取自总风管。通过滤清器（B7.01），再经过溢流阀（L1）和塞门（L14）给空气弹簧系统供风。空气弹簧系统的短时间用风不会影响到制动风缸和制动控制单元的风源压力。当空气弹簧系统故障时，可通过关闭塞门（L14）来切除。

由制动控制单元产生的制动压力空气，分别经由两个带电接点的截断塞门（B5.01 和 B5.02）送往两个转向架的制动缸，每个转向架的空气制动可以用截断塞门 B5.01 和 B5.02 单独切除。

3）基础制动装置

基础制动装置采用盘形制动方式，主要包括制动夹钳、制动盘和制动闸片等。

4）防滑装置

防滑装置通过各个车轴的速度传感器监测车轮速度，可以独立地控制各个车轴的制动力，以防止车轮在列车制动时发生滑行。这样可以使轮轨之间在低黏着力条件下最大限度地提高制动力，同时降低车轮和钢轨损坏的风险。

5）空气悬挂辅助装置

主风管的压力空气通过过滤器、溢流阀后进入空气弹簧附加风缸，为空气悬挂辅助装置存储压力空气，并保证相关管路压力的稳定。从空气弹簧附加风缸出来的压力空气经调压阀和塞门后通向转向架的高度阀，高度阀根据车辆载荷变化情况控制气囊的充气和排气。

任务 7.2　EP09 制动控制系统的结构与组成

【学习目标】

① 熟知 EP09 制动控制系统的网络接口。
② 掌握 EP09 制动控制系统的网络结构。
③ 掌握 EP09 制动控制阀的结构组成。

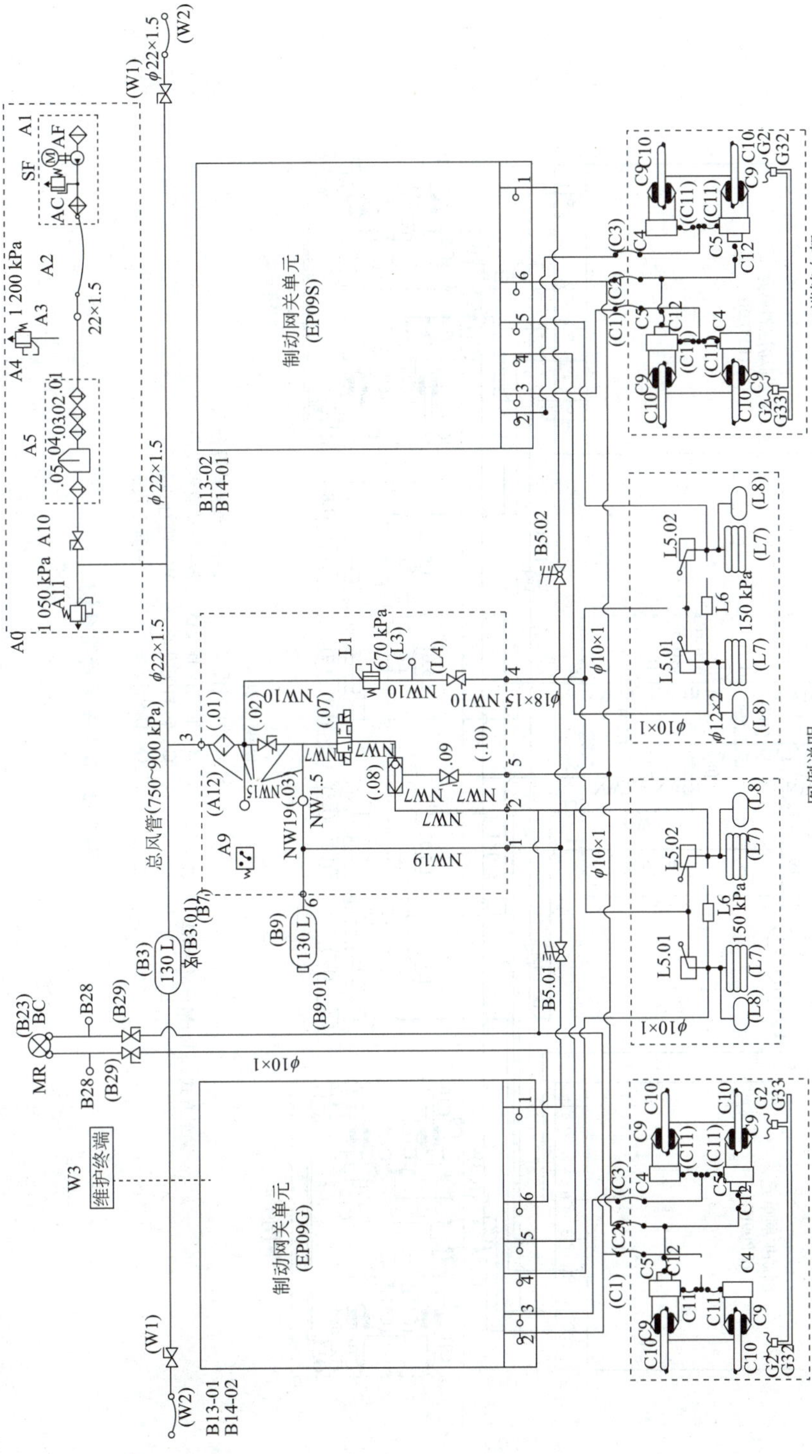

编组方式：-Tc+M1+M2=M2+M1+Tc-

图例说明

A—供气设备；　L—空气悬挂设备；

B—制动控制设备；　P—气动信号设备；

C—转向架设备；　W—连挂设备；

G—防滑设备；　V—辅助设备。

图 7-1　Tc 车风管路系统

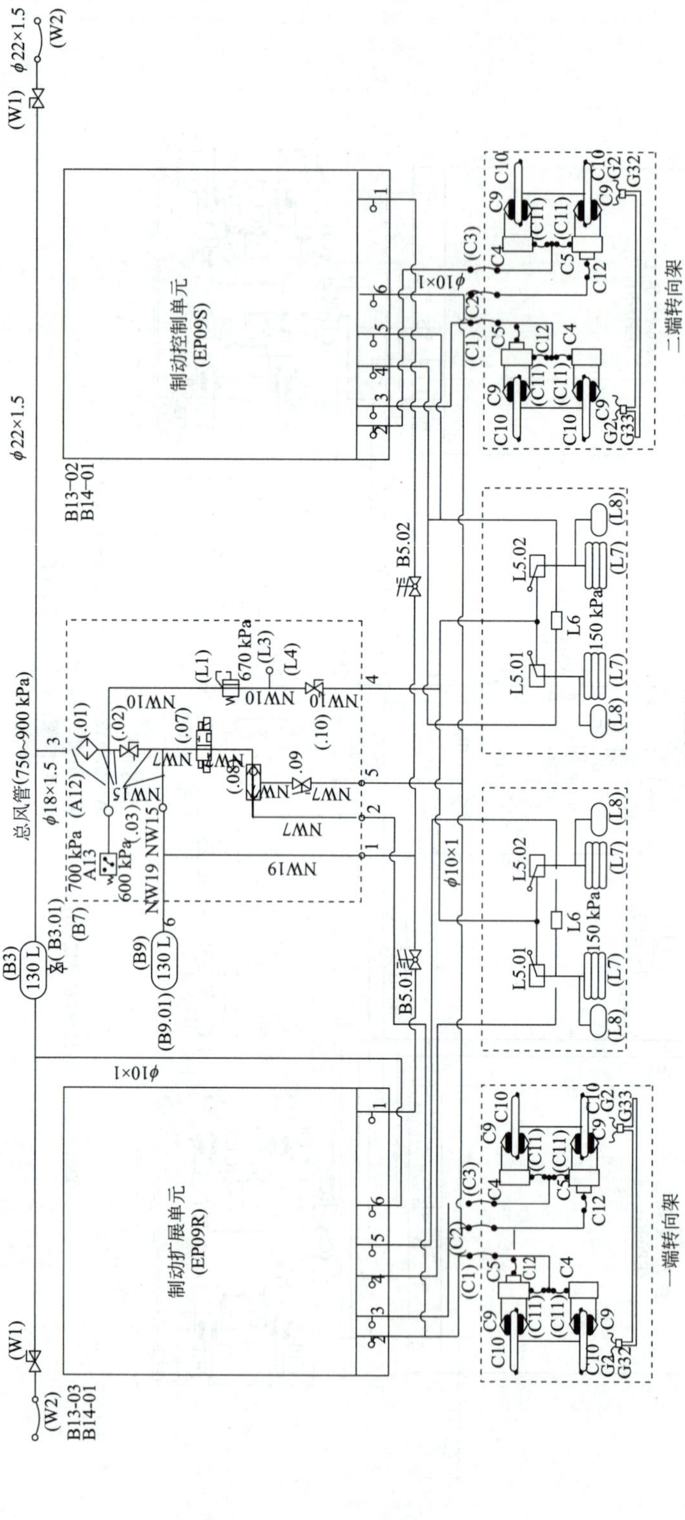

图例说明

A—供气设备　　L—空气悬挂设备

B—制动控制设备　　P—气动信号设备

C—转向架设备　　W—连挂设备

G—防滑设备　　V—辅助设备

编组方式：-Tc+M1+M2=M2+M1+Tc-

图 7-2　M1 车风管路系统

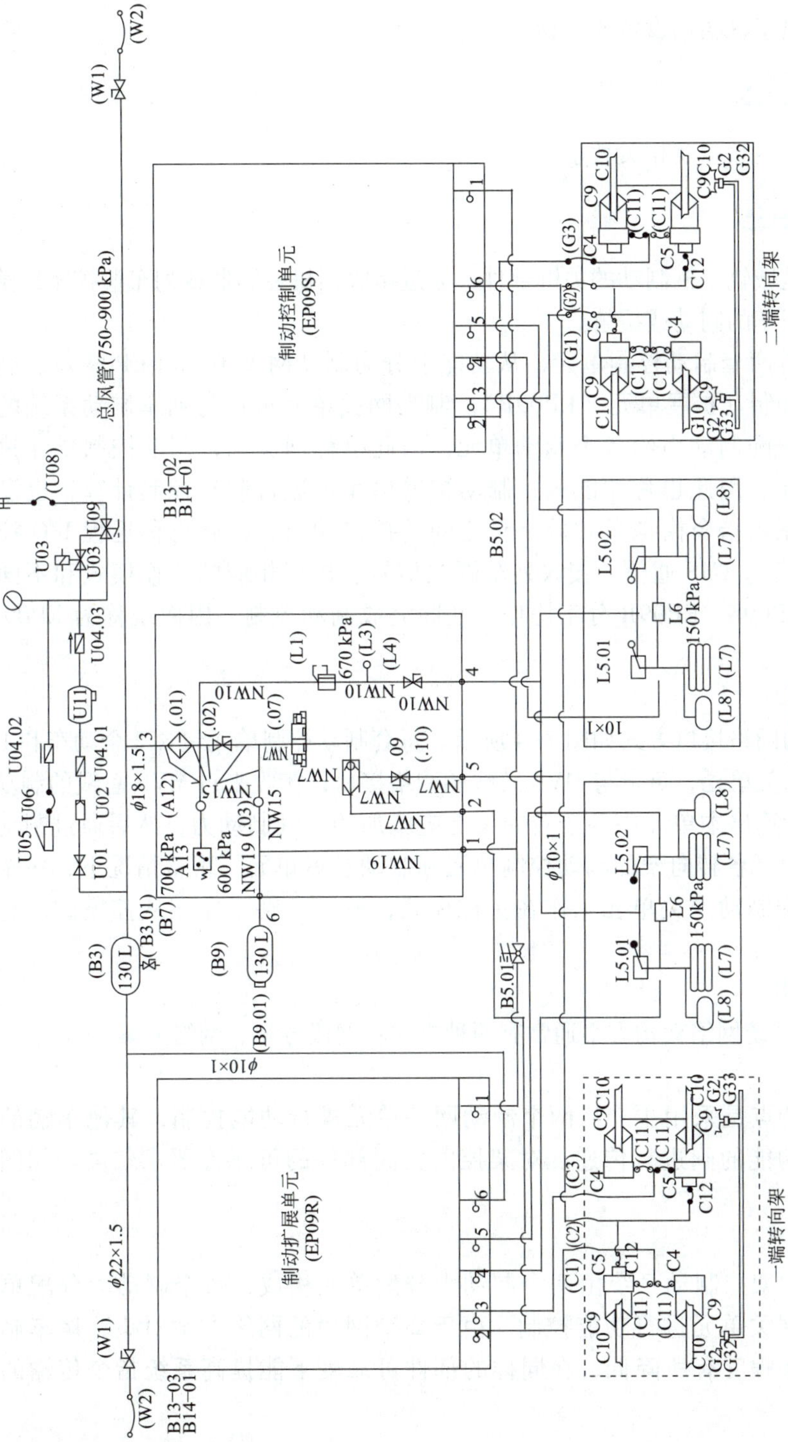

图例说明

A—供气设备
B—制动控制设备
C—转向架设备
G—防滑设备
U—受电弓设备
L—空气悬挂设备
P—气动信号设备
W—连挂设备
V—辅助设备

编组方式：-Tc+M1+M2=M2+M1+Tc-

图 7-3　M2 车风管路系统

【教学环境】

可利用多媒体设备进行直观的理论教学，利用图片和录制的视频进行初步认知教学，也可以到现场参观城轨车辆实训设备或实物。

【教学设施】

教学用的 PPT、视频以及相关教学引导资料。

【理论模块】

制动控制系统是城轨车辆制动的关键部件，通过接收司机控制器或列车监控系统给出的控制信号，实现对列车的制动或缓解。

一般每节车配有两套制动控制单元，从功能上分为制动网关单元（EP09G）、制动控制单元（EP09S）和制动扩展单元（EP09R）。制动网关单元负责与列车制动系统的通信和制动力计算，并分配制动力给各个制动单元，因此也称网关阀；制动控制单元执行相应转向架的制动控制，因此也称智能阀；制动扩展单元不进行制动控制计算，也没有网络接口，主要负责制动指令模拟量和数字量之间的接口功能，因此也称远程 I/O 控制单元。EP09G 同时负责与 TMS 通信、接收列车硬线信号、执行相应的操作模式和不同制动的级别。EP09G、EP09S、EP09R 分工协作，共同完成制动控制，因而统称为 EP09 制动控制阀。

1. 系统网络接口

架控制动系统的网络接口方式如图 7-4 所示。每套制动控制单元包含 2 个动车和 1 个拖车，配置 2 个制动网关单元，负责与 MVB 总线的网络接口，接收来自 MVB 总线的制动指令和电制动信号，并计算出本单元中各个转向架上应施加的空气制动力，然后通过制动系统 CAN 总线传送给本单元各转向架的制动控制单元和制动扩展单元。正常情况下，一个制动控制单元内只有一个制动网关单元工作在主控模式，另一个则工作在从控模式，起备用作用。

2. 系统网络结构

EP09 架控制动系统网络架构方案通常有两种方式：网段方案、网络方案。

1）网段方案

本方案的主要特点是采用主、从两个制动网关单元进行功能控制，其他车辆的指令信息通过具有网关功能的阀进行传递，对架控网关阀部件的可靠性要求较高。如图 7-5 所示。

2）网络方案

采用网络方案的架控制动系统由两个制动力分配单元构成，每个制动力分配单元采用主、从两个制动网关单元进行功能控制。由于 2 个网段的网络方案对头、尾车制动网关单元可靠性的依赖程度有所降低，在同样的部件可靠度下能提高系统指令传输的可靠度。如图 7-6 所示。

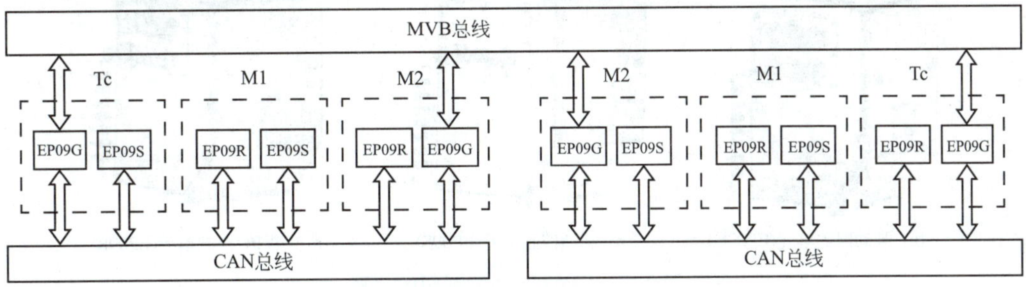

图 7-4 架控制动系统的网络接口方式

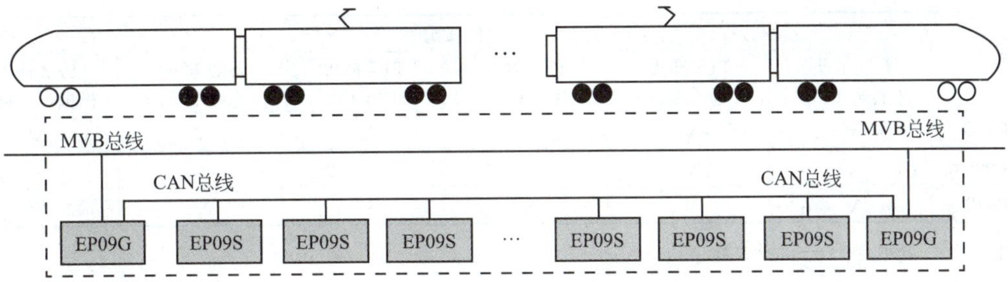

图 7-5 网段方案

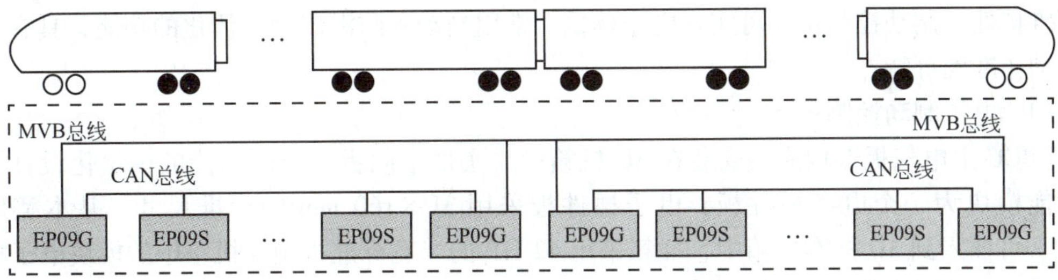

图 7-6 网络方案

3. EP09 制动控制阀的结构组成

1) EP09 制动控制阀的结构

EP09 架控制动系统分主制动控制模块（制动网关单元：EP09G）和从制动控制模块（制动控制单元：EP09S），每个模块都是一个机电一体化的智能装置，其中包括电子控制部分和气动阀单元部分。主制动控制模块的电子控制部分包括通信接口、制动管理部分、本车制动控制部分，而从制动控制模块不包括制动管理部分。通信接口主要是该控制模块与列车的 MVB 等指令的接口，响应列车的指令控制。制动管理部分主要进行本 CAN 网段内各个转向架控制模块的制动力的分配和管理。EP09 制动控制阀的外形如图 7-7所示。

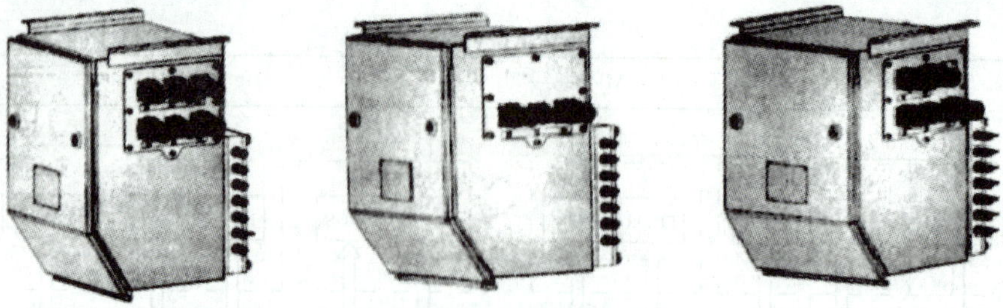

(a) 制动网关单元(EP09G)　(b) 制动控制单元(EP09S)　(c) 远程I/O控制单元(EP09R)

图 7-7　EP09 制动控制阀的外形

不同控制单元的插头接口形式如表 7-1 所示。

表 7-1　不同控制单元的插头接口形式

型号	插头编号					
	PL1 插头（测速接口）	PL2 插头（电源接口）	PL3 插头（数字 I/O 接口）	PL4 插头（MVB 总线）	SK1 插头（CAN 总线）	SK2 插头（模拟 I/O 接口）
EP09G	√	√	√	√	√	√
EP09S	√	√	—	—	√	—
EP09R	√	√	√	—	√	√

注："√" 表示有，"—" 表示无。

2）EP09 制动控制阀的组成

EP09 制动控制阀是机电一体的集成单元，采用了气电分离的模块化设计，具有相对独立的电子制动控制单元（EBCU）和空气制动控制单元（PBCU），大大提高了系统的可用性和可维护性。制动控制单元可实现电子称重、常用制动和防滑制动一体化的功能，具有响应快、动作准确等特点。

（1）电子制动控制单元

EBCU 由电气板卡构成，安装在 3U 机箱内，实现不同板卡不同功能的模块化设计。每个功能模块为一个电子插件板，电子插件板采用 3U×160 mm 的标准尺寸，基本宽度为 4 HP，可插入到 3U 标准插箱中，插箱采用 42 HP 的半宽标准机箱。机箱中的模块电子插件板包括 EPC 制动控制插件板、MVB 接口板、CAN 接口板、VLD 空重车调节插件板、EXB 继电器输出扩展插件板、DIO 开关量输入输出插件板、CDP 通信显示插件板、CDR 记录插件板、AIO 模拟量输入输出插件板、PWR1 和 PWR2 电源插件板等，根据 EP09G/EP09S/EP09R 的功能不同进行不同的配置。EP09 的 EBCU 外形如图 7-8 所示。EBCU 机箱中的插件板布置和功能如图 7-9 所示。

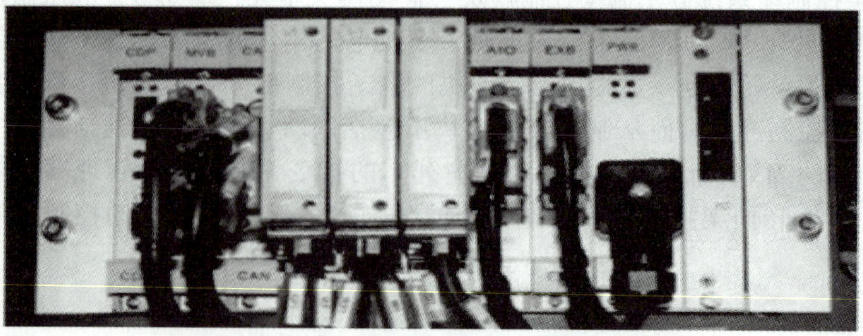

图 7-8　EP09 的 EBCU 外形图

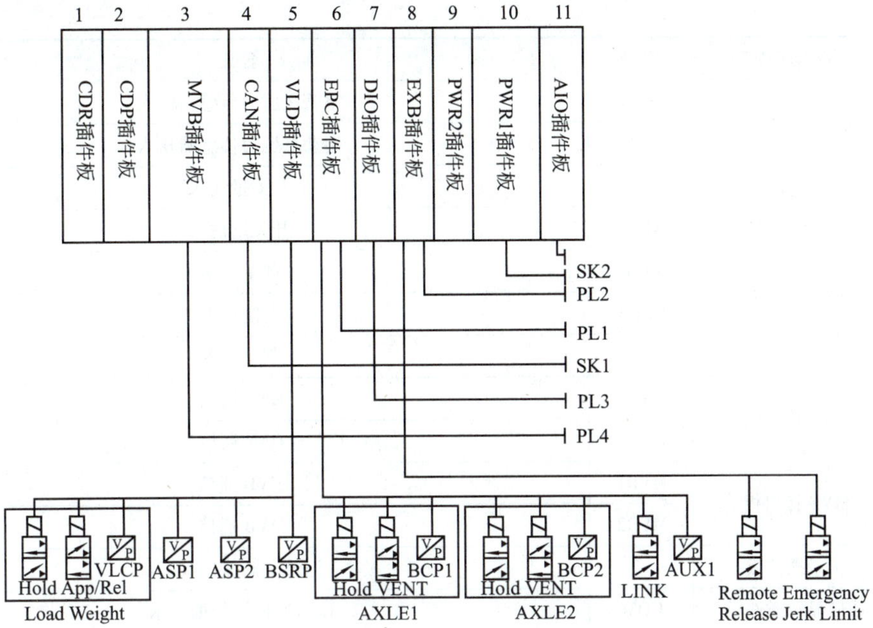

图 7–9　EBCU 机箱中的插件板布置和功能

（注：EP09G 无 CDR 插件板；EP09R 无 MVB、CDR 插件板；EP09S 无 MVB、DIO、AIO 插件板。）

EBCU 各板卡的主要功能见表 7–2。

表 7–2　EBCU 各板卡的主要功能

构成	板卡名称	序号	含义
PWR1	电源插件板		110 V 转 24 V
PWR2	电源插件板	PW	DC 110 V 电源输入
EXB	继电器输出扩展插件板	D11	紧急输入和强迫缓解输入
		R02	开关量输出
		REL	远程缓解电磁阀驱动输出
EPC	制动控制插件板	FS	速度传感器输入
		HV1	1 轴保压电磁阀驱动输出
		RV1	1 轴排风电磁阀驱动输出
		HV2	2 轴保压电磁阀驱动输出
		RV2	2 轴排风电磁阀驱动输出
		LINK	链接电磁阀驱动输出
		BCP1	制动缸 1 压力传感器输入
		BCP2	制动缸 2 压力传感器输入
		AUX1	停放制动传感器输入
VLD	空重车调节插件板	LHV	称重保压电磁阀驱动输入
		LAR	称重充风缓解电磁阀驱动输入
		VLCP	称重压力传感器输入
		ASP1	空簧 1 压力传感器输入

续表

构成	板卡名称	序号	含义
VLD	空重车调节插件板	ASP2	空簧2压力传感器输入
		BSRP	制动缸压力传感器输入
DIO	开关量输入输出插件板	DI	开关量输入
		ROI	开关量输出
AIO	模拟量输入输出插件板	AILD	载重输出
		EBEA	电制动力
		PWM	制动指令
CAN	CAN 接口板	CAN1	CAN 通信
		CAN2	CAN 通信
MVB	MVB 接口板	MVB1	MVB 通信
		MVB2	MVB 通信
CDR	记录插件板		记录车辆运行状态
CDP	通信显示插件板	COM	串口通信、数据显示

（2）空气制动控制单元

空气制动控制单元（PBCU）接收电子制动控制单元（EBCU）的指令来对车辆实施制动和缓解的操作。PBCU 主要包括气路集成板和电磁阀、气控阀、调压阀等气动执行部件。PBCU 中包括多种气动阀，在集成板上实现模块化安装，便于维护。PBCU 外形图如图 7-10 所示。

图 7-10　PBCU 外形图

EP09 制动控制模块的气动原理如图 7-11 所示，其 PBCU 分为以下 6 个功能模块。

① 空重车调整模块。

该模块包含以下设备：

a）调压阀（C2），一般设定为重车的紧急制动压力；

b）电子称重阀（A6，A5），输出为实际车重的紧急制动压力；

c）压力传感器和压力测点（PB），用于测量调整后的压力大小；

d）主调节阀（C1），最小输出（无电子称重压力输入）为空车紧急制动压力，正常输出根据电子称重压力进行调整。

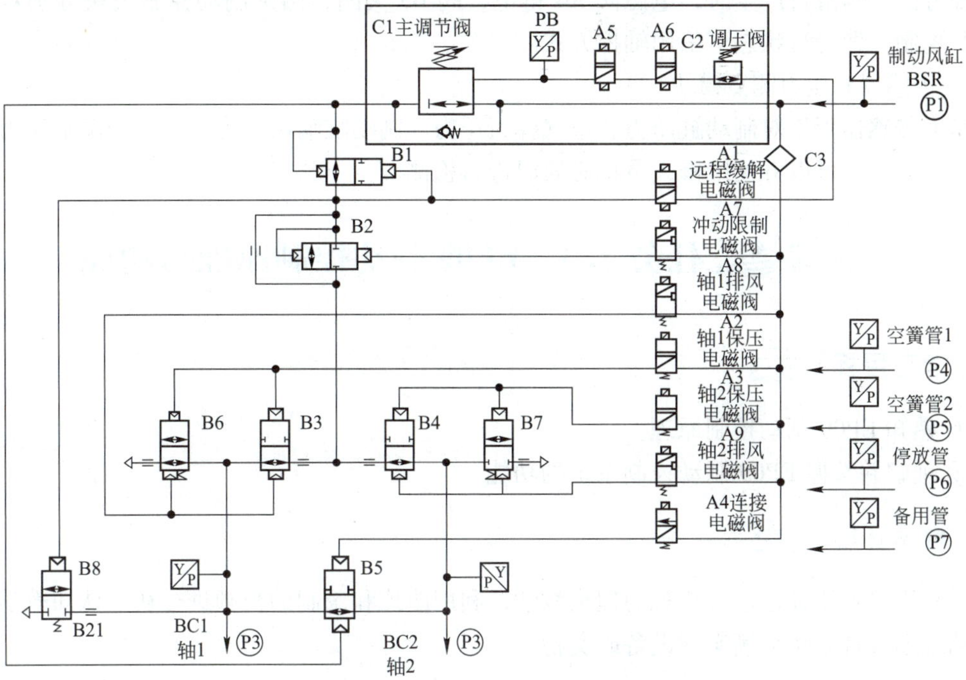

图 7-11　EP09 制动控制模块的气动原理

② 远程缓解模块。

该模块包含设备 A1、B1、B3。当需要远程缓解紧急制动时，电磁阀 A1 得电动作，进而使阀 B1 和 B3 动作，在切断输入压力的同时排出制动缸的压力空气，起到远程缓解制动的作用。

③ 紧急冲动限制模块。

该模块包含设备 A7、B2。常用制动时，电磁阀 A7 得电动作，阀 B2 打开，使压力空气不受限制地进入制动控制回路。紧急制动时，电磁阀 A7 失电，阀 B2 关闭，使压力空气经限流后进入制动控制回路，从而具有冲动限制功能。

当取消紧急冲动限制功能时，可以在电磁阀处安装一块带排风孔的遮断板。

④ 制动控制模块。

该模块包含 A8、A2、B6、B3 和 A3、A9、B4、B7 两组完全相同的阀组合。正常情况下，只有一组阀工作，另一组作为备用。其功能是根据不同的制动级别产生相应的制动缸压力。

充风时，电磁阀 A8、A2（或 A3、A9）失电，阀 B3（或 B4）关闭，阀 B6（或 B7）打开，向制动缸充风。

排风时，电磁阀 A8、A2（或 A3、A9）得电，阀 B3（或 B4）打开，阀 B6（或 B7）关闭，制动缸经阀 B6（或 B4）排气。

保压时，电磁阀 A2（或 A3）得电，电磁阀 A8（或 A9）失电，阀 B3（或 B4）和 B6（或 B7）均关闭，制动缸处于保压状态。

⑤ 连通模块。

该模块包含设备 A4 和 B5。正常状态下，电磁阀 A4 失电，阀 B5 处于连通状态。制动时，制动控制模块产生的制动压力同时进入同一转向架的两根轴，即正常状态下制动方式采用架控方式。当滑行产生时，电磁阀 A4 得电，阀 B5 关闭，两组制动控制模块分别对每根轴进行控制，即滑行状态下采用轴控方式。

⑥ 传感器和压力测点模块。

压力传感器用于对制动缸压力、空气弹簧压力、制动缸输出压力、停放制动缸压力进行采集。压力测点可以方便维修人员在必要时进行检测。

任务 7.3　EP09 制动控制原理与功能

【学习目标】

① 熟知 EP09 制动控制原理。

② 理解并掌握 EP09 制动控制系统的功能。

【教学环境】

可利用多媒体设备进行直观的理论教学，利用图片和录制的视频进行初步认知教学，也可以到现场参观城轨车辆实训设备或实物。

【教学设施】

教学用的 PPT、视频以及相关教学引导资料。

【理论模块】

7.3.1　EP09 制动控制原理

EP09 制动控制单元采用气-电独立设计，主要由电子制动控制单元（EBCU）和空气制动控制单元（PBCU）组成。

电子制动控制单元（EBCU）主要分为制动及防滑控制、空重车调节、开关量输入输出、通信及故障诊断 5 个部分，并通过电插件箱及其上面的板卡相应接口输入输出，以实现制动控制、缓解控制、防滑控制以及外部电气接口的连接和通信。PBCU 主要是通过气路集成板及其上面的电磁阀、气动阀、调压阀等气动执行部件实施制动和缓解功能。

每节车的制动系统电气和气路接口如图 7-12 所示。每个 EP09 阀都有紧急制动的控制输入和 2 路速度传感器的接口。EP09G 不仅接收来自 MVB 的网络总线制动指令，同时还接收制动、回送模式、紧急牵引等列车硬线指令，而紧急制动、强迫缓解指令不采用网络总线传送，而是由列车硬线直接控制。

制动系统的常用制动是通过车辆硬线和 MVB 网络进行控制的，制动网关单元（EP09G）优先响应硬线指令，当硬线故障时 EP09G 响应网络控制指令。常用制动控制硬线采用脉冲宽度调制（PWM）信号进行传输，实现无级控制。

制动系统的紧急制动不采用网络控制，而是由紧急制动列车线直接控制每个转向架的制动控制单元，从导向安全的设计角度出发，当紧急制动指令硬线失电时列车系统施加紧急制动。

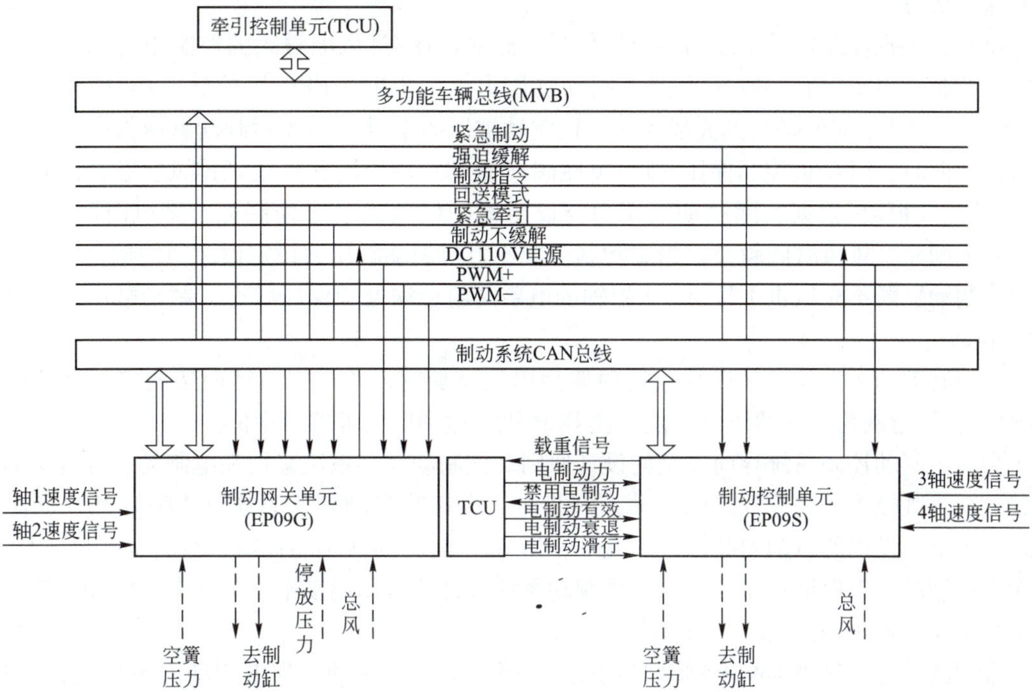

图 7-12　每节车的制动系统电气和气路接口

7.3.2　EP09 制动控制系统的功能

1. 常用制动控制

常用制动时，优先启用电制动，空气制动根据减速度要求补偿电制动不足的制动力。常用制动的压力控制是以每个转向架为单位施加的，并根据该转向架的空气悬挂压力进行随载荷变化的压力补偿。

在常用制动时，制动控制插件板（EPC 板）根据本转向架应施加的制动力计算出本转向架的制动缸压力目标值，实际的制动缸压力由 2 根轴上的制动缸压力（BCP）传感器来检测。在没有滑行时，电磁阀（A4）是不通电的，使同一转向架上 2 根轴上的制动缸气路被连通，产生相同的制动缸压力，因此在常用制动时，2 路压力传感器信号是冗余的。

EPC 板通过对保压和排风电磁阀的组合通断电控制，可以实现制动缸的充风、保压和排风。保压电磁阀和排风电磁阀的通电组合功能如表 7-3 所示。

表 7-3　保压电磁阀和排风电磁阀的通电组合功能

保压电磁阀	排风电磁阀	功能
不通电	不通电	充风
通电	不通电	保压
通电	通电	排风
不通电	通电	禁用

由于常用制动时每台转向架上的 2 根轴的制动缸压力是相同的，所以在调节制动缸压力时，可以由其中任意一根轴的保压/排风电磁阀来控制，另一根轴的保压/排风电磁阀始终工

作在保压状态。

EPC 板根据实际制动缸压力的反馈信号实施对保压/排风电磁阀的控制来对制动压力实现闭环控制。当实际制动缸压力低于制动缸压力设定值时，EPC 板控制保压/排风电磁阀（不通电）均处于对制动缸的充风状态，使制动缸压力上升；当实际制动缸压力高于制动缸压力设定值时，EPC 板控制保压/排风电磁阀（通电）均使制动缸处于排风状态，使制动缸压力下降。EPC 板根据实际制动缸压力与设定值的偏差大小来控制充、排风时间的长短，偏差越大则充、排风时间越长。当实际制动缸压力与制动缸压力设定值之间的偏差小于允许值时，制动缸既不充风也不排风，2 根轴的电磁阀组合均处于保压状态，制动缸压力就可以稳定不变。

常用制动的压力控制是以每台转向架为单位施加的，并根据该转向架的空气悬挂压力（ASP）进行随载荷变化的压力补偿，使 BCP 压力达到所要求的目标值。

为满足制动控制系统导向安全的设计原则，该制动控制系统采用失电制动、得电缓解的模式。系统既接收司控器发出的手动控制指令，也接收自动驾驶系统（ATO）和自动防护系统（ATP）发出的自动驾驶指令。此外，当 ATP 监测到列车超速时，会自动实施 ATP 的最大常用制动，以保证列车的安全。该制动系统设计的常用制动平均减速率（0~100 km/h）为 1.0 m/s^2，冲击极限为 0.75 m/s^3。

常用制动是空气制动与电制动自动配合的电-空混合制动。当电制动力不足或丧失时，可由空气制动来补足或产生所需要的总制动力。当电制动力减速接近停车前，为保证停车平稳，将以空气制动力来替代快速衰减的电制动力。

2. 紧急制动控制

紧急制动线状态由制动控制插件板（EPC）板来检测，当检测到紧急制动线的失电状态时，会把紧急制动的施加信号发给 EPC 板，EPC 板收到紧急制动的施加指令后，控制 2 根轴上的制动缸压力控制电磁阀，使它们都处于失电状态，使制动缸压力达到当前载荷的紧急制动压力水平。

强迫缓解电磁阀使用的是紧急制动电源，当紧急制动线失电时，强迫缓解功能自动失效。

紧急制动的压力控制同样以每个转向架为单位施加，并根据该转向架的空气悬挂压力（ASP）进行随载荷变化的压力补偿。为了导向安全，紧急制动系统为独立系统，且该控制功能一直处于激活状态。其紧急制动的最大压力被次级调整减压阀的设定所限制，而最小的空气压力又被主调节阀的弹簧设定所保证，这就使得在电子称重失效时，既可防止紧急制动压力的完全丧失，又可避免制动缸压力过量施加。

紧急制动由纯空气制动提供，达到最高制动缸压力 90% 的时间不超过 1.6 s，而且在 100 km/h下的平均减速率为 1.2 m/s^2，不受冲击极限的限制。

紧急制动功能通过列车紧急制动线的失电来实施，下列任何情况下都会触发列车的紧急制动：

① 占有端司机室警惕装置被触发；
② 按下司机室控制台紧急制动按钮（蘑菇形按钮）；
③ 运行中拔下司机室钥匙；
④ 运行中方向手柄置零位；
⑤ 车辆间脱钩；
⑥ 主风缸压力低于安全值（550 kPa）；

⑦ 紧急制动安全回路中断或失电；

⑧ ATO、ATP 系统发出紧急制动指令。

3. 快速制动控制

由司机主控手柄控制，当主控手柄置于快速制动位时施加。快速制动与紧急制动的减速率相当。但不同于紧急制动的纯空气制动，快速制动采用空-电混合制动控制、电制动优先的制动策略。在电制动充分发挥的基础上，不足的制动力由空气制动来补偿。快速制动不断开安全回路，是可撤除的制动。此外，快速制动作用过程中，列车具有防滑保护功能，且减速率受冲击极限的限制。

4. 保持制动控制

列车停稳后，制动系统会自动施加能确保超员载荷情况最大坡道下保证列车不发生溜滑的制动力。同时在列车起动后发送保持制动缓解指令，保持制动缓解。

5. 车轮防滑控制

当列车制动工况下检测到滑行使 WSP 被激活时，由架控制动控制自动转为各轴制动力单独控制，并对各车轮进行滑行检测和修正。每根轴上装有一个速度传感器，一个 CAN 网段内各轴的速度信息可被本制动单元的各阀共享。根据每根轴上的速度传感器提供的车轮速度，对滑行进行如下判定：

① 单一车轴上的减速率是否超限；

② 每轴转速与车轴最高转速之间速度差是否超限。

一旦检测到上述两种情况中任何一个超限，控制系统就会认定车轮发生滑行，并按规定间隔时间测地面速度，使计算的实际列车速度得到更新，用以判断并修正车轮滑行的程度，使轮轨间的黏着条件得到恢复，在避免车轮发生擦伤的同时保证低黏着条件下制动力的最大化。当上述两个滑行判定条件均不再满足时，系统就会恢复到初始状态，并停止进行地面速度测试。

为保证防滑控制时的制动装备不会长时间地保压或排风，通过看门狗定时硬件，可对连续保压超过 8 s 或排风超过 4 s 的设施进行监控。

6. 制动施加指示

制动时可连续监控每台转向架上 1 轴和 2 轴的制动缸压力（BCP），当制动缸压力超出设定值时，将向列车管理系统的接口提供一个硬线通知信号。另外，当制动缸压力大于 40 kPa时，将独立于 EP09 系统提供继电器失电的输出指示。

7. 远程缓解

本系统允许在远程位置（如来自驾驶室），对远程缓解电磁阀手动施加 110 V 蓄电池电压，来实施常用制动时的远程缓解，此时阀内的供风压力被切断，同时又将制动缸压力空气排向大气。当紧急制动或 EP09 系统因故障失电时，它又可通过继电器联锁使远程缓解电磁阀自动得电来实施紧急制动的自动缓解，使列车能被牵引到安全区域。

8. 制动缸压力连通控制

通过 PBCU 的连通阀，允许将本车两个转向架上的气动 BCP 输出压力连通或切断。在常用制动和紧急制动时，允许按架控方式将两根轴上的 BCP 输出连通；对于轴控的 WSP 系统，则允许将两根轴的 BCP 连通切断，对每根轴进行单独的 BCP 控制。

9. 紧急制动载荷补偿

紧急制动的制动缸压力的载荷补偿是由 LDP 板来控制的。LDP 板根据空簧压力来计算本转向架的荷重和紧急制动所需要的制动缸压力，并由载荷控制保压电磁阀和充/排风电磁阀组进行控制。

载荷控制保压电磁阀和充/排风电磁阀的通电组合功能如表 7-4 所示。

表 7-4 载荷控制保压电磁阀和充/排风电磁阀的通电组合功能

载荷控制保压电磁阀	充/排风电磁阀	功能
通电	通电	充风
通电	不通电	排风
不通电	通电	保压
不通电	不通电	保压

LDP 板根据载荷补偿压力传感器的反馈信号来控制载荷控制电磁阀，使载荷补偿压力输出达到设定值。载荷控制电磁阀在失电的情况下处于保压状态，当制动系统断电后，紧急制动压力仍能保持一段时间不变。

10. 冲动限制功能

施加在制动缸上的升压速率可按用户要求进行设定。

在正常情况下（常用制动），通过对紧急制动冲动限制电磁阀的得电控制，使制动充风速率不受限制。但紧急制动时，因紧急冲动限制电磁阀的失电，使制动充风速率受到限制，要求达到制动缸最高压力 90%的时间不超过 1.6 s。如果用户要求取消冲动限制功能，则可在冲动限制电磁阀的安装处配置一块带排风小孔的遮断板。

11. 故障诊断和监测功能

当诊断出制动系统有故障时，故障信息能够通过 MVB 总线发送给列车监控系统，使司机能够在司机台显示屏上看到相应的故障信息，并根据故障程度进行适当的处理，保证行车安全，提高运营效率。

12. 制动优先使用等级及电-空混合制动控制

第 1 级：再生制动

第 2 级：电阻制动

第 3 级：空气摩擦制动

第 2 级：电阻制动，再生制动

第 3 级：空气摩擦制动

13. 混合制动的方式

列车制动采用“电制动与空气制动实时协调配合，电制动优先使用，空气制动延时投入”的混合制动方式。列车制动优先响应硬线信号，对网络信号的响应处于备用状态。

列车制动时，EP09G 会收到制动指令及制动级别，同时从制动系统 CAN 总线获取列车的载荷工况、运行速度及工作状态等信息，然后计算出列车所需要的总制动力，并判断各动车的电制动力之和是否满足全列车所需要的总制动力要求；若电制动力之和已满足列车所需要的制动力要求，则不再补充空气制动；若电制动力之和不能满足全列车所需要的制动力，则其余所需要的制动力将平均分配到各个车上，由空气制动力进行补充。各车上所能补充的空气制动力的大小将受到黏着极限的限制。

当硬线发生故障时，EP09G 将从 TMS 总线上获取制动指令、制动级别、各车的载重信息以及电制动力发挥状态等，然后按上述方法进行制动力分配。

若在制动过程中出现电制动滑行，造成制动力的损失，则不进行空气制动补偿，以便于电制动的防滑控制。当电制动滑行时间较长时，制动系统将发出电制动切除信号，由制动系统负责防滑控制，所损失的电制动力全部由制动系统承担。

在电制动力快要衰减时，由牵引控制单元（TCU）发出一个电制动退出（衰减）预告信号；EP09G 收到电制动退出预告信号后，按预定速率预补空气制动力。

14. 辅助控制模块

辅助控制模块实现停放制动的施加和缓解功能。

15. 系统检查和维护

1）日常检查

为了保证城轨列车制动系统在运行中具有良好的工作状态，必须对制动系统进行日常检查，具体内容如下：

① 箱体与车体连接螺栓是否紧固；

② 箱体表面有无机械损伤；

③ 各个管路的连接有无松动；

④ 箱体内各部件安装螺栓是否紧固；

⑤ 箱体内各板卡安装螺栓是否紧固；

⑥ 箱体内各电缆线有无异常松动及磨损。

2）定期维护

EP09 制动控制系统必须由专业人员定期进行维护，并按照使用规定对制动控制单元进行相应的功能检测，以保证系统能够保持良好的工作状态，满足相应的功能要求。

复习思考题 7

1. EP09 制动控制系统有哪些技术特点？
2. EP09 制动控制系统由哪些部分组成？
3. 简述 EP09 制动控制系统空气压缩机的控制原理。
4. 简述 EP09 制动控制系统的网络结构。
5. 简述 EP09 制动控制系统的气动原理。
6. 简述 EP09 制动控制原理。
7. EP09 制动控制系统具有哪些功能？

单元8 SD型制动控制系统

【单元概述】

SD型电空制动机是一种由中车长春轨道客车股份有限公司和铁科院等单位共同研制成功的国产数字式电空制动机，经过多年来的运行考验，证明它完全适应和满足城轨车辆的特殊要求，运行可靠，本单元介绍该型制动机及与之配套的制动控制系统。

任务8.1 SD型电空制动机的系统组成及特点

【学习目标】

① 熟知SD型电空制动机的系统组成。
② 掌握SD型电空制动机的基本作用原理。
③ 了解SD型电空制动系统的特点。

【教学环境】

可利用多媒体设备进行直观的理论教学，利用图片和录制的视频进行初步认知教学，也可以到现场参观城轨车辆实训设备或实物。

【教学设施】

教学用的PPT、视频以及相关教学引导资料。

【理论模块】

8.1.1 SD型电空制动机的系统组成

SD型电空制动机与英国威尼斯汀豪斯（Westinghouse）公司韦斯特科德制动装置相仿，属于直通式电空制动机。按指令传递系统区分，为数字式电气指令式；按制动执行装置区分，为七级膜板中继阀。

数字式电气指令式制动系统的制动指令由0和1两个数字组成。在组成三位数时，除“000”外，还有“001”“010”“011”“100”“101”“110”“111”，共七组数字组合。这样的数字式指令实际上是使用三根常用制动指令线并通过对应的三个电磁阀各自得电（相当于“1”）或失电（相当于“0”）组成的组合，从而获得七个不同级别的制动指令。因此数字指令实际上就是开关指令的组合。这样的分级控制的制动指令再通过具有多块气动膜板的七级中继阀动作，使制动缸获得恒定的七级压力。如果采用更多的指令线，可以获得足够多的制动指令和相应的制动缸压力，但根据一般的判断和需要，七级制动挡位已基本满足制动要求。

SD 型电空制动系统主要由制动控制器、空重车调整阀、七级中继阀、空电转换器、紧急电磁阀、备用电磁阀、双向阀、故障缓解电磁阀、控导阀和备用开关，以及各种控制线路等组成。图 8-1 为 SD 型电空制动系统框图。

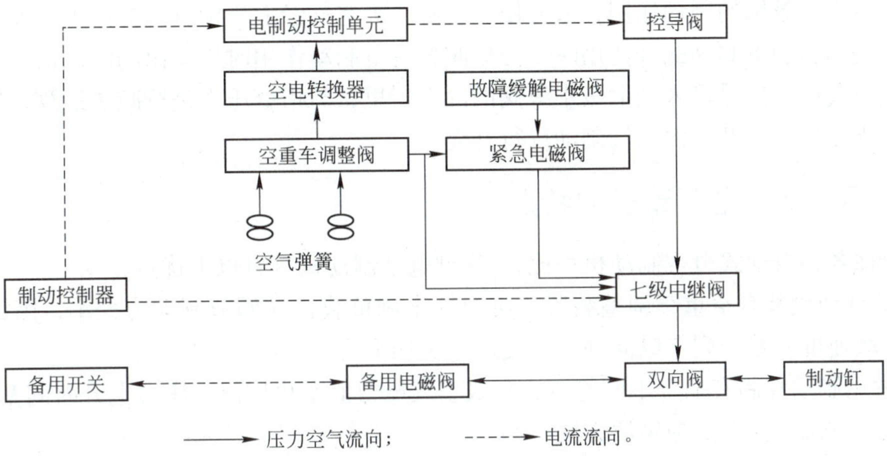

图 8-1　SD 型电空制动系统框图

制动控制器是司机用来操纵列车进行制动及缓解的装置。制动控制器在司机的操纵下向列车的制动控制系统发出制动或缓解命令，即向电制动控制单元和七级中继阀发出指令。制动控制器共有八个不同的位置，分别是运转位和从 1 至 7 的七个常用制动位。

空重车调整阀相当于一个称重装置，它根据空气弹簧的压力信号，也就是车辆负载的大小，输出相应的空气压力，并经七级中继阀来控制进入制动缸的压力空气，使车辆保持恒定的制动率。

七级中继阀是一个将电信号转换成空气压力值的电磁阀，它将来自制动控制器的指令信号，通过三个电磁阀的交互作用，把空气压力输入膜板室，按不同的组合方式输出七个逐级等增量的常用制动空气压力值和一个紧急制动空气压力值给制动缸。

控导阀（EP 阀）将电制动信号变为空气压力值输入到七级中继阀的混合器中，通过混合器的减法运算，减去电制动产生的制动力，使七级中继阀最终输出的是补充电制动不足部分的空气制动压力值。因此，七级中继阀实际上相当于一个空气加减法运算器。

空电转换器是用来把车辆负载信号输送给电制动控制单元的一个空电信号变换器，它的作用是使电制动和牵引电流能与车辆负载相匹配。

紧急电磁阀是为保证行车安全而设置的一种紧急制动装置。当司机施行紧急制动或制动系统发生故障以及列车意外分离时，紧急电磁阀因失电而动作，并通过七级中继阀产生紧急制动作用。

备用电磁阀的作用是当正常制动系统发生故障时，司机仍能通过操纵备用制动系统使列车进行制动、缓解作用，保证列车安全运行不间断。

双向阀是为七级中继阀与备用电磁阀交替使用而设置的一个切换阀。

故障缓解电磁阀是在正常制动系统发生故障而进行紧急制动后，改用备用制动系统时的一个缓解装置。

8.1.2 SD 型电空制动机的基本作用原理

SD 型电空制动机的基本作用原理是：根据运行的需要，司机操纵制动控制器发出制动指令或缓解指令，控制七级中继阀上的三个电磁阀交替励磁和失磁，将空重车调整阀的输出压力输入到七级中继阀的相应膜板室内进行加减法运算，从而输出七个等增量压力给制动缸，以产生不同级别的制动作用，或者使制动缸压力空气经七级中继阀排向大气发生缓解作用。当空气制动和电制动配合使用时，控导阀将有电制动作用时检测出的电流信号按一定比例变换成空气压力信号输入到七级中级阀的混合器里，与指令压力进行减法运算，使电制动力中不足指令压力的部分由空气制动进行补充。

8.1.3 SD 型电空制动机的特点

与以往各种自动式电空制动机相比，SD 型电空制动机具有以下优点：

① 该制动机装有空重车调整装置，可根据车辆负载自动调节制动力大小，因此能实现列车恒定减速度，减少列车纵向冲动，使停车更加平稳；

② 常用制动控制有七个不同等级，各级空气压力值变化均衡，压力上升时间基本一致，调速稳定、准确，操纵更加灵活方便；

③ 与列车自动控制系统的连接十分容易，与电制动配合较简单，在保证电制动优先作用下，空气制动能自动进行补偿，从而使列车制动力基本保持不变，这样既可以最大限度地提高电制动系统的利用率，减少闸瓦磨耗，又大大提高了乘客的乘坐舒适度；

④ 对制动和缓解指令反应快，作用迅速，空走时间较短，因此制动距离短；

⑤ 设有紧急制动系统，当列车施行紧急制动时，列车能迅速调用全部空气制动能力实施紧急制动；

⑥ 设有备用制动系统，当常用制动系统发生故障时，可启用备用制动系统，保证安全行车，不需要中断运行；

⑦ 整个装置结构简单，除制动控制器、备用开关以外，其他装置均装在一块集成板上，简化了管路，减轻了重量，制动装置中广泛采用了 O 形密封圈、橡胶膜板，使结构简单、作用可靠、维修简便，并可延长检修期。

当然，SD 型电空制动机也有缺点，由于采用有级的制动力控制，决定了它的控制精度较低。此外，控导阀的制作工艺较为复杂，因此其性能受材料和工艺的影响较大。

任务 8.2 SD 型电空制动机主要部件的构造及作用原理

【学习目标】

① 掌握 SD 型电空制动机主要部件的构造。

② 掌握 SD 型电空制动机主要部件的作用原理。

【教学环境】

可利用多媒体设备进行直观的理论教学，利用图片和录制的视频进行初步认知教学，也可以到现场参观城轨车辆实训设备或实物。

【教学设施】

教学用的 PPT、视频以及相关教学引导资料。

【理论模块】

8.2.1　空重车调整阀

空重车调整阀的用途是：根据车辆载重的变化，即根据乘客多少的变化自动调节其输出压力，通过七级中继阀的作用，使车辆保持恒定的制动率。空气弹簧的压力变化直接反映了乘客多少的变化，考虑到车辆载重的不平衡，采取前、后转向架对角的两个（即 1，4 位或 2，3 位）空气弹簧的压力作为空重车调整阀的输入压力信号，这样就能直接、准确地使空重车调整阀输出压力与乘客多少（即车辆载重）成一定比例关系。

1. 构造

空重车调整阀由上面的压力供排部、中间的弹簧调整部和下面的空气弹簧压力平均运算部共同组成，如图 8-2 所示。

压力供排部由弹簧（1）、给排阀（2）、均衡活塞杆（3）、节流孔（4）、均衡活塞（5）和膜板（6）组成。

弹簧调整部由上调整弹簧（7）、上调整螺母（8）、下调整螺母（9）、下调整弹簧（10）组成。

空气弹簧压力平均运算部由活塞杆（11）、大活塞（12）、大膜板（13）、小活塞（14）和小膜板（15）组成。

空重车调整阀共有五条空气通路：

① 通路（24）连接总风缸；

② 通路（27）连接空重车调整阀输出；

③ 中间孔通大气；

④ P1 口、P2 口分别连接两个转向架空气弹簧的压力信号输出（分别连接 1、3 位或 2、4 位空气弹簧）。

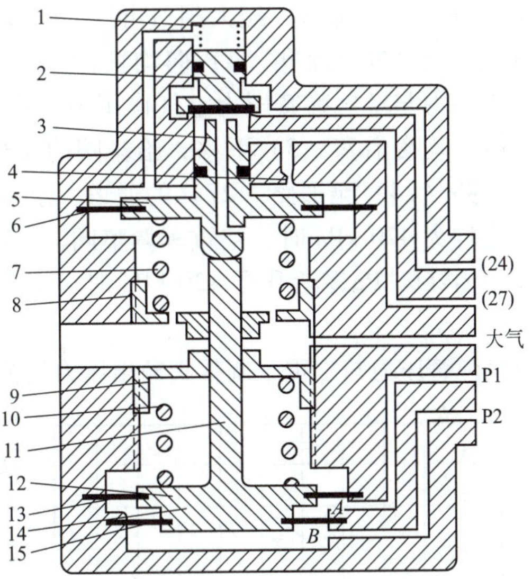

1—弹簧；2—给排阀；3—均衡活塞杆；4—节流孔；5—均衡活塞；6—膜板；7—上调整弹簧；8—上调整螺母；9—下调整螺母；10—下调整弹簧；11—活塞杆；12—大活塞；13—大膜板；14—小活塞；15—小膜板。

图 8-2　空重车调整阀的构造

2. 作用原理

当车辆处于空车状态时，空气弹簧的压力空气作用于大膜板（13）、小膜板（15），其向上的作用力恰与下调整弹簧（10）的弹力相平衡，这时活塞杆（11）刚刚与均衡活塞杆（3）相接触而无力的作用，因此不能推动均衡活塞杆（3）向上移动，所以这时空重车调整阀的输出压力与空气弹簧压力大小无关。此时的空重车调整阀输出压力是由上调整弹簧（7）进行调整的。均衡活塞（5）在上调整弹簧（7）的作用下上移，均衡活塞杆（3）顶部的小阀口首先与给排阀（2）相接触，关闭了通大气的通路，继而顶开给排阀（2），打开给排阀下部的大阀口。因此，总风缸的压力空气经通道（24）进入，到达给排阀下部的大阀口，再经通路（27）输出供给七级中级阀、紧急电磁阀和空电转换器。同时一部分压力空气经节流孔（4）供至均衡活塞（5）的上侧，当均衡活塞（5）上侧的压力空气作用力与上调整弹簧（7）作用力相平衡时，均衡活塞（5）下移，给排阀（2）在其自身弹簧（1）的作用下下移，关闭下部大阀口，切断通路（24）至通路（27）的通道，停止总风缸向七级中继阀等处供给压力空气，而通大气的通路此时仍然关闭。这时输出压力值相当于上调整弹簧（7）的调整压力值。当空车状态时，空气弹簧输出压力为 260 kPa，空重车调整阀的输出压力可通过上调整弹簧（7）调整为 300 kPa。运行中，当输出压力低于 300 kPa 时，空重车调整阀动作，自动补充输出压力至 300 kPa。

当车辆载重增加时，空气弹簧的压力随乘客增加而升高，作用在大膜板（13）、小膜板（15）下侧的空气压力也随之增加，大活塞（12）、小活塞（14）在增加的空气压力作用下，压缩下调整弹簧（10），使活塞杆（11）上移，从而推动均衡活塞（5）及均衡活塞杆（3）上移，首先使得均衡活塞杆（3）顶部与给排阀（2）接触，关闭小阀口，也即关闭空重车调整阀通大气的通路，进而顶开给排阀（2），打开给排阀下部的大阀口，使总风缸的压力空气由通道（24）进入，经大阀口再经通道（27）输出，向七级中级阀等处供气，同时有部分压力空气经节流孔（4）向均衡活塞（5）上侧供气，当均衡活塞（5）上侧的压力空气作用力与空气弹簧压力空气作用力（由 P1、P2 口进入）及上调整弹簧（7）作用力平衡时，均衡活塞（5）下移，给排阀的大阀口在其自身弹簧（1）的作用下下移关闭，切断了通路（24）至通路（27）的通道，空重车调整阀停止输出压力空气。当两个空气弹簧压力均为 420 kPa 时，空重车调整阀输出压力设计值（调整值）为 420 kPa；当空气弹簧压力由260 kPa逐渐升至 420 kPa 时，空重车调整阀的输出压力由 300 kPa 线性增至 420 kPa。

空气弹簧压力与空重车调整阀输出压力的关系如图 8-3 所示。

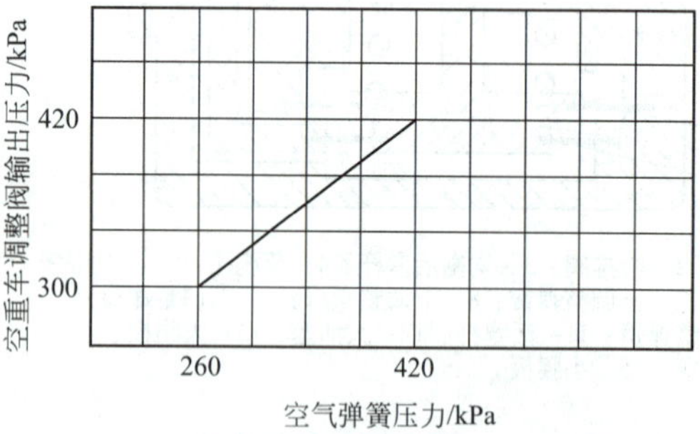

图 8-3　空气弹簧压力与空重车调整阀输出压力的关系

当乘客减少时，空气弹簧压力随之下降，均衡活塞（5）在压力差作用下向下移动，活塞杆（3）的空心杆小阀口离开给排阀（2），通路（27）的压力空气及均衡活塞（5）上侧的压力空气通过活塞杆（3）的空心通道排向大气，输出压力降低，直至均衡活塞（5）上侧的压力空气作用力与空气弹簧压力空气作用在大膜板（13）、小膜板（15）上的作用力重新平衡时为止，此时均衡活塞（5）上移，其活塞杆上的空心杆小阀口与给排阀（2）接触，遮断大气通路，达到平衡状态。这样，空重车调整阀的输出压力就与新的车辆载重相适应。

如果空气弹簧因破损而无压力空气时，由于上调整弹簧（7）的作用，能在任何载重情况下保证空重车调整阀输出空车时的空气压力 300 kPa。

8.2.2 七级中继阀

七级中继阀是一个通过电气控制的并能进行加减法运算的中继阀。来自制动控制器的指令信号，通过七级中继阀的三个电磁阀交替励磁和失磁，将来自空重车调整阀的压力空气充入七级中继阀的各个膜板室内，按不同的组合方式相加减，以输出七个压力逐级增加的压力等级至制动缸，产生制动作用，或将制动缸压力空气经七级中继阀排向大气产生缓解作用。

1. 构造

七级中继阀（见图 8-4）上部为三个常用制动电磁阀（CZF_1、CZF_2、CZF_3）、给排阀（6）；中间是均衡阀；下部是混合器和常用制动膜板组；一侧有 7 条空气通路，图中仅显示 6 条，另一条在均衡活塞下方。

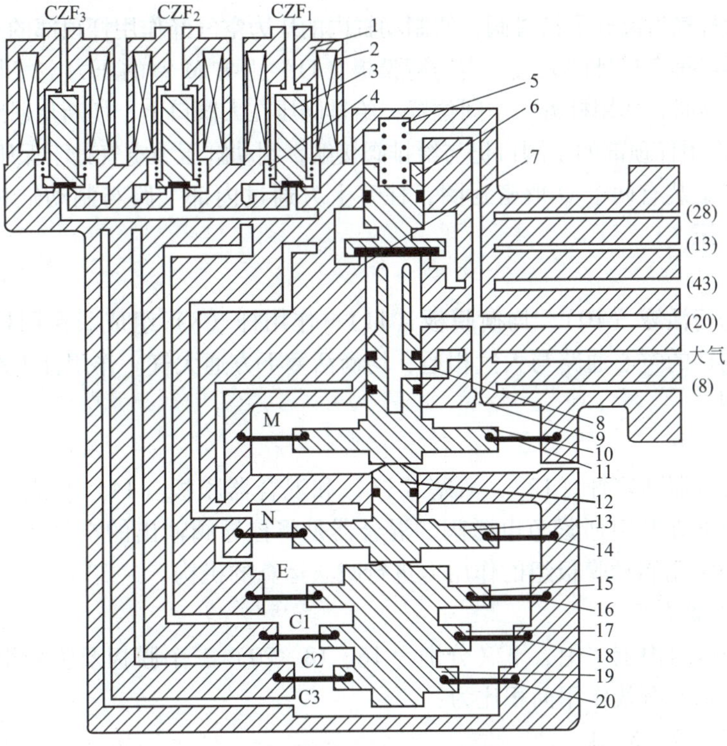

1—阀体；2—线圈；3—铁芯；4—弹簧；5—给排阀弹簧；6—给排阀；7—大阀口；8—作用杆；9—节流孔；10—均衡活塞；11—均衡膜板；12—混合器活塞杆；13—活塞；14—混合器膜板；15—膜板组活塞；16—上膜板；17，19—活塞；18—中膜板；20—常用制动下膜板。

图 8-4 七级中继阀的构造

1）常用制动电磁阀

常用制动电磁阀是三个 Q23XD 型电磁阀，工作电压为 110 V，它由阀体（1）、线圈（2）、铁芯（3）和弹簧（4）组成。它有三个阀口和三条空气通路。三个阀口分别为上阀口、侧阀口和下阀口；三条通路分别为：①空重车调整阀的压力空气由通路（28）通至各电磁阀下部阀口；②顶部阀口通大气；③下部侧面通路分别通各膜板室。

当电磁阀得电励磁时，铁芯由于电磁力的作用被吸上移，这时电磁阀的下阀口与侧阀口相通，来自空重车调整阀的压力空气由通路（28）进入电磁阀的下阀口，再由下阀口到侧阀口，直至到达与之相对应的膜板室；同时上部通大气的阀口被关闭。

当电磁阀无电失磁时，铁芯下移，这时电磁阀的下阀口与侧阀口的通道被关闭，侧阀口通过铁芯下部的间隙与上阀口相通，这时与侧阀口相对应的膜板室的压力空气将会通过上阀口排向大气。

2）压力给排阀

压力给排阀是连通总风缸与制动缸或制动缸通大气的机构。它由给排阀弹簧（5）、给排阀（6）、大阀口（7）、作用杆（8）、节流孔（9）、均衡活塞（10）和均衡膜板（11）组成。作用杆的空心通路与大气相通，均衡活塞（10）下侧通大气。作用杆（8）下端与混合器活塞杆（12）相接触。当膜板室充入压力空气时，作用杆（8）向上移动，首先关闭作用杆顶部的小阀口，然后顶开给排阀，再打开大阀口，使从通路（43）传来的压力空气经给排阀大阀口到通路（20）再进入制动缸。当膜板室的压力空气排出时，作用杆向下移动，给排阀落在大阀口上，作用杆上的排气口离开了给排阀，使制动缸内的压力空气经作用杆顶部的小阀口到作用杆的空心通路，再经排气口排向大气。当均衡膜板（11）上方M室的压力空气与作用在膜板组上的压力空气平衡时，作用杆处于中间位置，给排阀压在大阀口上，切断从通路（43）到通路（20）的通道，作用杆顶部的小阀口仍与给排阀接触，制动缸压力空气处于保压状态。

给排阀柱塞上装有两个O形密封圈，柱塞上方通过内部气路与制动缸相通，其目的是减少给排阀的背压。

3）均衡阀

均衡阀由均衡活塞（10）、均衡膜板（11）、作用杆（8）组成。作用杆上装有两个O形密封圈，作用杆的空心通路与大气相通，均衡活塞下方通大气。作用杆下端与混合器活塞杆（12）相接触。

4）混合器

混合器由混合器活塞杆（12）、活塞（13）和混合器膜板（14）组成。膜板上方N室通控导阀，膜板下方E室通紧急电磁阀。混合器是将控导阀输出的空气压力（此压力与电制动力相当）与常用制动膜板组的作用力进行减法运算的机构。

5）常用制动膜板组

常用制动膜板组由上、中、下（分别为16、18、20）三个膜板及膜板组活塞（15）组成。三个膜板活塞的有效作用面积比为：

$S_{上}:S_{中}:S_{下}=7:6:4$

膜板组（16、18、20）下方分别对应C1、C2、C3三个气室，它们分别与CZF_1、CZF_2和CZF_3三个常用制动电磁阀的下阀口相通。膜板组的作用是根据制动控制器的电气指令转变为相应的指令空气压力，以使制动缸得到相应的空气压力。

6）空气通路

七级中继阀的七条空气通路分别为：

① 通路（28）是七级中继阀的输入通路，其压力空气来自空重车调整阀的输出通路；

② 通路（13）是七级中继阀的输入通路，其压力空气来自控导阀的输出通路，其压力大小与电制动系统产生的电制动力相当；

③ 通路（43）是七级中继阀的输入通路，其压力空气来自总风缸；

④ 通路（20）是七级中继阀的输出通路，其压力空气直接输出到制动缸；

⑤ 作用杆的空心通路直通大气；

⑥ 通路（8）是七级中继阀的输入通路，其压力空气来自紧急电磁阀，其压力大小与总风缸压力相当；

⑦ 均衡活塞下方通大气。

2. 作用原理

1）常用制动（无电制动参与）

常用制动时，由司机操纵制动控制器，根据制动的不同要求，给出不同级别的制动指令，并使三个常用制动电磁阀 CZF_1、CZF_2 和 CZF_3 产生励磁和失磁的不同组合，三个常用膜板室分别充气或排气。根据其组合的不同，制动缸可得到逐级增加的七个压力值。

当司机操作制动控制器发出 1 级制动指令信号时，即给出“001”指令，这时仅 CZF_1 电磁阀得电励磁。此时，空重车调整阀的输出压力空气经 CZF_1 的下阀口、侧阀口进入 C_1 室，其空气压力将同时作用在上膜板（16）和中膜板（18）上。由于上膜板和中膜板的有效面积比为 7∶6，故常用膜板组受到 1 级向上的作用力，它通过混合器活塞杆（12）传递给作用杆（8），使该作用杆向上移动，首先关闭作用杆顶部的小阀口，进而顶开给排阀（6），打开大阀口（7），使总风缸压力空气经通路（43）、大阀口（7）、通路（20）进入制动缸，同时还有部分压力空气经节流孔（9）进入均衡活塞（10）上侧的 M 室，以平衡膜板组的作用力。

当制动缸的空气压力（也即作用在均衡活塞（10）上侧的空气压力）产生的向下作用力与作用在膜板组上空气压力所产生的向上作用力相平衡时，均衡活塞（10）带动作用杆（8）向下移动，给排阀（6）在其弹簧作用下关闭大阀口（7），七级中继阀处于保压状态，制动缸压力停止上升而保压。制动缸压力如有漏泄可自动得到补充。

2）常用制动缓解

当司机移动制动控制器手柄至“运转位”时，CZF_1 电磁阀无电失磁，C_1 室的压力空气经 CZF_1 上方排气孔排向大气，均衡活塞（10）在制动缸空气压力作用下向下移动，作用杆（8）离开给排阀（6），开启大阀口，开通了由制动缸经通路（20）到达大阀口，再经作用杆（8）的空心通大气，制动缸压力空气排向大气，车辆随之呈缓解状态。

1~7 级的常用制动及缓解作用的动作过程完全一样，只是不同级别的常用制动可以得到不同的制动缸压力。常用制动 1~7 级电磁阀励磁和失磁及各膜板室充气情况汇总表如表8-1所示。

表 8-1　常用制动 1~7 级电磁阀励磁和失磁及各膜板室充气情况汇总表

制动控制器手柄位置		电磁阀励磁、失磁				充气膜板室	输出压力等级	
		CZF	CZF_1	CZF_2	CZF_3			
运转位		○	—	—	—	无	无	无
常用制动区	1	○	○	—	—	C1	7-6	1
	2	○	—	○	—	C2	6-4	2
	3	○	○	○	—	C1+C2	（7-6）+（6-4）	3
	4	○	—	—	○	C3	4	4
	5	○	○	—	○	C1+C3	（7-6）+4	5
	6	○	—	○	○	C2+C3	（6-4）+4	6
	7	○	○	○	○	C1+C2+C3	（7-6）+（6-4）+4	7
紧急制动位		—	—	—	—	E	8	8

注：“○”表示有电励磁，“—”表示无电失磁。

当车辆载重不变，即空重车调整阀输出压力一定时，七级中继阀各级输出压力与空重车调整阀输出压力的关系如图 8-5 所示。

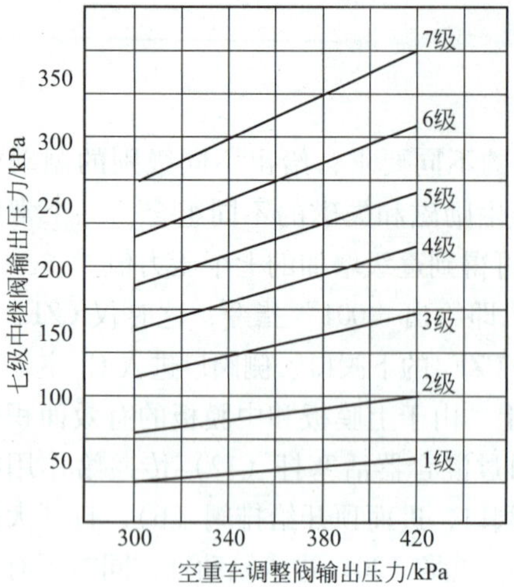

图 8-5　七级中继阀各级输出压力与空重车调整阀输出压力的关系

3）空气制动和电制动配合使用时

空气制动和电制动（再生制动和电阻制动）配合使用时，在一定级别的制动指令情况下，要求当电制动力增加时制动缸压力减小；当电制动力随速度下降而减小时，制动缸压力能自动上升，以补偿电制动力的不足，使总制动力满足制动指令的要求。七级中继阀中的混合器就是起这个作用。

施行常用制动，当电制动充分发挥作用时，相应于电制动力的压力空气由控导阀经通路（13）进入混合器膜板上侧的 N 室，给膜板以向下的作用力。这个向下的作用力与作用在 C1、C2、C3 室的压力空气的向上的作用力相减，其作用力之差便推动均衡活塞（10）上移，使作用杆（8）顶开给排阀（6），打开大阀口（7），总风缸压力空气经通道（20）、大阀口（7）进入制动缸，使制动缸保持 60 kPa左右的预压力，以便克服制动缸缓解弹簧的张力及其他阻力，使闸瓦贴靠车轮，做好随时迅速增加空气制动力的准备。

当电制动力衰减时，N 室的空气压力也随之下降，使 C1、C2、C3 室的向上作用力与 N 室的向下作用力之差值增大，制动缸压力便随之增大，以此来实现空气制动自动补偿电制动的不足，达到制动力符合制动指令的目的。

4）紧急制动

紧急制动电磁阀（简称紧急电磁阀，CZF）是经常带电励磁的。当施行紧急制动时，紧急电磁阀断电失磁，其铁芯被弹簧上推，于是上阀口关闭，下阀口开启。由空重车调整阀输出的压力空气经紧急电磁阀（CZF）内的通路和通路（8）进入七级中继阀 E 室，推动均衡活塞（10）上移，顶开给排阀，打开大阀口，使总风缸的压力空气流向制动缸而发生紧急制动作用。同时，流向制动缸的压力空气也流入均衡活塞（10）上侧室以平衡 E 室的作用力。由于膜板面积的关系，紧急制动时制动缸压力比常用制动七级的制动缸压力高 10%左右。

8.2.3　控导阀

控导阀是一个电-空转换装置，也称 EP 阀。当空气制动和电制动配合使用时，它将电制动检测出的电流信号（代表电制动力的大小）按一定比例关系转换为空气压力信号。此空气压力信号输进七级中继阀后与指令信号比较，以实现空气制动与电制动的协调配合。

1. 构造

控导阀的结构如图 8-6 所示，它主要由空气作用部分和电磁部分组成，共有两条通路。

空气作用部分主要由弹簧（1）、给排阀（2）、作用杆（3）、节流孔（4）、均衡活塞（5）和均衡膜板（6）组成。

电磁部分主要由顶杆（7）、外壳（8）、线圈（9）、铁芯（10）、钢球（11）、引线（12）组成。

它与外界有两条通路：①通路（48）与总风缸相通；②通路（14）与七级中继阀的混合器 N 室相通。

2. 作用原理

当不使用电制动时，控导阀电磁线圈处于无电状态，铁芯连同顶杆处于最下端位置，均衡活塞坐落在顶杆上。此时，七级中继阀混合器的 N 室经通路（14）及控导阀作用杆的空心通路与大气相通。给排阀在其弹簧作用下关闭大阀口，切断总风缸与通路（14）的连通。控导阀没有输出压力信号。

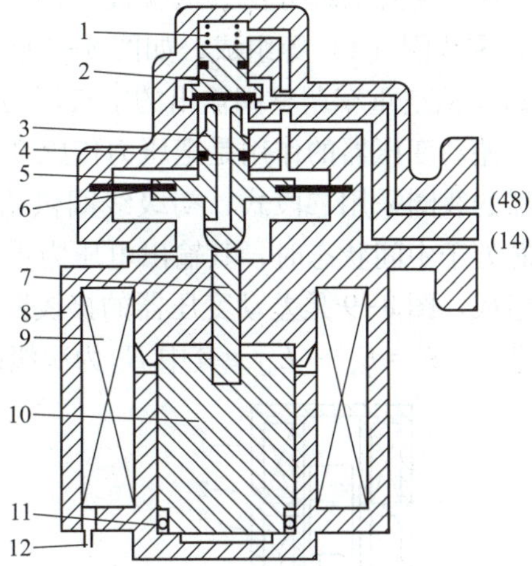

1—弹簧；2—给排阀；3—作用杆；4—节流孔；5—均衡活塞；6—均衡膜板；7—顶杆；8—外壳；9—线圈；10—铁芯；11—钢球；12—引线。

图 8-6　控导阀的构造

当使用电制动时，线圈通电，铁芯被吸上移，推动顶杆、均衡活塞上移，先关闭作用杆的空心通路，继而将给排阀顶开，打开大阀口，于是总风缸压力空气经通路（48）到达开启的给排阀口，再经通路（14）到七级中继阀混合器 N 室，参加运算。与此同时，通路（14）中的压力空气经节流孔（4）充入均衡活塞（5）上腔。当吸引铁芯的力与均衡活塞（5）上腔压力空气所产生的作用力平衡时，给排阀（2）在其弹簧作用下关闭阀口，切断总风缸到七级中继阀混合器 N 室的供气通路，控导阀呈保压状态。

当电制动力增大，从而使控导阀线圈内电流增大时，铁芯再次上移，顶开给排阀，总风缸继续向七级中继阀混合器 N 室供气，N 室空气压力增高；反之，当电制动力减小，从而使控导阀线圈内电流减小时，则 N 室空气压力相应降低。向七级中继阀混合器 N 室供风的空气压力与线圈中的电流有关，电流越大，供风 N 室的空气压力越高；反之，当线圈中的电流减小时，供风 N 室的空气压力就下降。

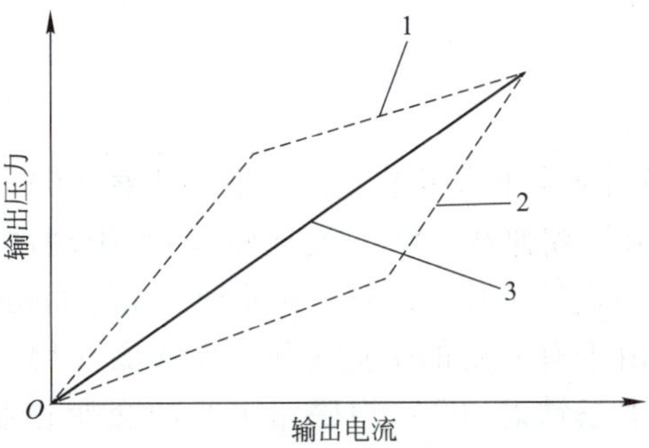

1—控导阀特性；2—控制线路特性；3—综合输出特性。

图 8-7　控导阀与控制线路配合特性曲线

必须指出，控导阀的输出压力与电制动时输出的电流信号不成线性关系（见图 8-7 中曲线 1），这是由磁性材料的特性决定的。为此，采用了一套控制线路（见图 8-7 中曲线 2），使控导阀的输出压力与电制动力具有较好的线性关系（见图 8-7 中曲线 3）。

8.2.4　空电转换器

空电转换器是将空气压力变换成电信号的空电转换装置，它的作用是将空重车调整阀的输出空气压力转换为电信号，以供动车进行牵引和电制动使用，使牵引力和电制动力也随着车辆载重不同而改变。这样一来，空电转换器能根据载重的大小来调整牵引力和电制动（再生制动和电阻制动）的制动力。

1. 构造

空电转换器由压力传感部分和差动变压器部分组成。

压力传感器部分由S形膜板（7）、活塞（6）、顶杆（4）、弹簧（5）、阀体（3）、铁芯（2）和线圈（1）等组成，如图8-8所示。空电转换器仅有一条连通空重车调整阀的通路（32）。从空重车调整阀输出的空气压力经该通路到达活塞（6）下方的腔室内。

差动变压器的作用是把压力传感部分的机械位移量转换为相应的电压或电流值。差动变压器的线圈采用二段式，初级线圈供给400 Hz、24 V交流电；次级的两组线圈是反接的，铁芯处于中间状态时，其输出电压为零。差动变压器部分主要由引线抽头、线圈、铁芯和外壳组成。图8-9是差动变压器的接线图。该图中，E_p 为初级线圈电压，E_s 为次级线圈的输出电压，$E_s=E_{s1}-E_{s2}$，其中 E_{s1} 为次级线圈3、4端电压，E_{s2} 为次级线圈5、6端电压。

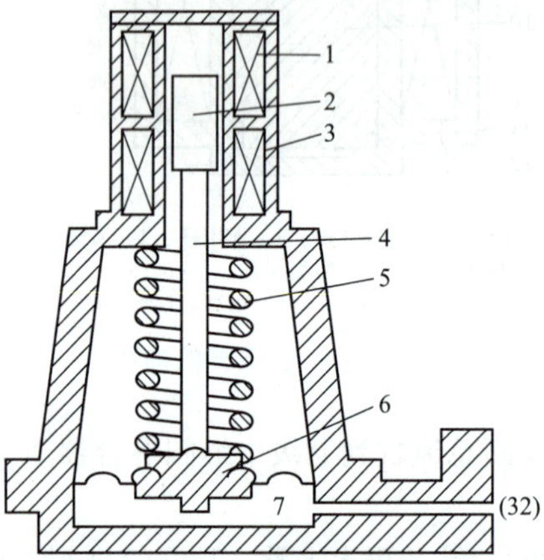

1—线圈；2—铁芯；3—阀体；4—顶杆；5—弹簧；6—活塞；7—S形膜板。

图8-8 空电转换器的构造

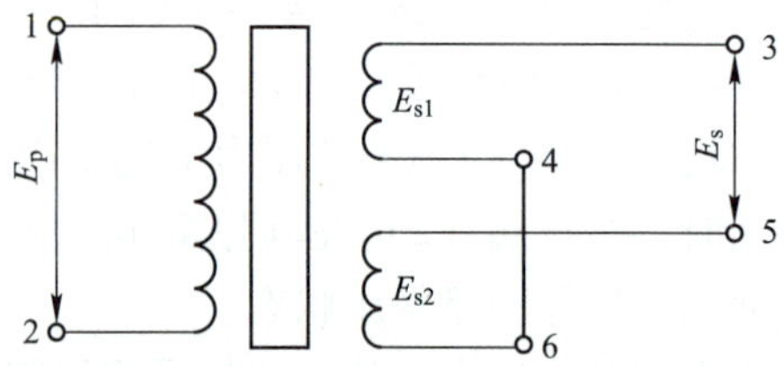

图8-9 差动变压器的接线图

2. 作用原理

空重车调整阀的输出压力经通路进入空电转换器活塞下方的腔室内，推动活塞（6）向上移动，并压缩弹簧（5），使顶杆（4）带动铁芯（2）产生一定的位移。这时，在差动变压器的初级线圈中，由于有一定的交流电压，使线圈（1）励磁，即产生以铁芯（2）为磁路中心的交变磁通，次级线圈感应出交流电压，感应出的次级电压随着铁芯（2）位移而变化。当铁芯（2）在中心位置时，次级线圈的输出电压 E_s 值为零；随铁芯离开中心位置距离增大，次级线圈的输出电压 E_s 值也成比例地增加。反之，当上述位移减小时，则 E_s 值也随之减小。图8-10为空电转换器空气压力与差动变压器输出电压的关系。

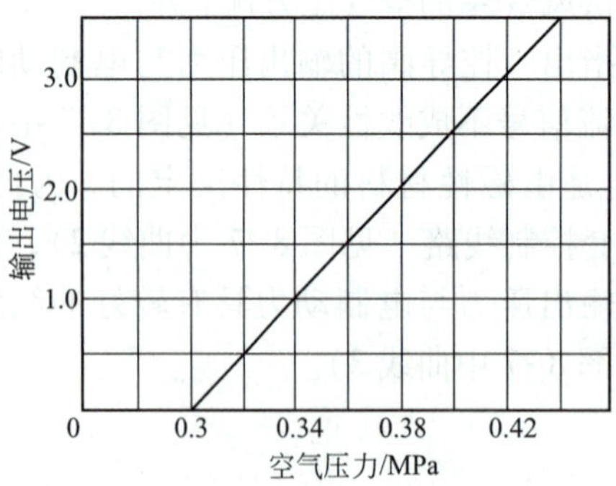

图8-10 空电转换器空气压力与差动变压器输出电压的关系

8.2.5 紧急电磁阀

紧急电磁阀（CZF）是当常用制动发生故障时，为保证行车安全而使列车紧急停车的一种电磁阀。

紧急电磁阀一般在下述情况下产生紧急制动作用：

① 司机控制器手柄转至“紧急制动位”时；

② 整列车中某个车钩分离时；

③ 主控制线路断线时；

④ 常用制动电气指令突然中断时；

⑤ 列车制动控制系统发出紧急制动指令时。

紧急电磁阀是经常带电的制动装置，只有发生紧急制动时才处于失电状态。它的电磁铁可在 79～127 V 的电压范围内工作，其工作电压为直流 110 V，电压波动在 79～124 V 之间。

1. 构造

紧急电磁阀的构造如图 8-11 所示。紧急电磁阀主要由阀体（1）、线圈（2）、铁芯（3）、上阀口（4）、阀（5）、弹簧（6）和下阀口（7）等组成，它有两个通路［即图 8-11 中的（55）和（58）两个接口］，还有一条经上阀口上部直通大气的通路。

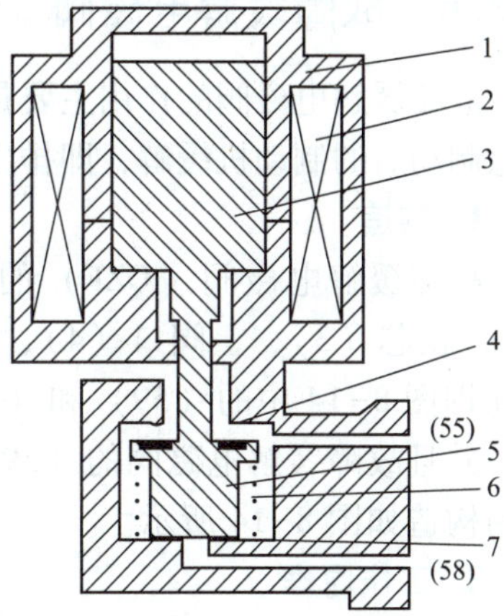

1—阀体；2—线圈；3—铁芯；4—上阀口；5—阀；6—弹簧；7—下阀口。

图 8-11　紧急电磁阀的构造

2. 工作原理

紧急电磁阀带电时，线圈通有 110 V（额定值）的直流电，线圈通电后产生磁力，其铁芯（3）被吸下移，同时阀（5）下移，上阀口（4）开启，下阀口（7）关闭，使通路（55）与大气相通，通路（58）与通路（55）的连接被切断，这样使七级中继阀的 E 室通向大气。

当发生紧急制动时，电磁阀无电失磁，则弹簧（6）推动阀（5），关闭上阀口（4），使通路（58）与通路（55）连通，这样由空重车调整阀输出的压力与七级中继阀的 E 室相通，产生紧急制动作用。

当紧急电磁阀恢复供电后，铁芯（3）又被吸而向下移动，推动阀（5）关闭下阀口（7），切断通路（55）和通路（58）的连接，并使通路（55）与大气相通，七级中继阀 E 室的压力空气经七级中继阀输出接口（58）进入紧急电磁阀的通路（55），再排向大气，制动机缓解。

由于城轨车辆的直流 110 V 电压波动比较大（低压可达 79 V，高压可达 124 V），而空气压力也随着车辆载重的变化而变化，空车时空气压力为 300 kPa，重车时空气压力为 420 kPa。在上述情况下，紧急电磁阀应能可靠地工作。当处于不同空气压力时，紧急电磁阀的启动电压和释放电压曲线如图8-12所示。

由曲线 1 可以看出，当空气压力从 0.1 MPa 上升到 0.5 MPa 时，它的启动电压从 42 V 转变到 50 V，释放电压从 18 V 转变到 24 V。

当直流电压为 124 V 时，电磁阀的温升曲线如图 8-13 所示。由图可以看出，在 124 V 经常带电的情况下温升的最大值为 41.3℃（允许 65℃），这就可以保证紧急电磁阀在长时间带电情况下不致烧坏线圈。

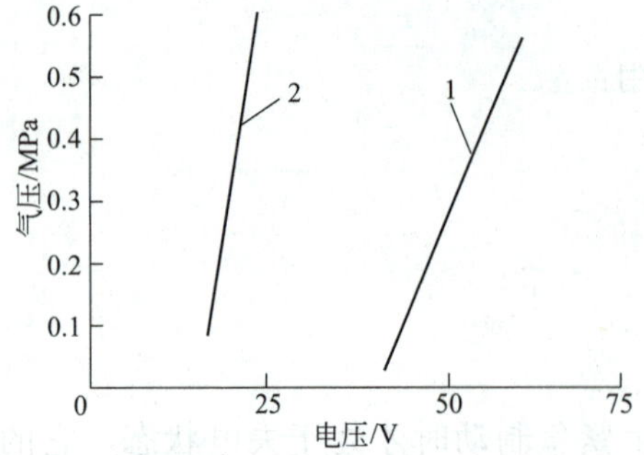

1—启动电压曲线；2—释放电压曲线。

图 8-12 紧急电磁阀的启动电压和释放电压曲线

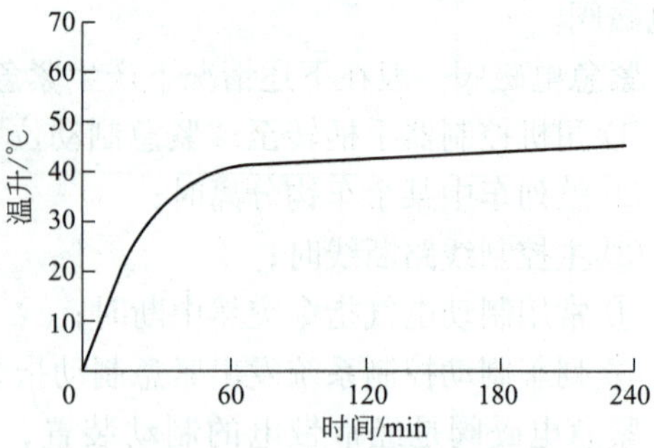

图 8-13 电磁阀的温升曲线

8.2.6 故障缓解电磁阀

故障缓解电磁阀的作用主要是切断由空重车调整阀到紧急电磁阀的空气通路，并可以使紧急制动后的制动机缓解，即排出七级中继阀 E 室内的压力空气。

1. 构造

故障缓解电磁阀（QZF）的构造与紧急电磁阀完全相同，主要由阀体（1）、线圈（2）、铁芯（3）、上阀口（4）、阀（5）、弹簧（6）和下阀口（7）等组成，它有两个接口［即图 8-14 中的（59）和（62）两个接口］，还有一条经上阀口上部直通大气的通路，并且故障缓解电磁阀的（59）通路与紧急电磁阀的（58）通路相通。故障缓解电磁阀的构造如图 8-14 所示。

2. 工作原理

在常用制动系统能正常使用时，故障缓解电磁阀始终处于失电状态。只有当紧急制动后而常用制动又不能正常使用需改用备用制动系统时，才使用故障缓解电磁阀进行缓解，缓解后改用备用制动系统。

缓解时使故障缓解电磁阀得电励磁，铁芯（3）被吸下移，带动阀（5）下移，开启上阀口（4），关闭下阀口（7）。故障缓解电磁阀的（59）通路与大气相通，同时通路（62）与通路（59）的连接被切断。由于故障缓解电磁阀的上通道（59）与紧急电磁阀的下通道（58）连通，因此就能将紧急制动后七级中继阀中 E 室的压力空气通过连通的紧急电磁阀的（55）通道到（58）通道，再到故障缓解电磁阀（59）通道，经上阀口（4）与大气连通，从而使车辆强迫缓解。在使用备用制动系统的过程中，故障缓解电磁阀一直保持在励磁状态。

故障缓解电磁阀励磁，排出紧急制动后的制动缸压力空气，同时切断了空重车调整阀至紧急制动后电磁阀的空气通路。

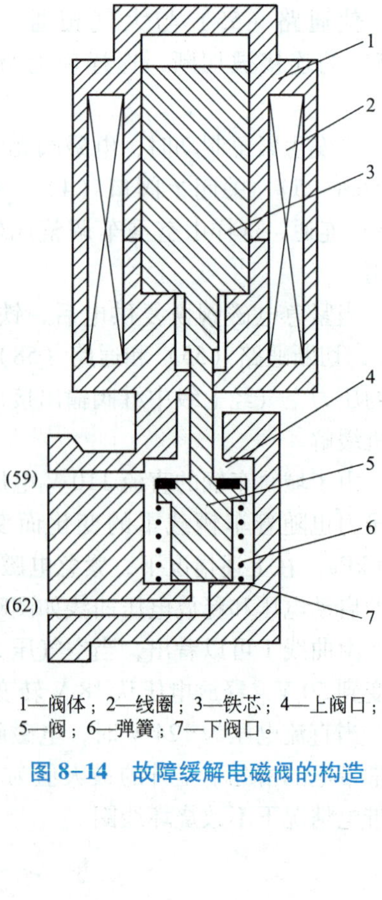

1—阀体；2—线圈；3—铁芯；4—上阀口；5—阀；6—弹簧；7—下阀口。

图 8-14 故障缓解电磁阀的构造

8. 2. 7　备用电磁阀

为了确保行车安全，城轨车辆上必须设置备用制动系统。当常用制动系统因故障不能使用时，启用备用制动系统，以保证乘客和列车的安全。

1. 构造

备用制动系统中的备用电磁阀有两个，分别为备用制动电磁阀（BZF_1）和备用保压电磁阀（BZF_2），它由 MFZ1-4D 型 110 V 直流电磁阀和由 O 形密封圈柱塞阀构成的压力供排部分组成。

备用制动系统属直通型的电空制动，它根据两个电磁阀通电时间长短来获得不同的制动缸压力。两个电磁阀的交替励磁，可以获得阶段制动和阶段缓解。

备用制动电磁阀（BZF_1）和备用保压电磁阀（BZF_2）的结构形式基本相同，它们主要由阀体、线圈、铁芯、柱塞、O 形密封圈和弹簧等组成，如图 8-15 所示。

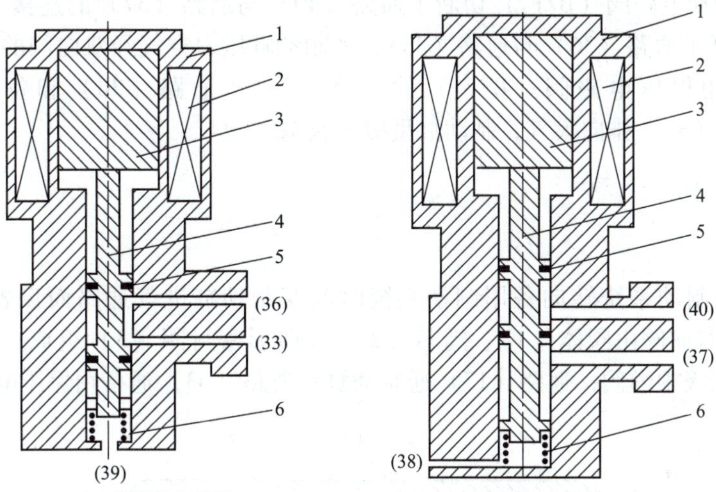

(a) 备用保压电磁阀　　(b) 备用制动电磁阀

1—阀体；2—线圈；3—铁芯；4—柱塞；5—O形密封圈；6—弹簧。

图 8-15　备用电磁阀的构造

2. 工作原理

备用制动电磁阀（BZF_1）有三条通路：通路（40）通向总风缸管；通路（37）与备用保压电磁阀（BZF_2）的通路（36）相连通；通路（38）通向大气。当备用制动电磁阀（BZF_1）失电时，柱塞（4）在弹簧（6）的作用下上移，通路（37）与通路（40）的连接被切断，通路（37）与（38）相通，同时通路（38）通大气；当备用制动电磁阀（BZF_1）得电时，铁芯（3）被吸下移，压迫柱塞（4）下移，使通路（37）与通路（40）相通，通路（37）与通路（38）的连接被切断。

备用保压电磁阀（BZF_2）也有三条通路：通路（36）连通备用制动电磁阀的通路（37）；通路（33）连通双向阀和安全阀并通向制动缸，通路（39）通向大气。当备用保压电磁阀（BZF_2）失电时，柱塞（4）受弹簧（6）的反力作用向上移动，通路（36）与通路（33）相通，通路（39）通大气；当备用保压电磁阀（BZF_2）得电时，铁芯（3）被吸下移，压迫柱塞（4）下移，通路（36）与通路（33）的连接被切断，通路（33）与通路（39）相通，同时通路（39）通大气。

注意： 当使用备用制动系统时，应首先把备用开关置于“缓解位”，然后再进行制动和缓解作用。

当备用开关置于“制动位”时，备用制动电磁阀（BZF_1）励磁，铁芯（3）被吸下，压迫柱塞（4）下移，连通通路（40）与通路（37），关闭通路（37）通大气的通路，备用保压电磁阀（BZF_2）失磁，通路（36）与通路（33）相通，从总风缸来的压力空气经两个电磁阀，再经双向阀进入制动缸，产生制动作用。

当备用开关置于“保压位”时，备用制动电磁阀（BZF_1）失磁，柱塞受弹簧的反力作用向上移动，切断通路（40）与通路（37）的连接，备用保压电磁阀（BZF_2）励磁，铁芯被吸下，压迫柱塞下移，切断了通路（36）与通路（33）的连接，停止向制动缸供风，制动缸处于保压状态。

当备用开关置于“缓解位”时，备用制动电磁阀（BZF_1）和备用保压电磁阀（BZF_2）均失磁，备用制动电磁阀（BZF_1）切断了通路（40）与通路（37）的连接，备用保压电磁阀（BZF_2）沟通了通路（36）与通路（33），使制动缸压力空气经双向阀的通路（17）、通路（63）及备用保压电磁阀（BZF_2）的通路（33）、通路（36）和备用制动电磁阀（BZF_1）的通路（37）排向大气，制动缸呈缓解状态。

8.2.8 双向阀

1. 构造

双向阀是为制动系统转向备用制动系统时改变制动缸进气通路而设置的，其构造如图 8-16 所示。双向阀由阀体（1）、阀芯（2）和 O 形密封圈（3）组成。它有三个通路：通路（19）通七级中继阀；通路（17）通制动缸；通路（63）通备用保压电磁阀（BZF_2）。

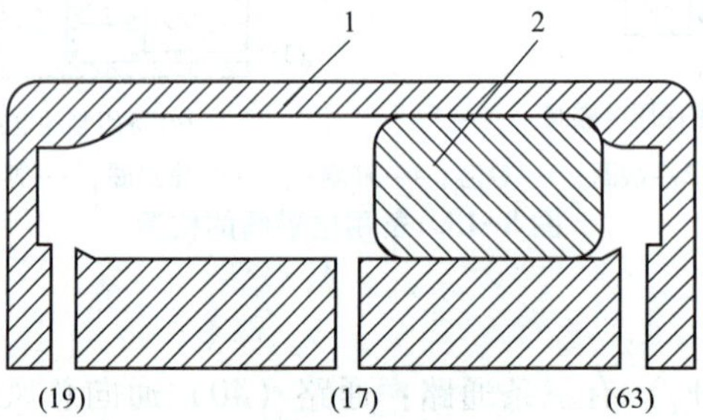

1—阀体；2—阀芯。

图 8-16 双向阀的构造

2. 工作原理

当七级中继阀产生制动作用时，七级中继阀的输出压力经过通路（19）进入双向阀阀芯的左端，将阀芯推向右方，切断备用制动系统通制动缸的通路，压力空气沿通路（19）和通路（17）进入制动缸；反之，也可以使制动缸的压力空气反方向排向大气。

当使用备用制动系统时，总风缸的压力空气经备用制动电磁阀（BZF_1）和备用保压电磁阀（BZF_2），由通路（63）进入双向阀阀芯的右端，将双向阀阀芯推向左方，切断通向七级中继阀的通路（19），使总风缸传来的压力空气沿通路（63）和通路（17）进入制动缸；反之，也可使制动缸的压力空气反方向排向大气。

8.2.9 安全阀

使用备用制动系统时，因总风缸管直接向制动缸充风，为防止制动缸压力过高而设置了安全阀。安全阀由调整螺柱（1）、阀体（2）、弹簧（3）和钢球（4）组成（见图8-17）。

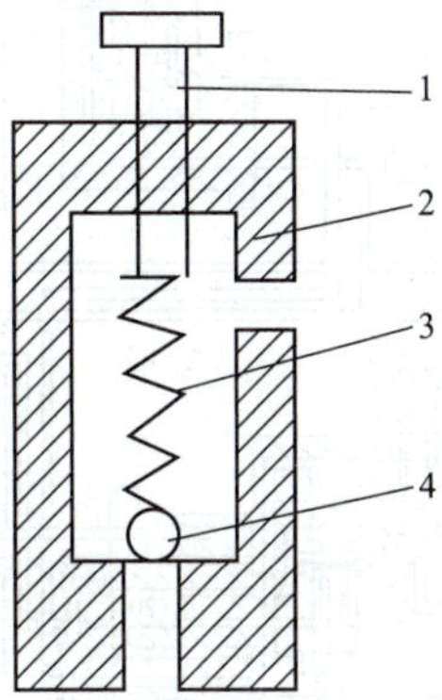

1—调整螺柱；2—阀体；
3—弹簧；4—钢球。

图8-17 安全阀的构造

当使用备用制动系统时，若制动缸压力超过规定压力（规定压力值为3.0 MPa），压力空气推开钢球并压缩弹簧，将超过规定压力的空气排向大气。调整螺柱可以调整弹簧对钢球的压力，通常调到规定的安全压力。压力调好后应施加铅封。

任务8.3 SD型电空制动机的综合作用

【学习目标】

① 理解并掌握SD型电空制动机的综合作用原理。
② 掌握缓解（运转）位、常用制动位、紧急制动位、备用制动的作用原理。

【教学环境】

可利用多媒体设备进行直观的理论教学，利用图片和录制的视频进行初步认知教学，也可以到现场参观城轨车辆实训设备或实物。

【教学设施】

教学用的PPT、视频以及相关教学引导资料。

【理论模块】

SD型电空制动机的综合作用原理如图8-18所示。

8.3.1 缓解（运转）位

当司机将制动控制器手柄置于“缓解（运转）位”时，七级中继阀的常用电磁阀

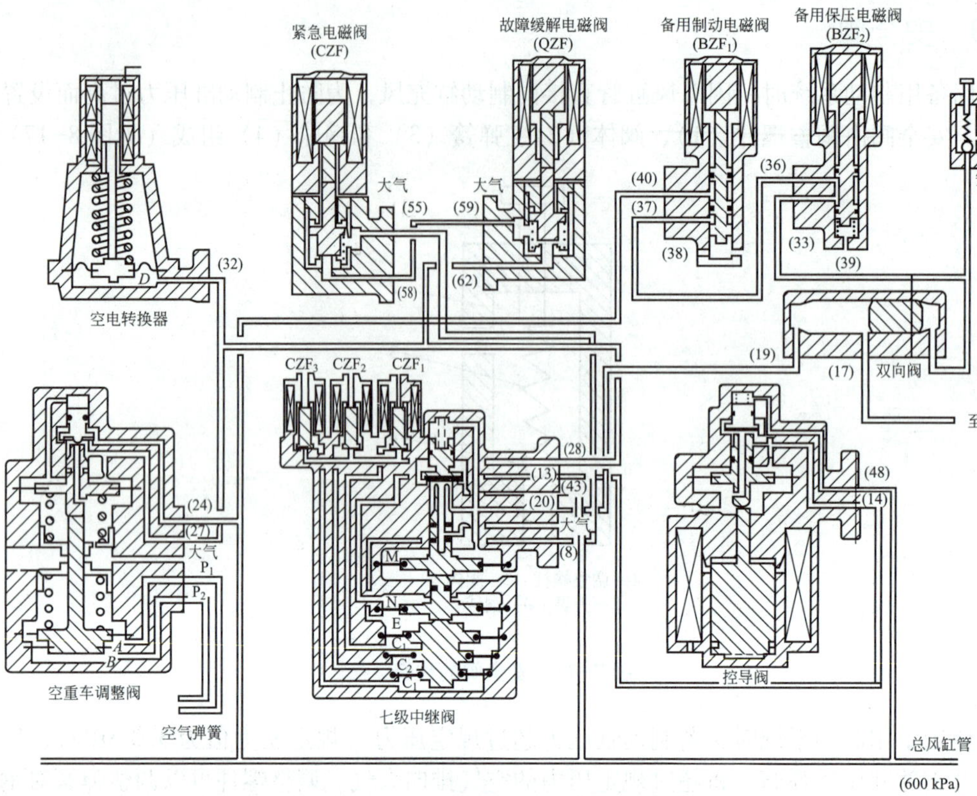

图 8-18　SD 型电空制动机综合作用原理

CZF_1、CZF_2、CZF_3 均失磁，仅常带电的紧急电磁阀（CZF）励磁。七级中继阀各膜板室的压力空气分别由各常用电磁阀的排气口排向大气，制动缸压力空气经双向阀、七级中继阀的空心通路排向大气，制动机呈缓解状态，这时其空气通路如下。

① 七级中继阀膜板室 C_1、C_2、C_3 的压力空气分别通过 CZF_1、CZF_2、CZF_3 通向大气。七级中继阀 E 室的压力空气经通路（8）和通路（55）进入紧急电磁阀后再通向大气。七级中继阀 N 室的压力空气经输出口（13）和控导阀输入口（14），再经控导阀作用杆的空心通路通向大气。

② 制动缸的压力空气经双向阀的通路（17）和通路（19）与七级中继阀的输入口（20）进入七级中继阀的作用杆空心通路，再通向大气。

③ 空重车调整阀根据空气弹簧的压力（即车辆载重）输出相应压力的压力空气，经下列通路输送到各处，以备应用：

a）通过空重车调整阀的输出口（27）进入七级中继阀的输入口（28），到 CZF_1、CZF_2、CZF_3 的下阀口；

b）通过空重车调整阀的输出口（27）经空电转换器输入口（32）到 D 室；

c）通过空重车调整阀的输出口（27）经故障缓解电磁阀输入口（62）和输出口（59），再到紧急电磁阀输入口（58），至紧急电磁阀的下阀口。

此时，控导阀、备用制动电磁阀、备用保压电磁阀和故障缓解电磁阀均不发生作用。

8.3.2　常用制动位

常用制动位分为不与电制动配合使用和与电制动配合使用两种工况。

1. 不与电制动配合使用

在不与电制动配合使用的工况下，制动控制器手柄在常用制动 1~7 级时，七级中继阀的三个电磁阀交替励磁和失磁，制动缸可以得到七个级别的制动压力。此时，紧急电磁阀仍处于励磁状态，其空气通路如下：空重车调整阀经输出口（27）和输入口(28）进入七级中继阀的 CZF_1、CZF_2、CZF_3 和 C_1、C_2、C_3 各气室。由于 C_1、C_2、C_3 室充气，膜板组上移，作用杆推开给排阀，打开下列通路：

① 总风缸管的压力空气经七级中继阀输入口（43）进入给排阀口，再经输出口（20）、输入口（19）进入双向阀，再通过输出口（17）进入制动缸；

② 总风缸管的压力空气经七级中继阀输入口（43）进入平衡膜板室 M；

③ 总风缸管的压力空气经七级中继阀输入口（43）进入给排阀柱塞上方。

其他通路与“运转位”相同。此时，车辆处于制动状态。

提示：当制动控制器手柄在“制动位”由 1 级至 7 级逐级移动时，制动机将发生阶段制动作用；而由 7 级至 1 级逐级移动时，制动机将发生阶段缓解作用。

2. 与电制动配合使用

在与电制动配合使用的工况下，制动控制器手柄在常用制动 1 级至 7 级之间移动，电制动发生作用。这时经制动电流检测线路检测出的电制动电流信号送入控导阀，通过控导阀把电流信号转换成空气压力，进入七级中继阀的混合器，其空气通路如下：

① 总风缸管经输入口（48）进入控导阀的给排阀，再通过输入口（14）、输出口（13）进入七级中继阀混合器 N 室；

② 总风缸管经输入口（48）进入控导阀的给排阀，再进入平衡膜板上侧室；

③ 进入七级中继阀混合器 N 室的压力空气向下的作用力与膜板组向上的作用力相减之后，此作用力之差使膜板上移，作用杆顶开给排阀，总风缸向制动缸充气。制动缸压力即为补偿电制动力不足所需要的压力。

8.3.3　紧急制动位

当制动控制器手柄置于“紧急制动位”时，七级中继阀的三个常用制动电磁阀全部失磁，紧急电磁阀也失磁，制动机发生紧急制动作用，其空气通路如下：空重车调整阀经（27）、（62）口进入故障缓解电磁阀，再经（59）、（58）口进入紧急电磁阀，再通过（55）、（8）口进入七级中继阀 E 室。由于 E 室充气，混合器活塞向上移动，作用杆被推上移，顶开给排阀，打开下列通路：

① 总风缸管经（43）口到七级中继阀的给排阀口，再经（20）、（19）口进入双向阀，再通过（17）口进入制动缸；

② 总风缸管经（43）口到七级中继阀的给排阀口，再到 M 室；

③ 总风缸管经（43）口到七级中继阀的给排阀口，再到给排阀柱塞上侧室。

制动缸可得到较常用制动 7 级时高 10%左右的压力。当正常制动系统或电气线路部分发生故障、列车分离或不按规定放置头、中、尾开关时，紧急电磁阀失电，发生紧急制动作用。当列车正处于常用制动状态而发生紧急制动时，三个常用制动电磁阀断电失磁，膜板室

C_1、C_2、C_3 中的压力空气都排向大气，仅 E 室充有压力空气，这就避免了紧急制动和常用制动同时作用。

8.3.4 备用制动

在使用正常制动系统时，备用开关应置于“运转位”，备用制动电磁阀（BZF_1）和备用保压电磁阀（BZF_2）均无电，其铁芯和柱塞都处于上端位置。其通路是：总风缸管经（40）口到备用制动电磁阀（BZF_1）。

故障缓解电磁阀（QZF）也处于无电失磁状态，其铁芯处于上端位置，故通大气的通路被切断，（62）口至（59）口通路开放。

运行中，当正常制动装置失灵时，司机可操纵备用制动装置继续列车运行。

备用开关共有四个工作位，即运转位、故障缓解位、保压位和制动位。操纵备用开关时，备用制动电磁阀（BZF_1）、备用保压电磁阀（BZF_2）和故障缓解电磁阀（QZF）的励磁和失磁情况如表 8-2所示。

表 8-2 备用制动系统电磁阀状态

操纵位置	备用制动电磁阀（BZF_1）	备用保压电磁阀（BZF_2）	故障缓解电磁阀（QZF）
运转位	—	—	—
故障缓解位	—	—	○
保压位	—	○	○
制动位	○	—	○

注：“○”表示有电励磁；“—”表示无电失磁。

1. 运转位

在使用正常制动装置时，备用开关应置于“运转位”，BZF_1 和 BZF_2 均无电，其铁芯和柱塞均处于上位，通路是：总风缸管→（40）→BZF_1。故障缓解电磁阀（QZF）也失电，其铁芯处于上位，故通大气的通路被切断，（62）→（59）通路连通。

2. 故障缓解位（1）

当正常制动装置因故失灵发生紧急制动后，使用备用制动装置时，先将备用开关置于“故障缓解位”，故障缓解电磁阀（QZF）通电励磁，铁芯被吸下，其阀关闭通路（62），连通下列通路：七级中继阀 E 室→（8）→（55）→紧急电磁阀（失磁）→（58）→（59）→故障缓解电磁阀（QZF）阀口→大气。E 室压力空气排入大气，因而制动缸压力空气经（17）→双向阀→（19）→（20）→七级中继阀作用杆（已下移）空心通路排向大气。

3. 制动位

备用开关置于“制动位”时，BZF_1 及 QZF 均通电励磁，而 BZF_2 断电失磁，于是连通以下通路：

总风缸管→（40）→BZF_1→（37）→（36）→BZF_2→（33）⟶ [安全阀 ；（63）→双向阀→（17）→制动缸]

4. 保压位

备用开关置于“保压位”时，BZF_1 断电失磁，BZF_2、QZF 通电励磁。接口（40）与（37）、（36）与（33）的通路均被切断，制动缸压力停止上升，呈制动保压状态。

5. 制动缓解位（2）

当备用开关置于“故障缓解位”时，BZF_1 和 BZF_2 均断电失磁，于是连通以下通路：

制动缸→（17）→双向阀→（63）→（33）→BZF_2→（36）→（37）→BZF_1→（38）→大气

复习思考题 8

1. 什么是 SD 型电空制动机？有何特点？
2. SD 型电空制动机主要由哪几部分组成？
3. 什么是制动控制器？
4. SD 型电空制动机系统中七级中继阀的作用是什么？
5. 空重车调整阀、空电转换器、紧急电磁阀、备用电磁阀、故障缓解电磁阀、控导阀、安全阀的主要作用是什么？
6. 简述 SD 型电空制动机的基本作用原理。
7. SD 型电空制动系统常用制动是怎样形成的？
8. SD 型电空制动系统紧急制动是怎样形成的？
9. SD 型电空制动系统备用制动是怎样形成的？

单元9　HRDA 制动控制系统

【单元概述】

HRDA 制动控制系统由日本纳博克制动机公司研制生产，属于数字指令式系统，其控制技术能适应城轨列车站间距离短，制动、起动频繁的特点，它在本车制动力计算、车辆之间交叉混合制动力计算与分配、电制动与空气制动力的控制与监测、车辆防滑控制等方面均采用微机控制，具有较快的响应速度和较高的控制精度，并可与 ATP 配合，因而是充分考虑安全性而设计的系统。该系统采用数字指令式电空直通制动方式，具有七级常用制动、快速制动、紧急制动以及保压制动等模式，目前北京地铁、天津地铁 B 型车、沈阳地铁 B 型车、西安地铁 2 号线、武汉轻轨和重庆单轨等项目均有采用。

任务 9.1　HRDA 制动控制系统的组成及主要部件作用原理

【学习目标】

① 熟知城轨车辆 HRDA 制动控制系统的组成。
② 掌握电子制动控制单元（EBCU）和制动控制单元（BCU）的主要组成及功能。

【教学环境】

可利用多媒体设备进行直观的理论教学，利用图片和录制的视频进行初步认知教学，也可以到现场参观城轨车辆实训设备或实物。

【教学设施】

教学用的 PPT、视频以及相关教学引导资料。

【理论模块】

9.1.1　HRDA 制动控制系统组成

HRDA 制动控制系统主要由供风单元、电子制动控制单元（EBCU）、制动控制单元（BCU）、防滑控制单元以及停放单元等组成。其中，制动控制单元由常用制动系统和紧急制动系统组成。如图 9-1 所示。

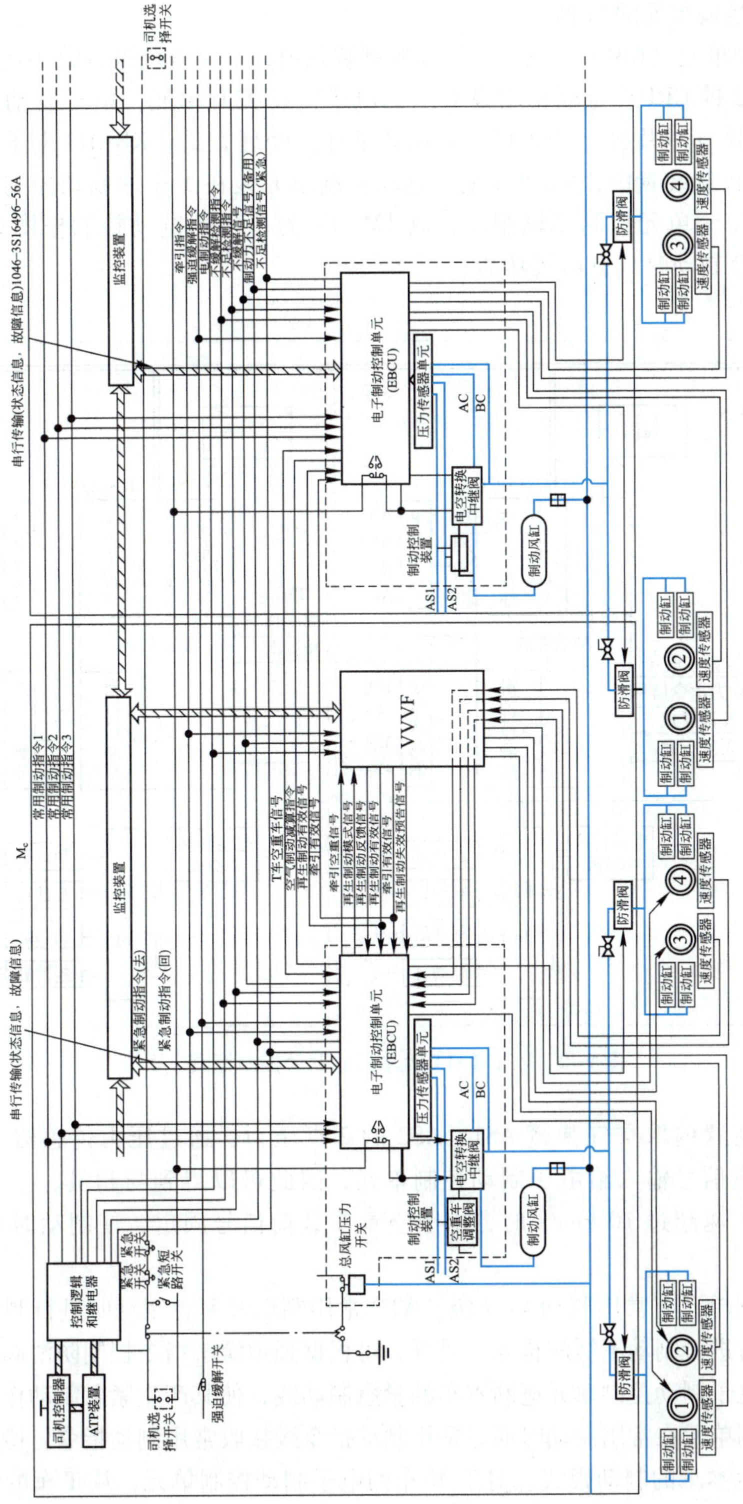

6辆编组：Mc–T–M–T*–T–Mc

8辆编组：Mc–T–M–T*–M–T*–T–Mc

图 9-1　HRDA 制动控制系统的组成

9.1.2 电子制动控制单元

1. 电子制动控制单元的功能

电子制动控制单元（EBCU）安装在制动控制装置内，采用微机进行数字运算，装有控制系和监视系的 2 种 CPU。每辆车均设有 1 套电子制动控制单元。电子制动控制单元以 16 位单片微处理器（单片机）为主机，采用数字计算处理方式。KBCD3 电子制动控制单元装在 M 车制动控制装置内，KBCD4 电子制动控制单元装在 T 车的制动控制装置内，以 1M-1T 或 1Mc-1T 为单元控制车辆制动，以 1M-1T 为单元的制动控制框图如图 9-2 所示。另外，在紧急制动时具有后援功能。

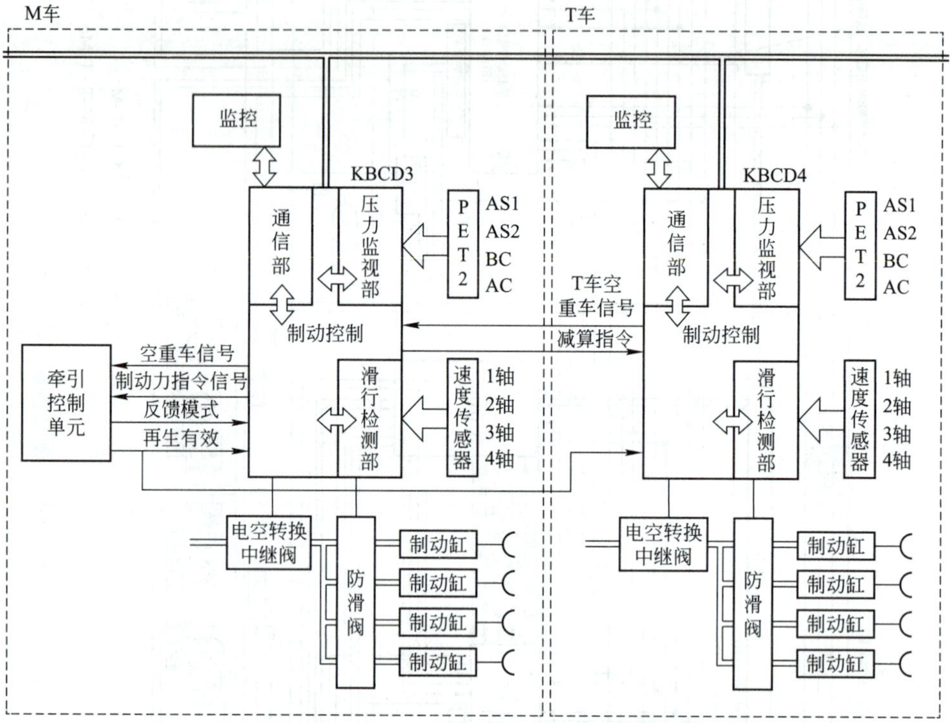

图 9-2 以 1M-1T 为单元的制动控制框图

在制动控制装置内取空气弹簧 AS1、AS2 的 2 点压力，通过压力传感器完成空电变换，把转换后的电信号输入给电子制动控制单元，因此可以得到与超员、空车无关的稳定的制动率。在车速超过 10 km/h 时，由于空重车载荷信号固定，使制动时车辆的稳定性提高。

电子制动控制单元有常用制动 4~7 级。ATP 常用制动及紧急制动时进行制动力不足检测，在制动缓解时进行制动不缓解检测。另外，可根据强迫缓解指令控制防滑阀。在检测到制动力不足时，电子制动控制单元遮断本车的紧急制动线，使其产生紧急制动作用。

电子制动控制单元在常用制动时通过常用制动指令线接收常用制动指令，检测 2 个空气弹簧的压力，产生本车的制动模式。对于 M 车的电子制动控制单元，从 T 车的电子制动控制单元得到 T 车的车载信号，产生 M-T 单元的制动模式信号，向主回路控制单元（以下简称 VVVF）输出再生制动模式信号。然后从 VVVF 接收再生制动的反馈指令，进行电空协调配合控制。这时，进行 M-T 单元的制动力补足计算，对 T 车优先计算空气制动补足模式。将这个 T 车补足模式作为减算指令传送给 T 车的电子制动控制单元。对于 T 车，本装置接收从 M 车电子制动控制单元传送来的空气制动减算指令，进行本车的空气制动补足模式计算。

制动时，一方面，电子制动控制单元根据常用制动指令，再加入本车及 T 车的空重车信号，进行制动力模式计算，作为再生制动力信号送给 VVVF；另一方面，在从 VVVF 按收到再生制动反馈指令时，将来自 VVVF 的再生制动等价信号作为有效信号进行电空计算，补足部分用空气制动力，以 T 车优先延时投入的控制方式，在控制本车的电空转换中继阀的同时向 T 车输出减算指令。

另外，电子制动控制单元具有滑行检测控制功能。当检测到车轮滑行时，控制防滑阀降低制动缸内的压力，使滑行的车轮恢复转动。

电子制动控制单元可监视制动时制动缸内的压力，如果制动缸内的压力不能上升到规定压力，可对每辆车进行控制，使之转入后援制动。

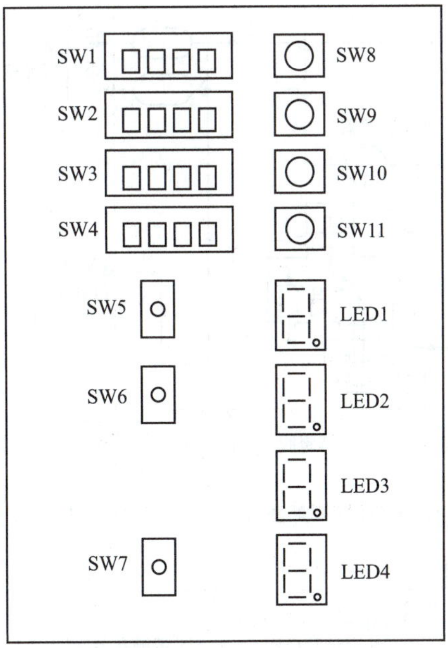

SW1~SW4—4 极滑动开关；
SW5~SW7—肘节开关；
SW8~SW11—旋转开关；
LED1~LED4—LED 显示装置。

图 9-3　电子制动控制单元前面板上的各种开关及 LED 显示装置

除此之外，电子制动控制单元还有下列功能：

① 本装置由预控压力反馈控制，通过控制制动电磁阀电流来控制制动力，由控制系统微机完成；

② 本装置接收 4 个轴的速度信号，控制各转向架的防滑阀，进行滑行检测和再黏着控制；

③ 本装置监视制动缸压力，检测不缓解和制动力不足，制动力不足时自动产生紧急制动，不缓解时车辆的制动可以强制地被缓解，由监视系统微机完成；

④ 本装置采用串行传输方式，在向监控装置传送各种信息的同时，还可以用 7 段 LED 表示各种状态信息，由控制系统微机完成。

2. 电子制动控制单元的构成

电子制动控制单元如前所述那样整体集成在制动控制装置内，直接安装在管路安装板上。电子制动控制单元内有 3 块印刷电路板，分别为电源电路板、接口电路板、CPU 线路板。这些电路板之间用插座进行电路连接。各电路板前面的插座与制动机箱相连接。

另外，在电子制动控制单元的前面板上设有各种开关及 LED 显示装置，如图 9-3 所示。

9.1.3　制动控制单元

制动控制单元（BCU）由气路板及安装在气路板上的相关气动部件组成，包括电空转换中继阀、紧急电磁阀、空重车调整阀、压力传感器单元以及总风缸压力开关（仅 Mc 车安装）等。制动控制单元作用原理如图 9-4 所示。下面对前 3 个部件进行重点介绍。

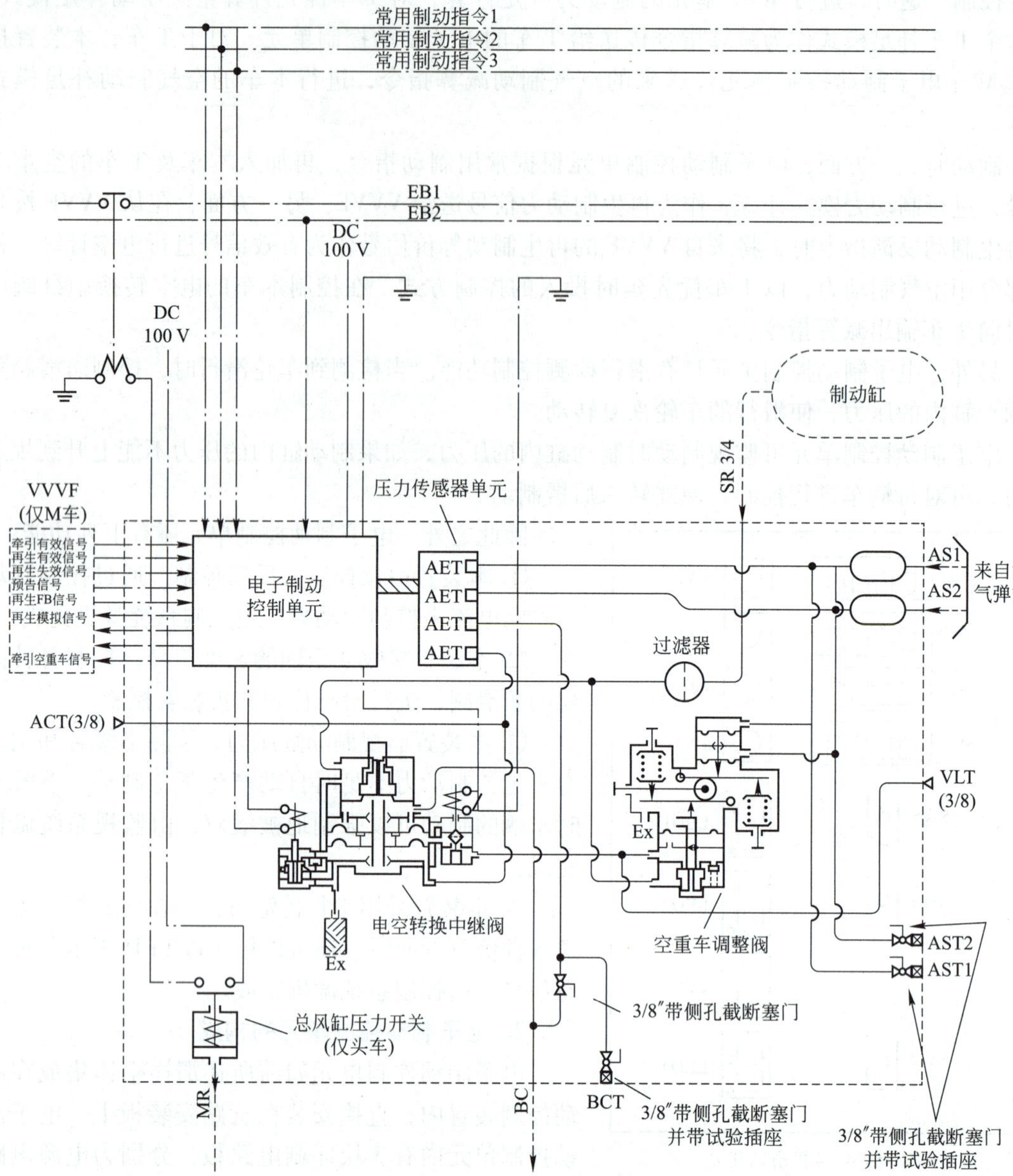

图 9-4 制动控制单元作用原理

1. 电空转换中继阀

电空转换中继阀安装在空气控制装置内，它由电磁线圈和给排阀等零部件构成。它的主要作用是将电气指令变成空气压力信号，其输出压力（AC 压力）由电子制动控制单元采用闭环反馈控制，AC 压力输入到中继阀的控制室进行流量放大，并将这个放大流量的压力空气送给制动缸，产生常用制动力。

为防止在缓解时 AC 压力随电空转换中继阀温度的变化而变化，需要加偏流进行缓解补偿。另外，为补偿 AC 压力上升和下降时所产生的压力差（约 30 kPa），即使是对于相同的制动级别，也要供给不同的电空转换中继阀电流，以保证输出正确的 AC 压力。

中继阀设在制动控制装置内，由给排阀杆、给排阀、复位弹簧等构成。它将电空转换阀输出的 AC 压力和紧急电磁阀输出的紧急制动压力作为控制压力，向增压缸提供与此控制压力相应的增压缸空气压力。EPR2A 型电空转换中继阀的工作原理如图 9-5 所示。

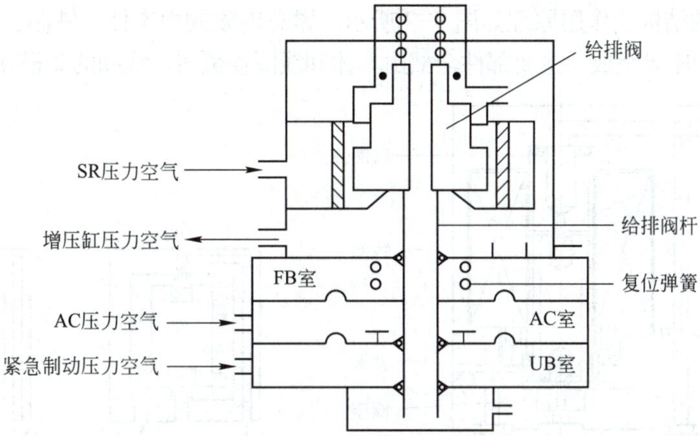

图 9-5　EPR2A 型电空转换中继阀的工作原理

在常用制动及非常制动时，从电空转换中继阀送来的 AC 压力空气进入 AC 室；在紧急制动时，从紧急电磁阀送来的紧急制动压力空气进入 UB 室。这些压力空气进入后，使给排阀杆上移，顶开给排阀，由于给排阀的开启使 SR 压力空气通过给排阀口变为增压缸压力空气（制动作用）。

另外，增压缸压力空气还流入 FB 室产生反馈作用，当增压缸空气压力上升到与 AC 压力或紧急制动压力相同时，给排阀下移，关闭阀口，SR 压力空气停止向增压缸的流动（保压状态）。这时的增压缸空气，不论 AC 压力或紧急制动压力多大，均与之相同。反之，制动缓解时，AC 压力或紧急制动压力降低，导致给排阀杆下移，离开给排阀，增压缸压力空气从给排阀杆内部通路排入大气，呈缓解状态。

EPR2A 型电空转换中继阀是一种通过两个平板簧动作的叠式阀。这种中继阀可根据用风工作压力（此压力由流量控制电磁阀进行控制）的比例向制动缸充气或排气。

2. 空重车调整阀

空重车调整阀在全电气指令的制动装置中使用，它检测根据乘客多少进行变化的空气弹簧压力作为车辆重量，使空气制动压力根据此时的车辆重量来增减，对同一制动指令得到与乘客多少无关的相对应的减速度。空重车调整阀的作用原理如图 9-6 所示。

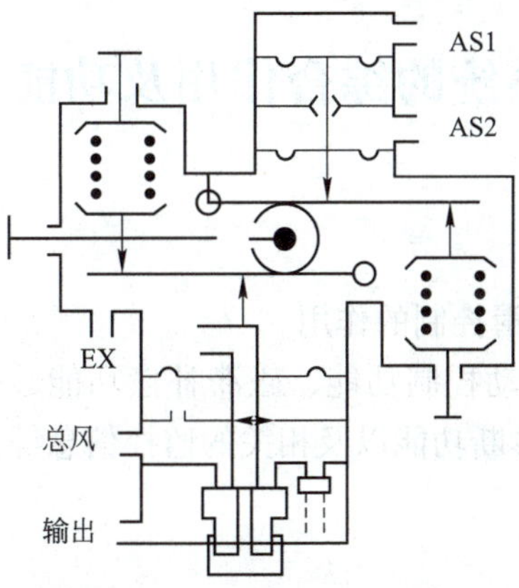

图 9-6　空重车调整阀作用原理

空重车调整阀输入 2 个空气弹簧的压力信号（AS1，AS2），进行计算后，将代表车重的压力空气送给电空转换中继阀。此压力空气在紧急制动时，通过紧急电磁阀输送到电空转换中继阀进行流量放大，送给制动缸产生紧急制动作用。

3. 紧急电磁阀

1）特征

紧急电磁阀是以小型、轻量为主要目的设计的 ON/OFF 型电磁阀，具有下述特征：

① 因为是直动型，所以响应性好；

② 橡胶阀、O 形密封圈的使用及部件的个数较少，容易维护。

2）结构

紧急电磁阀的结构及作用原理如图 9-7 所示。紧急电磁阀由本体、铁芯、电磁芯棒、线圈、线圈盖、弹簧、阀座等组成，主要部件全部由本体和线圈盖覆盖。线圈的 2 根导线露在上部。

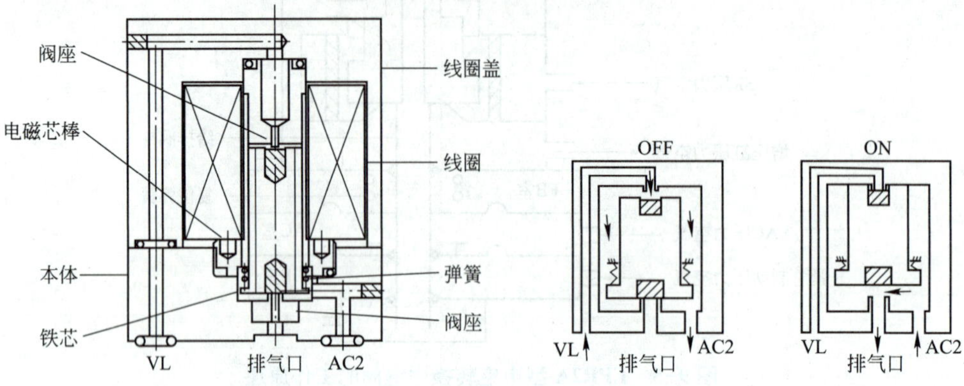

图 9-7 紧急电磁阀的结构及作用原理

3）作用

（1）供气作用

如果线圈消磁，铁芯被弹簧力压到下方，脱离电磁芯棒上部的阀座，在电磁芯棒下部的阀座上就位。因此，断开了与排气口和 AC2 的连接，排气停止的同时，VL 空气经过通路 VL—AC2 向 AC2 侧供气。

（2）排气作用

如果在线圈上施加电流，铁芯就会克服弹簧作用力被磁力吸上，脱离电磁芯棒下部的阀座，在电磁芯棒上部的阀座上就位。因此，断开了与 AC2 和 VL 的连接，断开 VL 空气的同时，AC2 空气经过通路 AC2—排气口从排气口向大气排出。

任务 9.2 HRDA 制动控制系统的综合作用及功能

【学习目标】

① 熟知 HRDA 制动控制系统常用制动、紧急制动、防滑控制的作用。

② 理解并掌握载荷调整功能、电空制动控制策略、冲动控制功能、磁滞补偿功能、初充功能、电制动失效预告控制功能、不缓解检测功能、自诊断功能以及相关的监控信息等。

【教学环境】

可利用多媒体设备进行直观的理论教学，利用图片和录制的视频进行初步认知教学，也可以到现场参观城轨车辆实训设备或实物。

【教学设施】

教学用的 PPT、视频以及相关教学引导资料。

【理论模块】

9.2.1　常用制动作用

常用制动是正常情况下使用的制动。本制动指令（二进制码）由制动控制器通过 3 根列车贯通线送给制动控制装置。

手动常用制动分为 7 级。常用制动指令传送系统，包括司机控制器和 ATP 装置等。常用制动指令对应要求的减速度输出 7 个级别的编码，使用坡道起动制动开关时，本系统发出相当于常用制动 3 级的制动指令。常用制动指令传送方式如图 9-8 所示。

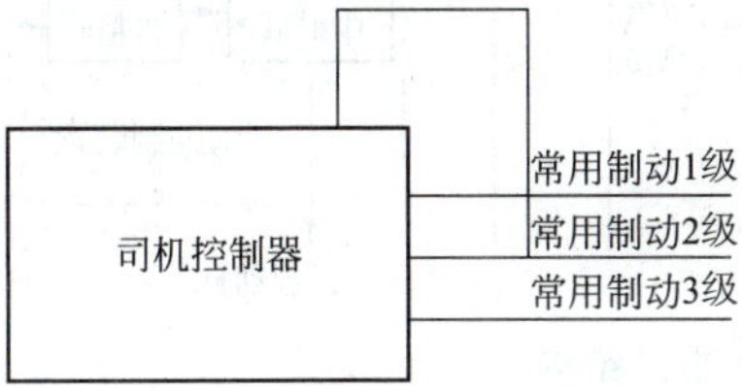

(a) 坡道起动制动开关

	N	1	2	3	4	5	6	7	紧急
常用制动1级		○	○				○	○	
常用制动2级			○	○	○			○	
常用制动3级					○	○	○	○	

(b) 闭合表

图 9-8　常用制动指令传送方式

M 车的电子制动控制单元，检侧本车及 T 车的空气弹簧压力（T 车的空气弹簧压力是通过 T 车的电子制动控制单元检测的），控制 M-T 单元的制动力。这个控制不只是进行本车的电空协调配合，而是采用再生制动优先方式，对 T 车优先使用空气制动补足制动力，T 车优先延时投入。另外，为改善常用制动时乘客的乘车舒适性，电子制动控制单元减少制动力的变化率，进而减少冲动。常用制动系统框架结构如图 9-9 所示。

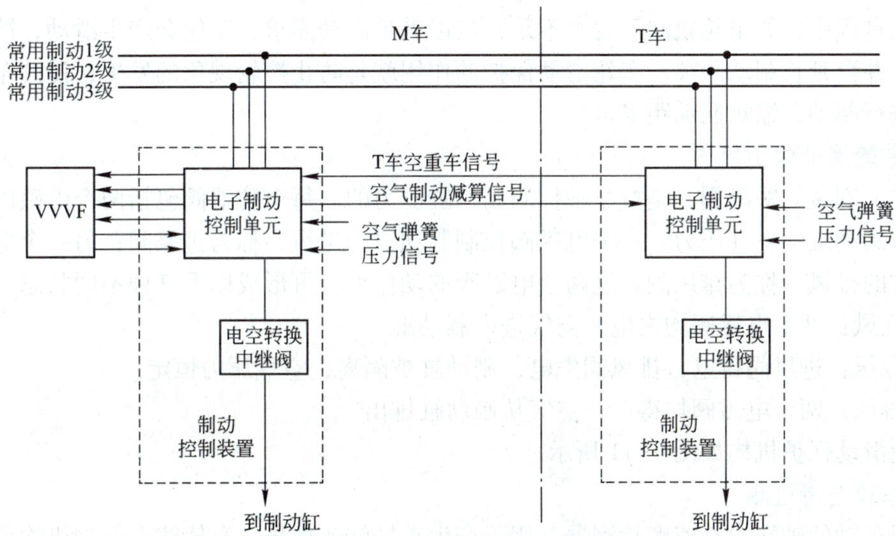

图 9-9　常用制动系统框架结构

9.2.2　紧急制动作用

紧急制动考虑安全性及可靠性，采用列车贯通线（紧急线）断电产生制动作用的常时带电系统。紧急线断电时，全列车自动产生紧急制动作用。

紧急制动不仅可由 ATP 指令、司机控制器指令（手动指令）、紧急制动开关触发，而且在列车分离、总风缸压力显著降低时，也会由产生紧急制动作用的列车往复线（EB1 线、EB2 线）触发控制。

紧急制动系统框架结构如图 9-10 所示。

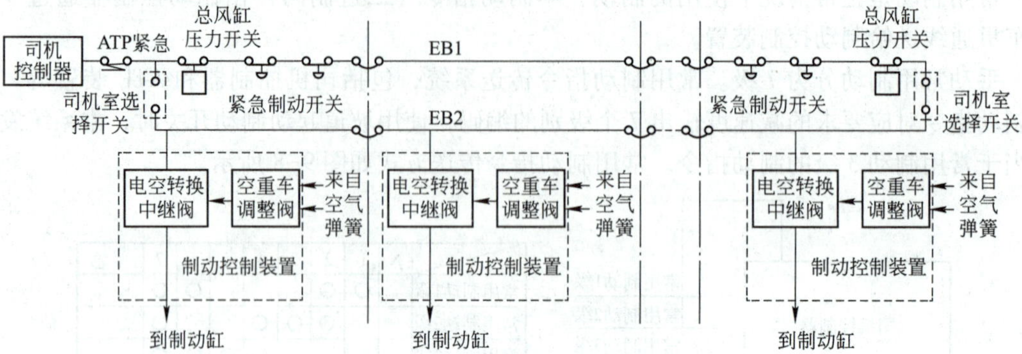

图 9-10　紧急制动系统框架结构

9.2.3　转向架制动隔离作用

一位端靠近转向架附近的制动设备上集成有一个制动缸隔离塞门（排风塞门），它可以分别对一位端和二位端转向架进行缓解，并且此塞门的状态信息会报告给列车管理系统。

9.2.4　车轮滑动保护作用

列车在常用制动、紧急制动模式下，均具有车轮滑动保护功能。

制动过程中，如果轮轨间黏着力不足，难以满足制动需求，车轮会产生滑动，严重时损坏车轮，并会延长制动距离。车轮滑动保护的作用就是防止擦轮现象的发生，使列车充分利用黏着进行制动，缩短制动距离。

1. 车轮滑动保护机构

车体上安装的防滑阀，是按车轴控制制动缸压力的。每个防滑阀包括两个电磁阀，用以控制相应制动缸的空气压力。一个电磁阀控制制动缸的进风，称为进风阀；另一个电磁阀控制制动缸的排风，称为排风阀。这两个电磁阀的动作组合可形成以下三种不同状态。

① 充风：两个电磁阀均失电，空气进入制动缸。

② 保压：进风阀得电，排风阀失电，制动缸被隔离，空气压力恒定。

③ 排风：两个电磁阀均得电，空气从制动缸排出。

车轮滑动保护机构如图 9-11 所示。

2. 车轮防滑检测

每根车轴的轴端均有速度检测器，用于产生车轴转速信号，车轮防滑保护机构负责监测这些信号，并传送至防滑控制系统。防滑控制系统根据减速度判据和速度差判据及实际车速情况，判断是否有车轮滑动发生。

3. 车轮滑动的恢复

当检测出车轮滑动时，车轮防滑保护机构通过本车的排放阀来降低相应车轴上制动缸的压力，从而控制滑行的程度。此系统可控制达到最理想的车轮滑行状态以充分利用黏着，确

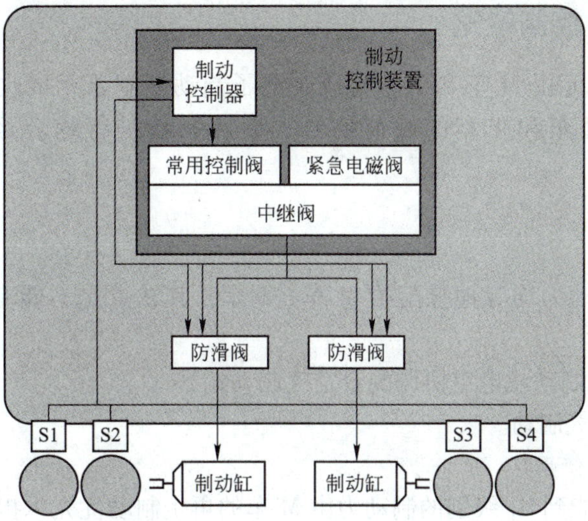

S1—第一轴；S2—第二轴；S3—第三轴；S4—第四轴。

图 9-11　车轮滑动保护机构

保尽可能减少制动距离，避免车轮擦伤。

9.2.5　载荷调整功能

本功能是由电空转换电路将检测到的 2 个空气弹簧的压力信号转变成电信号，作为 2 个载荷信号，将其平均值作为车重。

在空气弹簧破裂或电空转换电路发生异常致使输出低于空车压力时，设置最低保证压力（空车的 80%）；在由于电空转换电路异常，致使输出高于超员压力时，设置了最高限制压力（超员的 120%）。

另外，本装置还向 VVVF 牵引控制输送载荷信号（牵引用空车信号）。图 9-12 为载荷调整功能方框图。

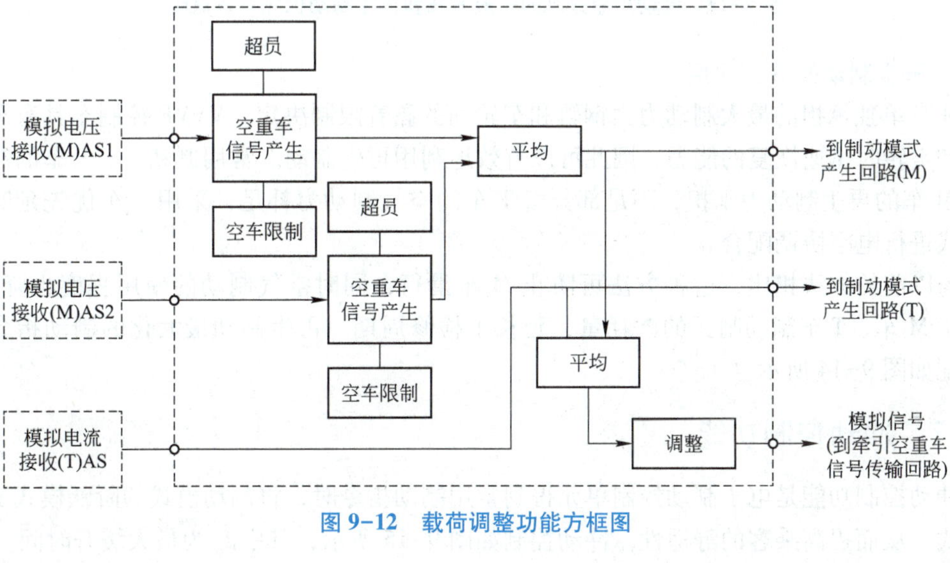

图 9-12　载荷调整功能方框图

9.2.6 电空制动控制策略

假设基本编组单元由 M 车和 T 车构成。电子制动控制单元接收到常用制动指令后，对常用制动指令、M 车和 T 车的载荷信号、惯性系数进行综合运算，产生各种制动模式。

1. 电空计算控制

1）一般方法

将指令要求的制动力均等地分配给 M 车、T 车，其缺点是不能有效地利用再生制动，具体如下：

① M 车仅有再生制动或电空协调配合空气制动；

② T 车仅使用空气制动。

2）再生制动优先使用

根据空气补足功能到 B_1 级别的制动力由 M 车的再生制动优先承担。此时，要求的全部制动力由 M 车单独承担。$B_1 \sim B_m$ 级别之间全部的制动力不足部分由 T 车的空气制动承担，这样可增加再生制动的利用率。

制动指令分配的一般方法和再生制动优先方法对比如图 9-13 所示。

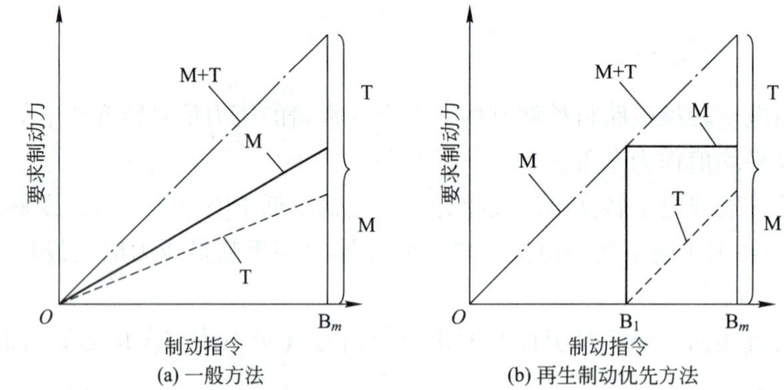

图 9-13 制动指令分配的一般方法和再生制动优先方法对比

2. 再生制动的最大利用

M 车单独承担的最大制动力由钢轨和车轮间的黏着限制决定。VVVF 控制车具有车轮在滑行和空转时迅速恢复的能力，因此可以有效地利用再生制动。常用制动时，T 车的制动力也由 M 车的再生制动力承担，不足部分由 T 车的空气制动力补足，采用 T 车优先延时控制的方式进行电空协调配合。

与以前的方法相比，这种方法可防止 M 车滑行，同时空气制动的使用程度也降低了，减少了 M 车、T 车制动闸瓦的磨耗量，延长了检修周期。再生制动最大化的制动指令及制动分配如图 9-14 所示。

9.2.7 冲动控制功能

冲动控制功能是电子制动控制单元得到常用制动指令时，将制动模式的阶跃模式变为缓升模式，从而提高乘客的舒适性。冲动控制如图 9-15 所示，其中 t_p 为最大缓升时间。

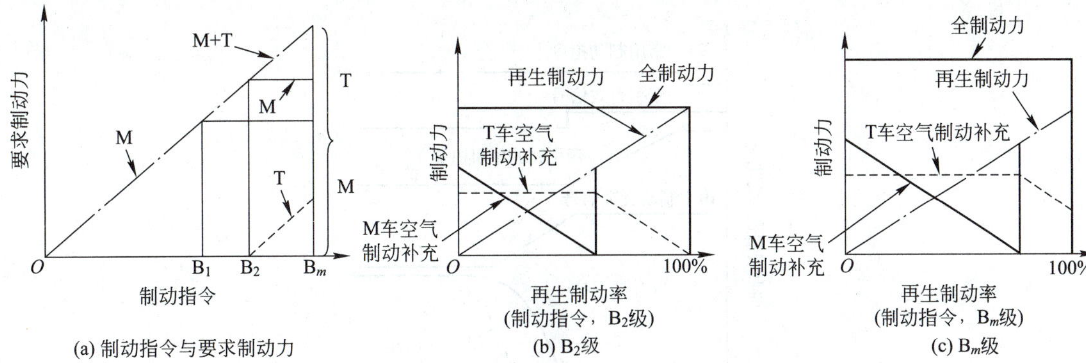

图 9-14　再生制动最大化的制动指令及制动分配

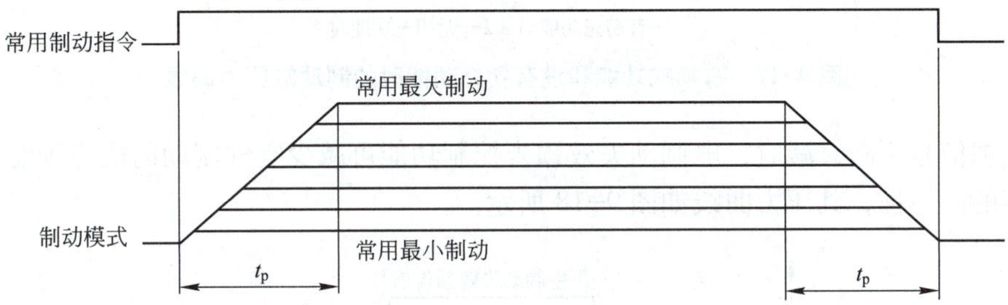

图 9-15　冲动控制

9.2.8　磁滞补偿功能

磁滞补偿功能用于对电空转换中继阀产生的制动缸压力磁滞进行补偿。图 9-16 为无磁滞补偿和有磁滞补偿的制动缸压力曲线。

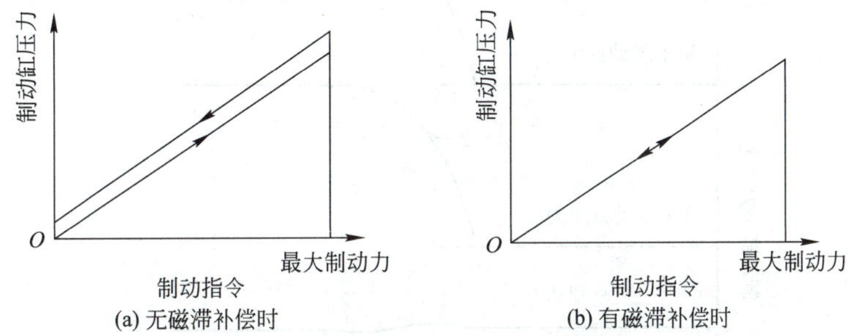

图 9-16　无磁滞补偿和有磁滞补偿的制动缸压力曲线

9.2.9　初充功能

初充功能可减少由于制动缸返回弹簧压力造成的制动力减少，也可减少再生制动衰减时由于制动缸行程造成空气制动作用的延时。在常用制动作用中有此功能，电空制动可充分协调配合，提高乘客的舒适性。有无初充功能的制动缸压力曲线如图 9-17 所示。

9.2.10　电制动失效预告控制功能

当车将要停止时，由于再生制动失效、空气制动反应延迟，易引起冲动。在 VVVF 的再

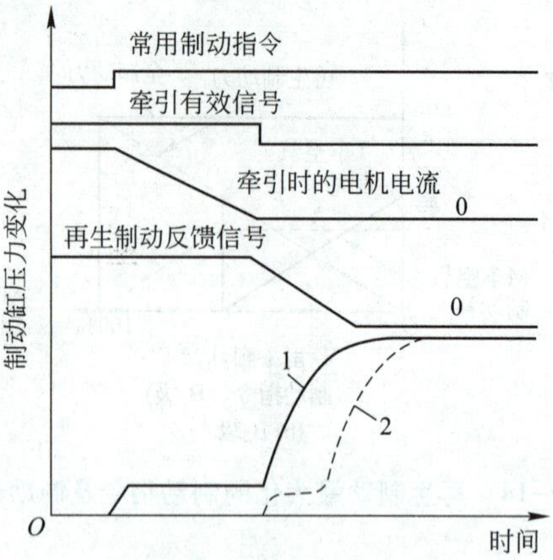

1—有初充功能时；2—无初充功能时。

图 9-17　有初充功能和没有初充功能时的制动缸压力曲线

生制动反馈信号不断衰减时，电制动失效预告控制功能可减少空气制动的反应延时，因此提高了乘客的舒适性，其压力曲线如图 9-18 所示。

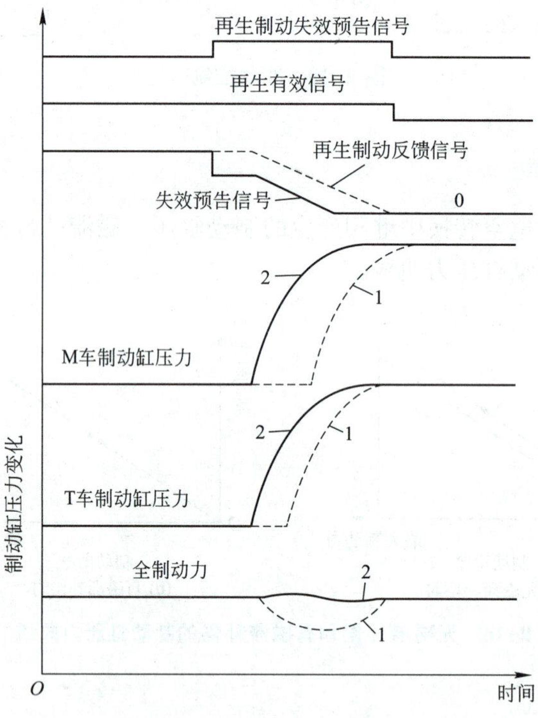

1——无电制动失效预告控制时；2——有电制动失效预告控制时。

图 9-18　有无电制动失效预告控制时的制动缸压力曲线

9.2.11　不缓解检测功能

不缓解检测线在以下情况时通电：①没有紧急制动作用时；②没有 ATP 制动作用时。

电子制动控制单元根据不缓解检测线的输入，确认制动是否缓解。同时利用传感器监视制动缸压力。当不缓解检测线通电时，经过 5 s 制动缸压力仍高于规定压力时，就判断为电子制动控制单元发生了制动不缓解。其结果是在向监控装置传送不缓解信号的同时，断开牵引，控制车轴侧面灯用的继电器得电。

9.2.12　强迫缓解功能

一旦发生制动不缓解，就为使用强迫缓解开关进行强迫缓解做好了准备。强迫缓解时，电子制动控制单元向发生不缓解的车辆压力控制阀发出缓解制动指令，同时向监控装置传送强迫缓解信息。不缓解检测、强迫缓解、制动力不足检测主框图如图 9-19 所示。

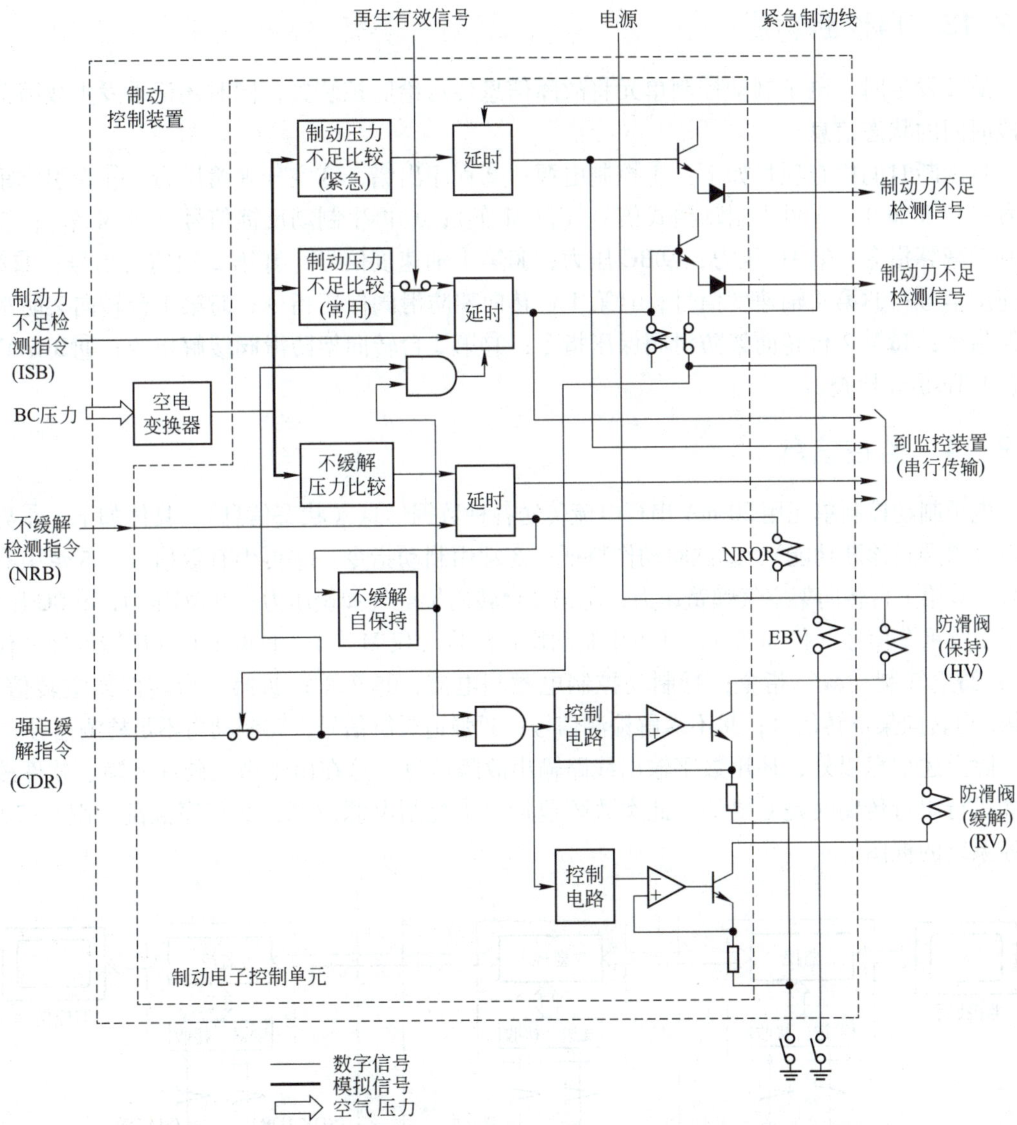

图 9-19　不缓解检测、强迫缓解、制动力不足检测主框图

制动力不足检测线在以下两种情况时得电：①常用制动 4~7 级作用时；②ATP 常用制动作用时。

电子制动控制单元具有独立的微机系统，在没有再生制动作用时，制动力不足检测线通电时进行制动力不足检测，同时传感器监视制动缸压力。

有制动力不足检测时，如果经过 3.5 s 后制动缸压力还没有超过规定值，电子制动控制单元就认为发生了制动力不足，其结果是切断紧急制动指令线，仅发生制动力不足的车辆会产生紧急制动作用。同时向监控装置发出制动力不足的信息，并使头车的 ATP 继电器得电。

当再生制动作用，接收到 VVVF 的再生制动有效信号时，其 M-T 单元的电子制动控制单元不进行制动力不足检测。

另外，为确认出库前制动力是否充足，还应检测紧急制动状态的制动力，当紧急制动力不足时头车的 ATP 继电器得电。

9.2.13 自诊断功能

故障发生时，电子制动控制单元将故障信息传送给监控装置，同时还记录发生故障前后一段时间的状态信息。

自诊断时的检查项目如下：①控制电源；②程序出错；③空气弹簧压力；④牵引空重车信号（仅 M 车）；⑤再生制动模式信号（仅 M 车）；⑥再生制动反馈信号（仅 M 车）；⑦空气制动减算指令；⑧AC 压力；⑨BC 压力；⑩第 1 轴速度信号；⑪第 2 轴速度信号；⑫第 3 轴速度信号；⑬第 4 轴速度信号；⑭第 1 台转向架防滑阀保压指令；⑮第 1 台转向架防滑阀缓解指令；⑯第 2 台转向架防滑阀保压指令；⑰第 2 台转向架防滑阀缓解指令；⑱BRAM 检查；⑲Testrun 检查。

9.2.14 监控信息

电子制动控制单元用 20 mA 串行电流传送各种数据信息（状态信息），具体如下：①异常状态（参照自诊断功能）；②试验动作特征；③常用制动指令；④再生有效信号；⑤牵引有效信号；⑥第 1 台转向架空气弹簧压力；⑦第 2 台转向架空气弹簧压力；⑧AC压力；⑨BC 压力；⑩牵引空重车信号（仅 M 车）；⑪再生制动模式信号（仅 M 车）；⑫再生制动反馈信号（仅 M 车）；⑬空气制动减算指令；⑭制动控制电磁阀电流；⑮车重；⑯第 1 台转向架空转信号；⑰第2 台转向架空转信号；⑱不缓解检测信号；⑲强迫缓解信号；⑳制动力不足检测信号。

除上述信息以外，还用数字输出线路输出故障信息，这在由于微机硬件故障、软件故障不能进行串行传输时是必要的。此类故障包括：①控制电源故障；②程序混乱。图 9-20 为监控系统的框图。

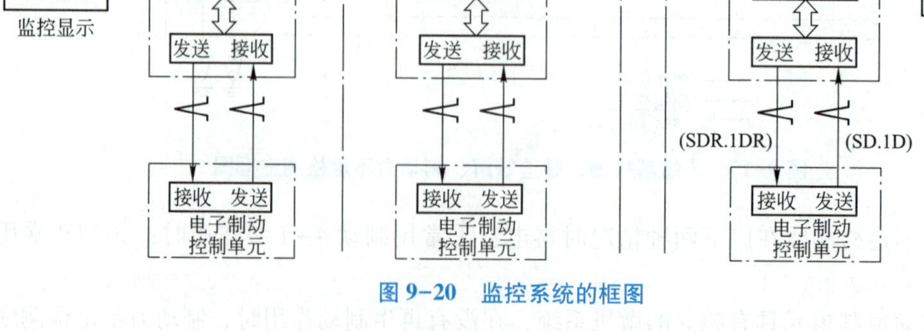

图 9-20 监控系统的框图

复习思考题 9

1. HRDA 制动控制系统由哪些部件组成?
2. 简述电空转换中继阀和空重车调整阀的用途。
3. 简述电空转换中继阀的结构组成。
4. 简述电子制动控制单元的构成。
5. 简述 HRDA 制动控制系统常用制动的作用原理。
6. 试述紧急电磁阀的供给位与排气位的作用原理。
7. 试述 HRDA 制动控制系统的防滑控制原理。

单元 10　基础制动装置

【单元概述】

基础制动装置的作用是把作用在制动缸活塞上的空气压力增大适当倍数以后，平均地传递给各块闸瓦，使其转变为压紧车轮的机械力，阻止车轮转动，从而产生制动作用。按设置在每个车轮上的闸瓦块数及其作用方式不同，可分为单闸瓦式、双闸瓦式、多闸瓦式和盘形制动基础制动装置等。

任务 10.1　闸瓦式基础制动装置

【学习目标】

① 掌握城轨车辆 PC7Y 和 PC7YF 型单元制动机的基本结构和作用原理。

② 掌握城轨车辆 PEC7 型单元制动机的基本结构和作用原理。

【教学环境】

可利用多媒体设备进行直观的理论教学，利用图片和录制的视频进行初步认知教学，也可以到现场参观城轨车辆实训设备或实物。

【教学设施】

教学用的 PPT、视频以及相关教学引导资料。

【理论模块】

闸瓦制动又称为踏面制动，是最常用的一种制动方式。制动时，闸瓦制动装置根据制动指令使制动缸内产生相应的压力，该压力使制动缸活塞杆产生推力，经基础制动装置中的一系列杆件的传递、分配，使每块闸瓦都贴靠在车轮踏面上，并产生闸瓦压力。车轮与闸瓦之间相对滑动，产生摩擦力，最后转化为轮轨之间的制动力。缓解时，制动控制装置将制动缸压力空气排除，制动缸活塞在制动缸缓解弹簧的作用下退回，通过各杆件带动闸瓦离开车轮踏面。闸瓦制动示意图如图 10-1 所示。

在闸瓦与车轮这一对摩擦副中，车轮由于主要承担着车辆走行功能，因此其材料不能随意改变。要改善闸瓦制动的性能，只能通过改变闸瓦材料来实现。早期的闸瓦材料主要是铸铁。为了改善摩擦性能和增加耐磨性，目前城轨车辆中大多采用合成闸瓦，但合成闸瓦的导热性较差，因此目前也有采用导热性能良好且具有较好的摩擦性能和耐磨性的粉末冶金闸瓦。

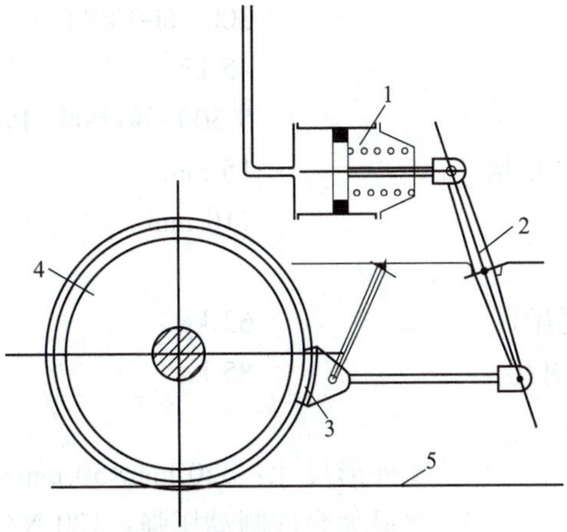

1—制动缸；2—基础制动装置；3—闸瓦；4—车轮；5—钢轨。

图 10-1　闸瓦制动示意图

在闸瓦制动方式中，动能转化为热能的能力大，但热能散于大气的能力相对较小。当要求的制动功率较大时，有可能发生热能来不及散于大气，而在闸瓦与车轮踏面积聚，使二者的温度升高，严重的甚至会导致闸瓦熔化（铸铁闸瓦）或车轮踏面产生裂纹等。因此，在采用闸瓦制动时，对制动功率要有限制。

基础制动装置是制动装置的执行部件，普遍采用单元制动机，其主要原因是转向架的安装空间有限，特别是动车，空间更小，采用单元制动机是解决基础制动装置安装问题的有效途径。下面以国内城轨车辆上使用较多的单元制动机为例来说明闸瓦式基础制动装置的结构和作用原理。

10.1.1　PC7 型单元制动机

广州地铁车辆、上海地铁车辆等采用的单元制动机是由德国克诺尔制动机公司生产的，根据结构形式的不同又分为 PC7Y 型（如图 10-2 所示）和 PC7YF 型（如图 10-3 所示）。PC7Y 型采用普通形式的单元制动缸，PC7YF 型采用的是附带弹簧储能制动器的单元制动缸。每个转向架上都装有两种型号的单元制动机，二者对角布置。PC7 型单元制动机具有以下特点：

① 有普通型 PC7Y 单元制动缸；

② 有带弹簧储能制动器及手动辅助缓解装置的 PC7YF 型单元制动缸；

③ 有闸瓦间隙调整器；

④ 制动传动效率高，均在 95%左右；

⑤ 占用空间小，安装简单；

⑥ 性能稳定，作用可靠，维修方便。

1. 主要技术参数

PC7Y 型和 PC7YF 型单元制动机的主要技术参数如下：

制动倍率

　　常用制动机　　　　　　　　2.85

停放制动机	1.15
制动缸工作压力	300~600 kPa
最大闸瓦压力	45 kN
弹簧制动缓解压力	5 300~80 000 kPa
闸瓦磨耗后一次最大调整量	15 mm
最大间隙调整能力	110 mm
质量	
PC7Y 型（包括闸瓦）	63 kg
PC7YF 型（包括闸瓦）	85 kg

闸瓦参数

型号：C141551/131	外形尺寸：320 mm×50 mm×80 mm
最大速度：100 km/h	最大允许制动压强：120 N/cm^2
常用温度：<300 ℃	瞬间温度：<350 ℃
摩擦系数：0.28	密度：1.9 g/cm^3
硬度：105 HRX	抗压弹性模量：65 N/mm^2

闸瓦主要合成成分：合成橡胶，纤维，碳，纤维素，摩擦粉，石墨，软木等。

2. 维护

1）制动器

① 每月定期检查是否有损坏。

② 每6年做一次检修。

2）闸瓦

每月定期检查是否有异常磨损。

3. 基本结构

PC7Y 型单元制动机主要由制动缸、活塞、活塞杆、制动杠杆、单向闸瓦间隙调整器、闸瓦托、闸瓦托吊、缓解弹簧、透气滤清器、闸瓦托复位弹簧和用于更换闸瓦的推杆复位机构等组成，如图 10-2 所示。

PC7YF 型单元制动机如图 10-3 所示，它在 PC7Y 型单元制动机的基础上增加了一个用于停放制动的弹簧储能制动器，主要由缓解风缸、缓解活塞及活塞杆、螺纹套筒、停放制动弹簧、缓解拉簧、停放制动杠杆等组成。

4. 作用原理

当列车制动时，制动缸充风，在压力空气作用下，制动缸活塞压缩缓解弹簧右移，活塞杆推动制动杠杆，而制动杠杆的另一端则带动闸瓦间隙调整器向车轮方向推动闸瓦托及闸瓦，使闸瓦紧贴车轮。

缓解时，制动缸排气，这时闸瓦及闸瓦托上所受的推力被撤除，在缓解弹簧及闸瓦托吊杆上端头的扭簧的反作用力作用下，闸瓦及活塞等机构复位。

1）闸瓦间隙调整器的工作原理

闸瓦间隙调整器简称闸调器，用于自动调整闸瓦与车轮踏面之间的间隙，使之始终保持在规定的范围之内，一般为 6~10 mm。

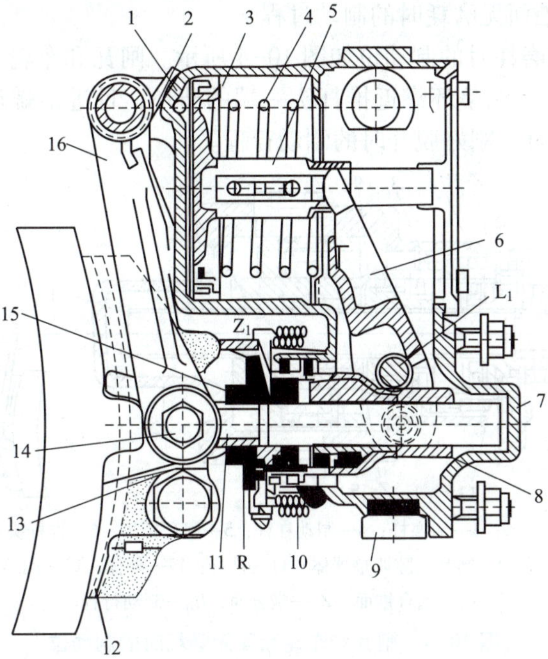

1—制动缸；2—闸瓦托复位弹簧；3—活塞；4—缓解弹簧；5—活塞杆；
6—制动杠杆；7—外体；8—闸瓦间隙调整器体；9—透气滤清器；10—单向闸瓦间隙调整器；
11—推杆头；12—闸瓦托；13—弹簧垫圈；14—螺栓；15—调整螺母；16—闸瓦托吊；
L_1—制动杠杆传动中心；R—齿轮啮合面；Z_1—啮合锥面。

图 10-2　PC7Y 型单元制动机的结构

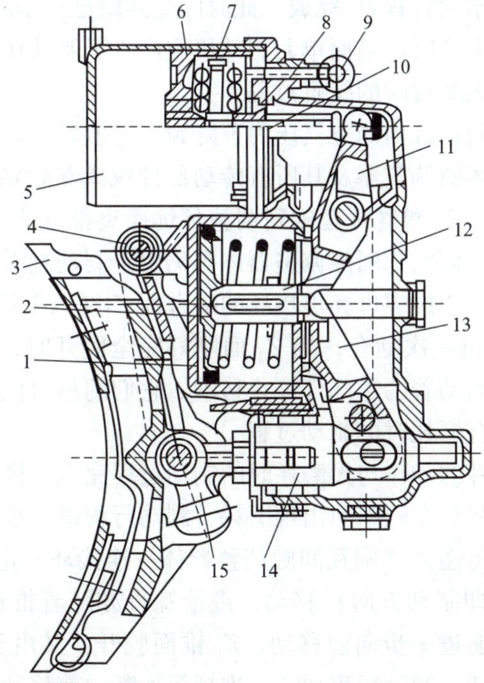

1—制动缸；2—活塞；3—闸瓦托；4—吊销；5—缓解风缸；6—缓解活塞；
7—停放制动弹簧；8—螺纹套筒；9—缓解拉簧；10—缓解活塞杆；11—停放制动杠杆；
12—活塞杆；13—制动杠杆；14—闸瓦间隙调整器；15—闸瓦托吊。

图 10-3　PC7YF 型单元制动机（带弹簧储能制动器）的结构

（1）闸瓦和车轮踏面无磨耗时的制动过程

闸瓦和车轮踏面无磨耗时的制动位如图 10-4 所示。闸瓦和车轮踏面无磨耗时的制动行程 H_0，是指调整衬套碰到调整环靠近推杆头一端的凸环，且进给螺母和调整衬套的啮合锥面 Z_1（以下简称 Z_1 锥面）刚好脱开时的制动行程。

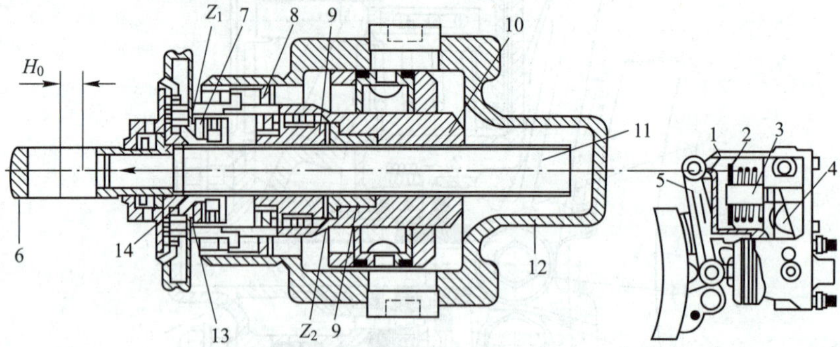

1—制动缸；2—活塞；3—活塞杆；4—制动杠杆；5—闸瓦托吊；6—推杆头；7—压缩弹簧；8—调整环；9—连接环；10—闸瓦间隙调整器体；11—推杆；12—外体；13—调整衬套；14—进给螺母；Z_1—啮合锥面；Z_2—啮合面；H_0—制动行程。

图 10-4　闸瓦和车轮踏面无磨耗时的制动位

当施行车辆制动时，压力空气进入制动缸，推动活塞及活塞杆，带动制动杠杆，将整个闸瓦间隙调整器及其所有零部件向车轮踏面方向移动，直到调整衬套碰到调整环为止。调整环的凸环可防止调整衬套进一步向制动方向移动，此时 Z_1 锥面刚好脱开。压缩弹簧的作用力，使调整衬套作用于调整环，由于压缩弹簧的作用，Z_1 锥面再一次啮合，当 Z_1 锥面刚好完全脱开时，无磨耗时的制动行程 H_0 完成。此时间瓦间隙已被消除，闸瓦与车轮踏面接触，当制动缸内空气压力继续上升时，踏面单元制动机便产生了制动作用力。

（2）闸瓦和车轮踏面无磨耗时的缓解过程

当施行车辆缓解时，制动缸内的空气压力下降到一定值后，在缓解弹簧的作用下，通过制动杠杆，带动整个闸瓦间隙调整器及其所有传动部件脱离车轮踏面，向后（即缓解方向）移动。此时，Z_1 锥面啮合。当调整衬套碰到调整环远面离推杆头一端的凸环时，推杆停止向后移动，回到缓解位置。而闸瓦间隙调整器体等仍由于制动缸缓解弹簧的作用，通过制动杠杆继续朝缓解方向移动，止推螺母和连接环的啮合面 Z_2（以下简称 Z_2 面）开始脱开。由于压缩弹簧的作用，Z_2 面再一次啮合，当 Z_2 面刚好完全脱开时，无磨耗的缓解过程完成。当制动缸完全缓解时，各运动着的零部件停止移动，它们的相对位置如图 10-5 所示。

（3）闸瓦和车轮踏面有磨耗时的制动过程

制动开始时，各零部件的动作与无磨耗时的制动过程完全一样，所不同的是：当调整衬套碰到调整环后，由于闸瓦和车轮踏面出现磨耗，制动行程进一步加长，即制动缸产生的制动力仍不断通过制动杠杆传递到“闸瓦间隙调整器体—连接环—止推螺母”，从而传递到推杆，带动它们继续向前（即制动方向）移动，进给螺母亦随着推杆向前移动，而调整衬套由于受调整环的限制，不能进一步向前移动，Z_1 锥面脱开，又由于推杆和进给螺母为非自锁螺纹连接，由于闸瓦磨耗，制动行程加长，推杆等不断向前移动，压缩弹簧的预压力就会引起进给螺母在推杆上转动，进给螺母与推杆两者的相对位移量即为闸瓦和车轮踏面的磨耗量 M。此时，推杆向前移动的行程比无磨耗时的制动行程 H_0 大，两者之差即为闸瓦和车轮踏面的磨耗量之和。如图 10-6 所示。

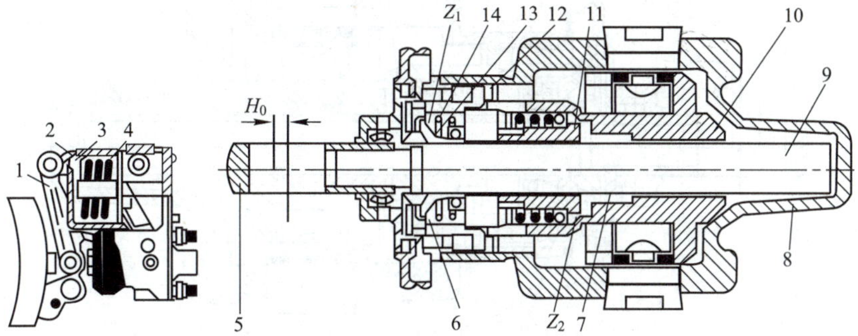

1—闸瓦托吊；2—闸瓦复位弹簧；3—制动活塞；4—缓解弹簧；5—推杆头；6—调整衬套；7—连接环；
8—外体；9—推杆；10—闸瓦间隙调整器体；11—止推螺母；12—调整环；13—进给螺母；14—压缩弹簧；
Z_1—啮合锥面；Z_2—啮合面；H_0—制动行程。

图 10-5　闸瓦和车轮踏面无磨耗时的缓解位

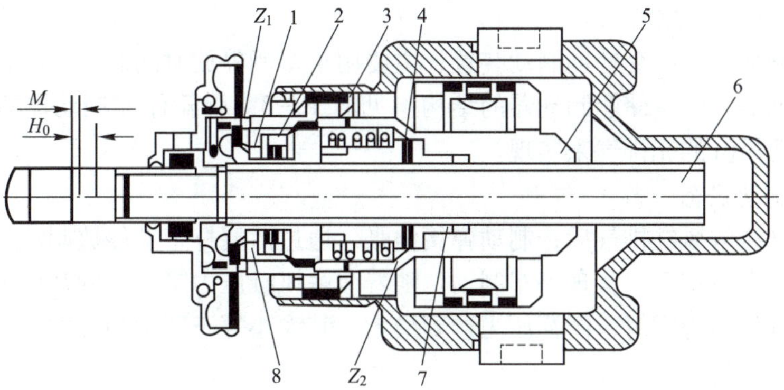

1—进给螺母；2—压缩弹簧；3—调整环；4—止推螺母；
5—闸瓦间隙调整器体；6—推杆；7—连接环；8—调整衬套；
Z_1—啮合锥面；Z_2—啮合面；H_0—制动行程；M—闸瓦和车轮踏面的磨耗量之和。

图 10-6　闸瓦和车轮踏面有磨耗时的制动位

（4）闸瓦和车轮踏面有磨耗时的缓解过程

缓解开始时，各零部件的动作与无磨耗时的缓解过程完全一样，只是当调整衬套碰到调整环后，由于 Z_1 锥面的啮合，受调整环限制的调整衬套能防止进给螺母在推杆上转动，压缩弹簧使 Z_1 锥面保持啮合，因此使推杆不能进一步向后移动，止推螺母也不能随着闸瓦间隙调整器体和连接环继续向后移动，从而使 Z_2 面脱开，压缩弹簧的作用又使得止推螺母在推杆上转动，直到制动缸完全缓解，闸瓦间隙调整器体、连接环回到缓解位，Z_1 面重新开始啮合而停止转动。两者的相对位移量为闸瓦和车轮踏面的磨耗量之和 M。此时，闸瓦和车轮踏面仍保持了正常间隙，只是推杆比无磨耗时向前伸出了 M。如图 10-7 所示。

2）推杆复位机构的工作原理

随着闸瓦的磨耗，推杆在间隙调整过程中不断伸长，当闸瓦磨耗到限需要更换闸瓦时，只需顺时针转动调整螺母，齿轮啮合面上的齿就能克服弹簧垫圈的作用而滑脱，从而使推杆复位，而不需要拆卸螺栓和其他任何零部件。更换闸瓦后，闸瓦间隙又恢复到无磨耗时的正常值范围，一般无须人工调整，即可准备进行下一次制动。

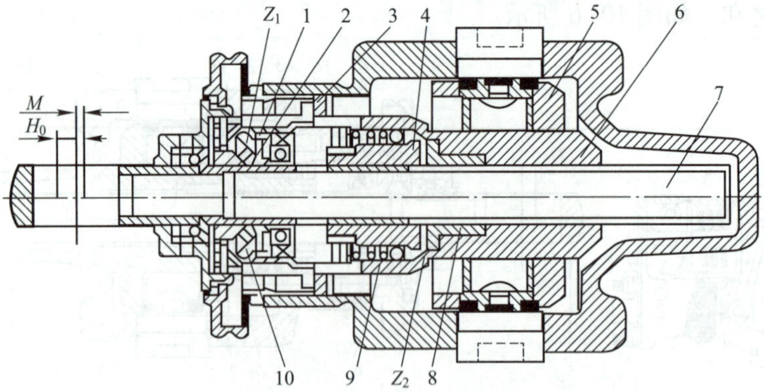

1—压缩弹簧；2—进给螺母；3—调整环；4—止推螺母；5—制动杠杆；6—闸瓦间隙调整器体；
7—推杆；8—连接环；9—压缩弹簧；10—调整衬套；Z_1—啮合锥面；Z_2—啮合面。

图 10-7 闸瓦和车轮踏面有磨耗时的缓解位

3）弹簧储能制动器的工作原理

弹簧储能制动器是一套辅助制动装置，主要用于车辆停放时的制动，防止车辆溜车，因此又称停放制动器。弹簧储能制动器的结构参见图 10-3。弹簧储能制动器的操作可以通过电空阀控制缓解风缸的充排气来实现。

（1）停放制动状态

当停放制动缓解风缸排气后；制动弹簧伸张，通过活塞杆带动停放制动杠杆推动制动杠杆，使闸瓦压紧车轮踏面，实现停车制动。随着缓解风缸压力降低，闸瓦压力逐步增大，当缓解风缸的空气压力为零时，闸瓦压力达到最大，其大小等于制动弹簧的弹力与停放制动倍率的乘积。

（2）缓解状态

当向缓解风缸充气时，压力空气推动活塞克服制动弹簧的作用力，使活塞杆带动停放制动杠杆复位，从而松开制动杠杆，停放制动得到缓解。所以停放制动是排气制动、充气缓解。

另外，停放制动还可通过拉动辅助缓解装置缓解拉环来实现。此时缓解活塞杆和螺纹套筒（两者为非自锁螺纹连接）相对移动，释放弹簧作用力，停放制动杠杆施加于制动杠杆的推力消失，闸瓦压力也随之消失，达到缓解的目的。停放制动手动缓解后，需向缓解风缸再次充气，使其复位后，才能实现下次停放制动的施加。

提示：车辆在运行过程中，必须随时观察主风缸的压力，确保其不低于规定的压力，以免运行中制动系统自动抱闸；如果在制动风缸压力较低时移动车辆，应确认停放制动处于缓解状态，以防止车轮踏面擦伤等故障的出现。

10.1.2 PEC7 型单元制动机

PEC7 型单元制动机是气动操纵的制动设备，主要用于轨道车辆，其外形如图 10-8 所示。它由制动气缸、变速机构和磨损补调器组合而成，结构紧凑，节省空间，特别适合安装在空间狭窄的转向架上。按照其闸瓦的形式、设计型式、安装位置及固定方式等的不同，构成了 PEC7 型系列单元制动机，其型号说明如图 10-9 所示。无论哪种型号，都可以作为常用制动机或停放制动机使用。停放制动器由压力空气控制，这使得列车中所有停放制动器都可以从驾驶台上集中启动和缓解。

图 10-8　PEC7 型单元制动机外形图

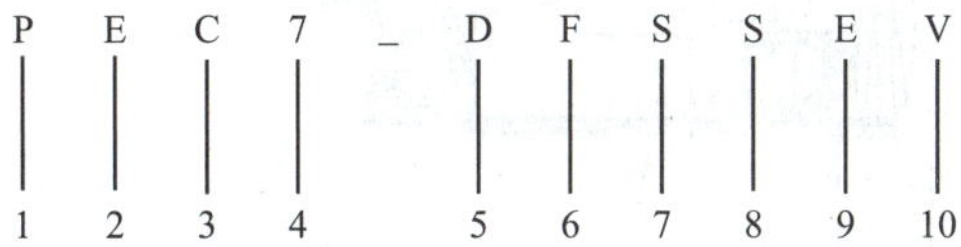

1—气动踏面式制动器。
2—渐开线驱动器。
3—C调节器。
4—气缸直径 (英寸)。
5—闸瓦的形式：
  E：单闸瓦；
  D：双闸瓦;
  M：多闸瓦：
  S：特殊型；
  X：无闸瓦托。
6—设计型式：
  X：不带弹簧储能器；
  F：带弹簧储能器；
  H：带手制动杆。
7—安装位置(相对外壳而言)：
  S：立式(活塞向上，吊耳在上)；
  H：悬挂式(活塞向下，吊耳在上)；
  U：立式(活塞向上，吊耳在下)；
  T：悬挂式(活塞向下，吊耳在下)；
  L: 卧式(活塞轴呈水平)；
  O: 无吊耳，无闸瓦托，悬挂式；
  M: 卧式，无闸瓦托。
8—固定方式：
  S：侧面固定；
  R：背面固定；
  B：螺栓固定；
  U：固定在外壳下部(与活塞相对)。
9—指示器种类：
  X：无；
  E：电气开关；
  V：加叠阀；
  Z：带电气开关和阀门。
10—特殊结构形式：
  V：推移式吊耳；
  Z：抽拉型；
  N：双侧紧急缓解启动器；
  A：分离式结构(吊耳固定在转向架上)。

图 10-9　PEC7 型单元制动机型号说明

PEC7 型单元制动机具有以下特性：

① 结构紧凑，无连杆；

② 通过单作用气缸容量调节器自动修正闸瓦和轮子磨耗造成的闸瓦间隙；

③ 空气消耗量稳定；

④ 通过压力空气可在驾驶台上集中操纵弹簧储能器；

⑤ 在更换闸瓦时无须进行调整工作等。

郑州地铁 1 号线项目采用的单元制动机型号是 PEC7-EXLBX 和 PEC7-EFLBX。下面以 PEC7-EXLBX 单元制动机为例介绍其内部结构及工作原理、工作方式。

1. 工作原理

PEC7-EXLBX 型单元制动机为不带停放制动器的单元制动机，其工作原理如图 10-10 所示。

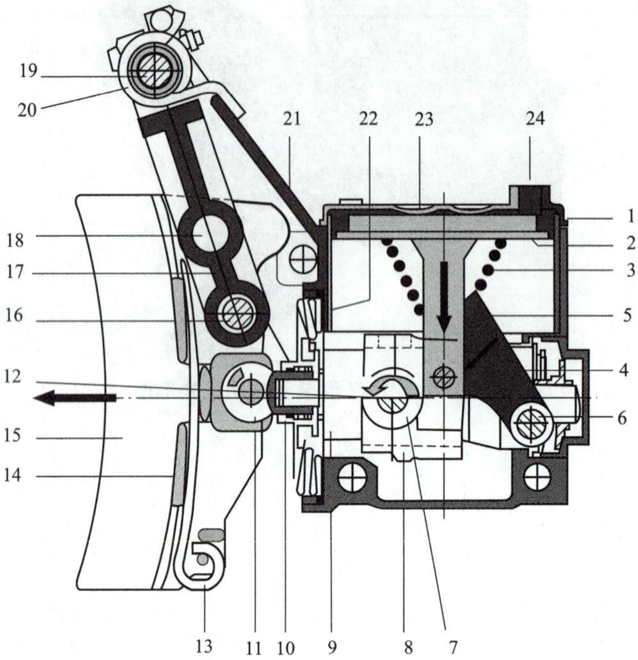

1—活塞密封圈；2—活塞；3—活塞复位弹簧；4—活塞杆；5—凸轮盘；6—轴承销；
7—凸轮滚子；8—止推环；9—调节器机构；10—六角螺母复位端；11—球形杆头；12—扭矩栓；
13—闸瓦楔；14—闸瓦托；15—闸瓦；16—连接栓；17—吊杆；18—摩擦部件；
19—挂钩销；20—扭簧；21—壳体；22—波纹箱；23—制动缸盖；24—进风口。

图 10-10 PEC7-EXLBX 型单元制动机工作原理

制动施加时，压力空气通过进风口进入制动缸，活塞压缩活塞复位弹簧，通过活塞杆使凸轮盘逆时针转动。凸轮盘沿着凸轮滚子转动并将整个调节器机构、主轴和闸瓦楔一起向前推，当闸瓦与轮对接触时，制动力就产生了。调节器机构由球形杆头和止推环固定，这样可使力平均分布到两个凸轮滚子上，并防止在调节器机构的主轴上形成弯矩。

制动缓解时，制动缸排气，活塞复位弹簧推动活塞上移，通过活塞杆使凸轮盘顺时针转动，调节器机构在其内部弹簧的作用下回移（右移），吊杆在扭簧作用下逆时针转动，闸瓦回移，离开车轮踏面，制动缓解。闸瓦托由一个装有弹簧的壳形联轴节和摩擦部件固定在吊杆上与轮对平行的位置。这样设置可防止在缓解制动时，闸瓦只在一端摩擦，引起列车倾斜。

2. 内部结构

图 10-11 为不带停放制动器的踏面式单元制动机的功能结构（制动位）。不带停放制动器的常用制动机类型的踏面式单元制动机结构如下：活塞（k1）在外壳（g1）中滑动，它被活塞回位弹簧（f1）保持在缓解位置，并通过两个活塞销（b4）与两个凸轮盘（k3）相连接。凸轮盘由轴承销（b5）支承在外壳（g1）中。压紧环（d1）与其支承滚柱（d2）一起靠在凸轮盘（k3）上。在压紧环内有调节器机构（s）及复位六角头（R）。在调节器机构（s）前端上有连杆头（s4）和螺栓（b3），用于建立与闸瓦托（a1）的连接。除此之外，闸瓦托（a1）又经吊耳（h1）、吊耳螺杆（b2）和扭簧（f2）与托架（b1）相连。制动闸

瓦（a4）装在闸瓦托（a1）中，由弹簧闩（a2）和楔形闩（a3）固定住。波纹管（q）将外壳正面密封，以防脏物和水进入。在外壳最低点处有一个带孔螺栓（e），这是一个通气塞。

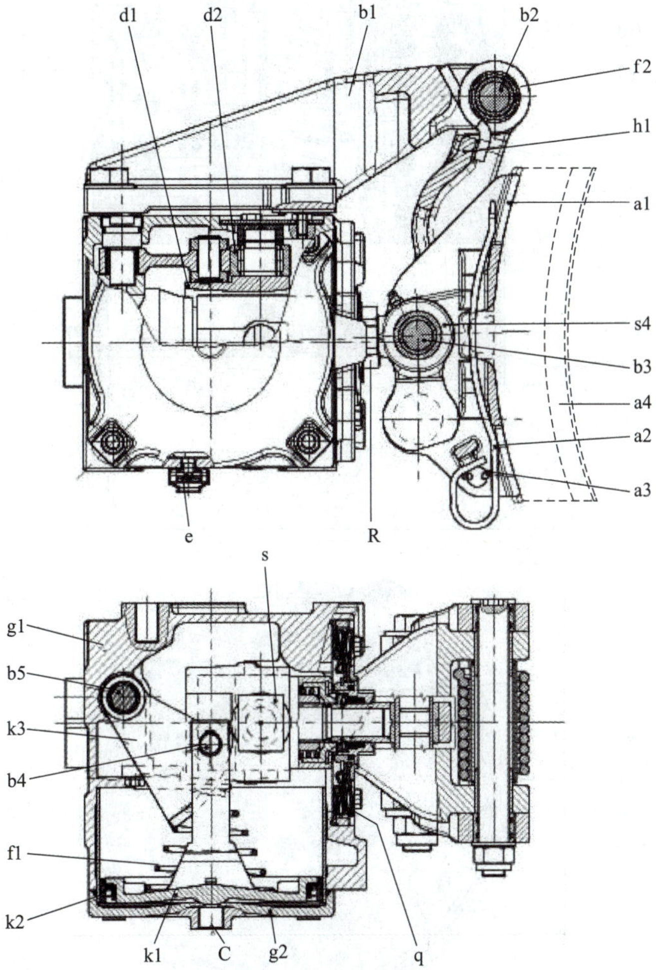

a1—闸瓦托；a2—弹簧闩；a3—楔形闩；a4—制动闸瓦；
b1—托架；b2—吊耳螺杆；b3—螺栓；b4—活塞销；b5—轴承销；
d1—压紧环；d2—支承滚柱；e—带孔螺栓；f1—活塞回位弹簧；
f2—扭簧；g1—外壳；g2—气缸盖；h1—吊耳；k1—活塞；
k2—活塞皮碗；k3—凸轮盘；q—波纹管；s—调节器机构；
s4—连杆头；C—常用制动缸压力空气接口；R—复位六角头。

图 10-11　不带停放制动器的踏面式单元制动器的功能结构（制动位）

图 10-12 为停放制动器的气缸结构（缓解位）。活塞（k4）在气缸（g3）中滑动。它通过锥体联接器（K）和螺母（m1）与螺杆（m2）相连。在罩盖（g4）和活塞（k4）之间装有储能弹簧（f4 和 f5），根据停放制动器的不同形式也可以只装一个储能弹簧。盘形弹簧组（t）一侧支撑在活塞（k4）上，另一侧支撑在螺母（m1）上，使锥体联接器（K）保持在关闭位置。棘爪（n1）装在停放制动器的盖中，可转动，它由扭簧（f10）将一端压入齿轮（n2）的轮齿中，从而与螺杆（m2）紧固连接。在停放制动器的盖中还装有锁定销（n3）。锁定销沿轴向移动，并被压缩弹簧（f8）向下压。推杆（n4）同样装在盖中，并可移动，由回位弹簧（f9）支撑。

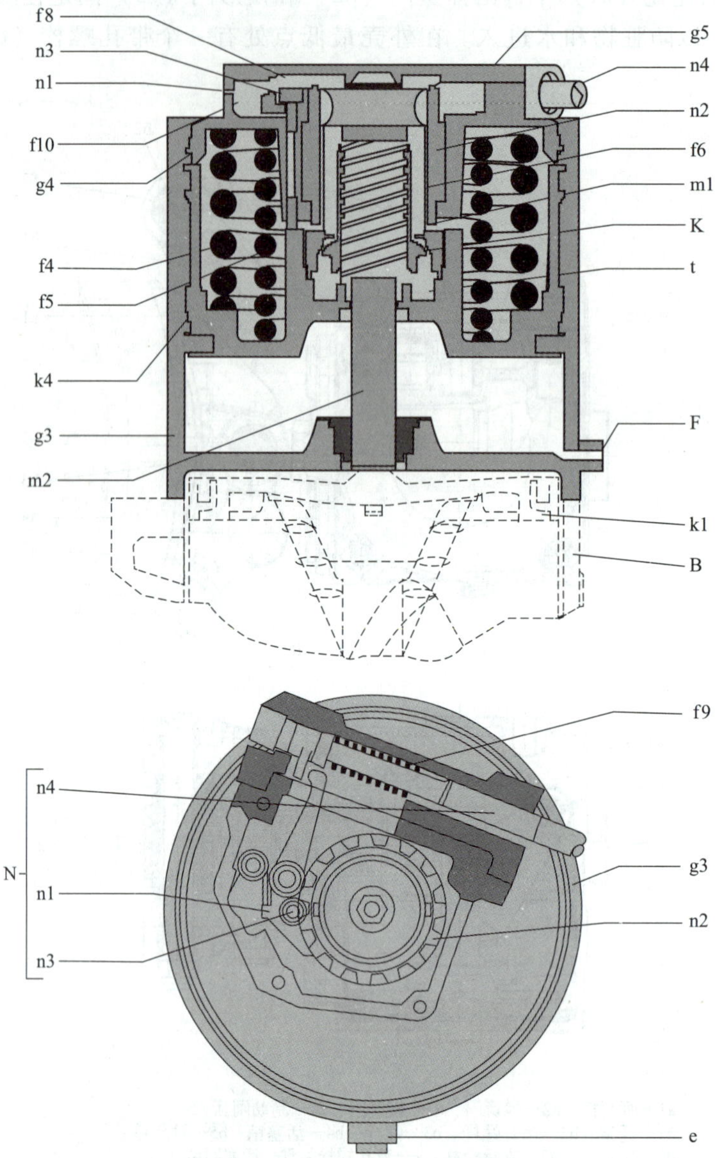

e—带孔螺栓；	m1—螺母；
f4—储能弹簧；	m2—螺杆；
f5—储能弹簧；	n1—棘爪；
f6—压缩弹簧；	n2—齿轮；
f8—压缩弹簧；	n3—锁定销；
f9—回位弹簧；	n4—推杆；
f10—扭簧；	t—盘形弹簧组；
g3—气缸；	B—常用制动缸；
g4—罩盖；	F—弹簧储能缸的压力空气接口；
g5—罩盖；	K—锥体联接器；
k1—活塞；	N—紧急缓解装置。
k4—活塞；	

图 10-12　带停放制动器的气缸结构（缓解位）

3. 制动机的工作方式

1）制动位

如图 10-11 所示，进行制动时，压力空气通过常用制动缸压力空气接口（C）流入制动气缸，并作用在活塞（k1）上，使之逆着活塞回位弹簧（f1）的弹力被向下压。活塞的运动被传递给可在外壳（g1）中转动的两个对称安装的凸轮盘（k3）。支承滚柱（d2）在凸轮盘的弯道上滚动，从而整个调节器机构（s）和闸瓦托（a1）被推入制动位置。当制动闸瓦（a4）抱在轮子上时，即形成制动力。传动比，即制动闸瓦上可产生的最大制动力，是由凸轮盘（k3）的形状决定的。PEC7 单元制动机的标准化使其通过安装相应的凸轮盘即可达到 2.0~5.5 的传动比。

2）缓解位

进行缓解时，踏面式单元制动机的制动缸重新排风。活塞回位弹簧（f1）在吊耳的回位弹簧［如扭簧（f2）或回位弹簧（f9）］和调节器机构（s）的回位弹簧的支持下，使所有部件都回到起始位置。一个带摩擦件的夹紧联轴节受弹簧负荷，使吊耳（h1）或连杆头（s4）旁的闸瓦托（a1）与轮子保持平行，从而防止制动闸瓦（a4）在制动器缓解时滑向轮子的一侧而造成斜向磨损。

4. 调节器机构

调节器机构松开状态如图 10-13（a）所示。联接管（s11）上的止动环（s9）在回位弹簧（f3）的弹力作用下紧靠着外壳（g1）的止挡（s15）。其与外壳一侧止挡（s16）的距离 s 为所需的轮子闸瓦间隙的大小和在制动力作用下的弹性延伸量。

不带补调功能进行制动时的调节器机构如图 10-13（b）所示。在刹车时，整个调节器机构运动 s 距离进入制动位置。止动环（s9）靠在止挡（s16）上，回位弹簧（f3）张紧。制动力从调节器外壳（s5）通过齿式联轴器（s6）传送到压紧螺母（s7）、螺杆（s8）、连杆头（s4），再传送到闸瓦托上。

带补调功能进行制动时的调节器机构如图 10-13（c）所示。当闸瓦间隙太大时（例如由于制动时闸瓦和轮子的磨损所致），闸瓦抱紧在轮子上需要经过的距离会比 s 大。联接管（s11）因止动环（s9）被卡住而无法跟上。联接管中的齿式联轴器（s13）开启，推进螺母（s12）在推力作用下在非自锁的螺杆上转动。该转动作用使螺杆（s8）被拧出相应于磨损量 v 的一段距离。调节结束后，齿式联轴器（s13）重新啮合。在调节过程中，回位弹簧（f3）由于调节器外壳（s5）同样移动了 v 距离而被张紧。缓解制动器时，调节器机构通过回位弹簧（f3）复位。一旦止动环（s9）接触到止挡（s15），则联接管（s11）、推进螺母（s12）和螺杆（s8）的复位过程即告结束。而调节器外壳（s5）还必须移动距离 v 才能回到缓解位置。其间，调节器外壳中的齿式联轴器（s6）打开，压紧螺母（s7）在调节器外壳运动过程中拧回到静止中螺杆的非自锁的螺纹上。当到达最终位置后，齿式联轴器（s6）重新啮合，则调节器机构做好进行新的制动过程的准备。

5. 停放制动器

停放制动器是一种气动停放制动器，其制动位时的气缸结构如图 10-14 所示。在制动时，储能弹簧（f4 和 f5）的弹力经过锥体联接器（K）、螺母（m1）和螺杆（m2）而作用到常用制动缸（B）中的活塞（k1）上。停放制动器装有一个手动紧急缓解装置，以便使不带压力空气接口的车辆在停车后停放制动器缓解。

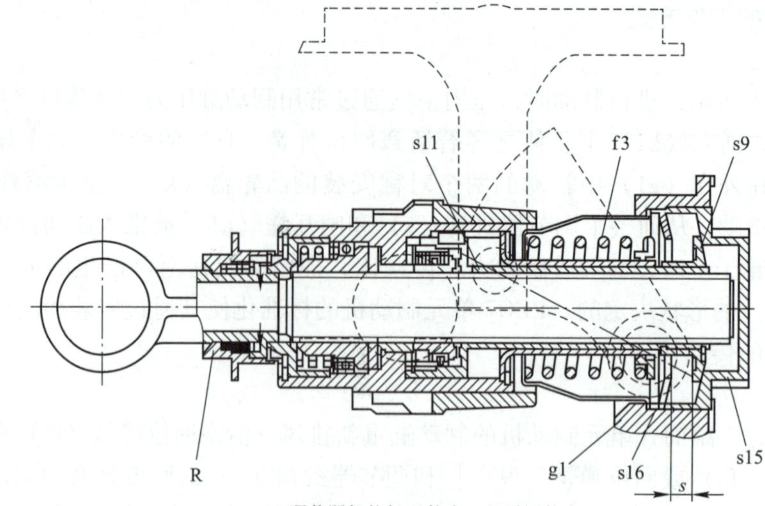

(a) 调节器机构松开状态——缓解状态

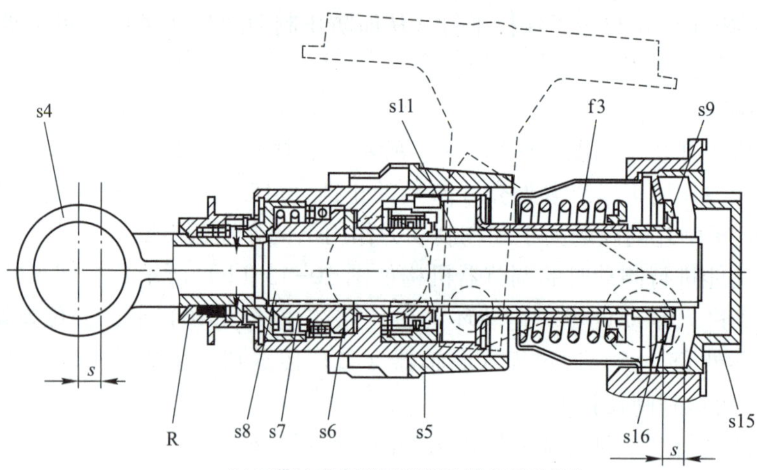

(b) 不带补调功能进行制动时的调节器机构

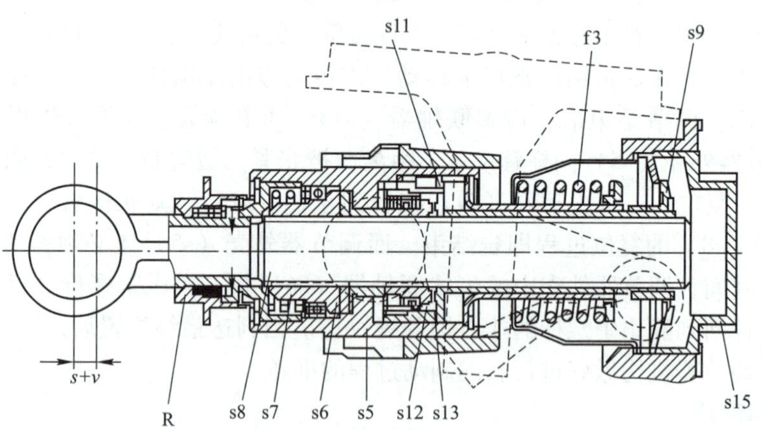

(c) 带补调功能进行制动时的调节器机构

f3—回位弹簧；g1—外壳；s4—连杆头；s5—调节器外壳；s6—齿式联轴器；s7—压紧螺母；s8—螺杆；s9—止动环；s11—联接管；s12—推进螺母；s13—齿式联轴器；s15—止挡；s16—止挡；*s*—闸瓦间隙和弹性延伸量；R—复位六角头；*v*—磨损量。

图 10-13　PEC7 间隙调整装置——调节器机构

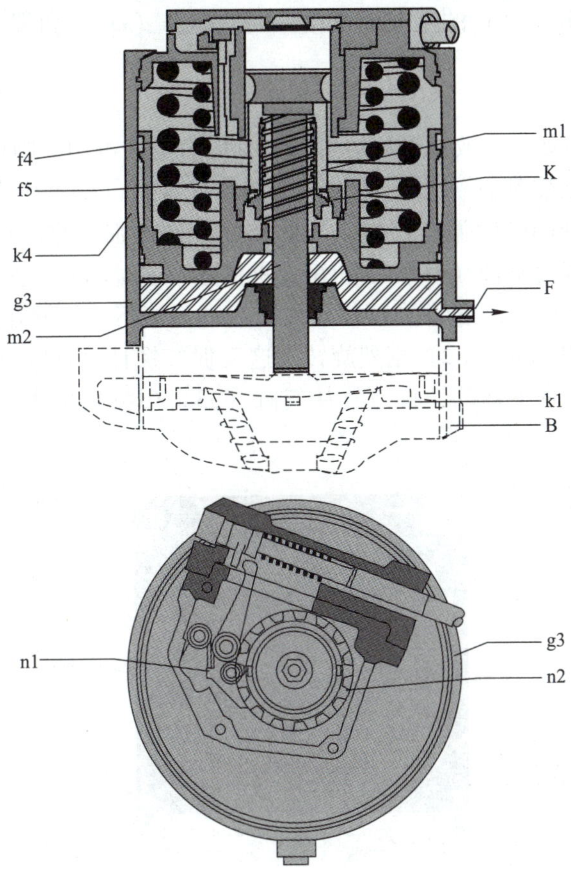

f4—储能弹簧；　　m2—螺杆；
f5—储能弹簧；　　n1—棘爪；
g3—气缸；　　n2—齿轮；
k1—活塞；　　B—常用制动缸；
k4—活塞；　　F—弹簧储能缸的压力空气接口；
m1—螺母；　　K—锥体联接器。

图 10-14　带停放制动器的气缸结构（制动位）

1）缓解位

如图 10-12 所示，在缓解位置，通过弹簧储能缸的压力空气接口（F）给气缸（g3）充风。活塞（k4）由此逆着储能弹簧（f4 和 f5）的弹力被顶在其上部终端位置。螺母（m1）和螺杆（m2）完全拧合在一起。这样螺杆就不会顶在常用制动缸（B）的活塞（k1）上，因而停放制动器处于缓解位置。

2）制动位

如图 10-14 所示，在停放制动器制动时，气缸（g3）通过弹簧储能缸的压力空气接口（F）排风。这样活塞（k4）传至储能弹簧（f4 和 f5）的反作用力即降至 0。放松的储能弹簧（f4 和 f5）的作用力通过活塞（k4）、锥体联接器（K）、螺母（m1）和螺杆（m2）作用在常用制动缸（B）的活塞（k1）上，并将该活塞压入制动位置。接着制动闸瓦即在轮子上抱紧。螺杆（m2）有非自锁的螺纹，储能弹簧（f4 和 f5）通过它产生一种扭矩，使螺杆（m2）向上从螺母（m1）中拧出。然而这种扭矩由闭合的锥体联接器（K）的摩擦连接以及齿轮（n2）与棘爪（n1）的互咬而承接。因此螺杆（m2）和螺母（m1）之间不会相对扭转。

3）紧急缓解位

如图 10-15 所示，如果停放制动器缓解时没有压力空气可用，则可手动进行紧急缓解。为此，每个踏面式制动器都有一个装置［在本例中是推杆（n4）］用于操作棘爪（n1）。这种操作装置可因车辆的不同而有差异，因此在此不做详细介绍。在操作棘爪（n1）时，齿轮（n2）被放开，因而螺杆（m2）的扭矩支承消除。这时由储能弹簧（f4 和 f5）向下作用的较大的力以及螺杆（m2）的非自锁螺纹所产生的扭矩不再能够在棘爪（n1）上得到支承。因而螺杆（m2）和齿轮（n2）剧烈旋转。这又促使螺杆（m2）从螺母（m1）中向上旋出，同时活塞（k4）向下运动，将空气从气缸（g3）中排挤出去。储能弹簧（f4 和 f5）

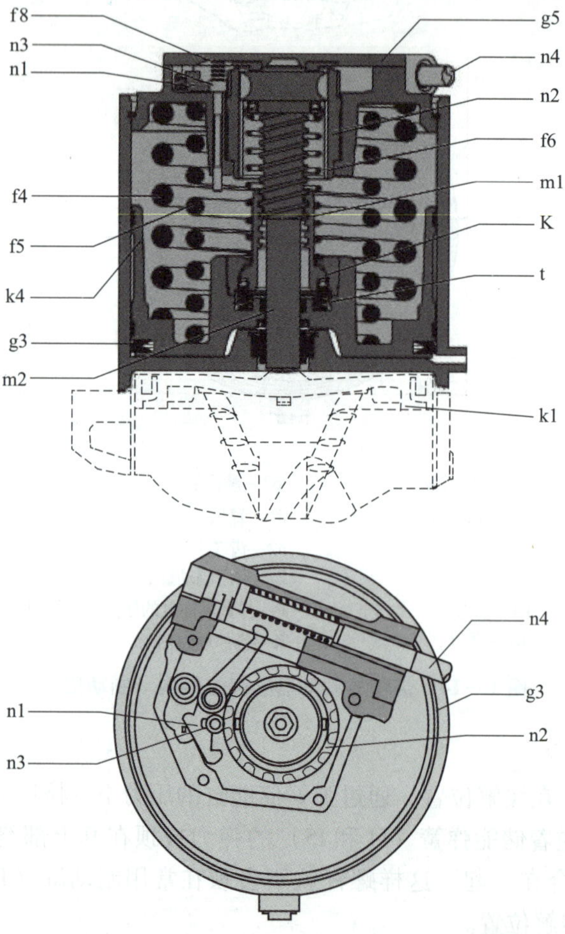

f4—储能弹簧；
f5—储能弹簧；
f6—压缩弹簧；
f8—压缩弹簧；
g3—气缸；
g5—罩盖；
k1—活塞；
k4—活塞；
m1—螺母；
m2—螺杆；
n1—棘爪；
n2—齿轮；
n3—锁定销；
n4—推杆；
t—盘形弹簧；
K—锥体联接器。

图 10-15 带停放制动器的气缸结构（紧急缓解位）

被放松，直到活塞（k4）贴在气缸底座上为止，这样储能弹簧的弹力不再作用在螺杆（m2）上。一旦活塞（k4）向下运动，则锁定销（n3）被压缩弹簧（f8）向下压并将棘爪（n1）闭锁，使棘爪不能再与齿轮（n2）咬合。借助常用制动缸活塞（k1）对于螺杆（m2）的反作用力以及压缩弹簧（f6）的弹力，螺杆在活塞（k4）已经贴靠底座的状态下又向上旋拧，直到碰上罩盖（g5）。这时旋转部件的回转动量使螺母（m1）在螺杆（m2）上逆着盘形弹簧（t）的弹力向下旋拧，从而使锥体联接器（K）打开，螺母（m1）和活塞（k4）之间的连接被断开。自此，螺母（m1）也与螺杆（m2）及齿轮（n2）一起旋转，直到它们的回转动量通过内摩擦完全衰减，停放制动器处于缓解状态。

4）停放制动器复位

如图 10-16 所示，在紧急缓解的状态下，停放制动器没有做好制动准备。气缸（g3）通过弹簧储能缸的压力空气接口（F）进气，以取消紧急缓解状态。这样活塞（k4）逆着储能弹簧（f4 和 f5）的弹力向上顶，同时锥体联接器（K）顶着盘形弹簧（t）的力开启。因

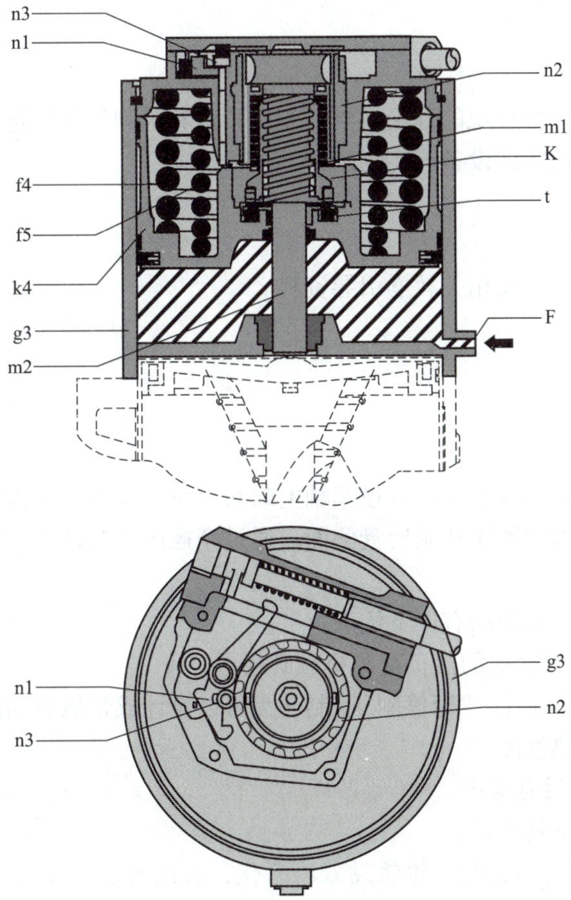

f4—储能弹簧；　　n1—棘爪；
f5—储能弹簧；　　n2—齿轮；
g3—气缸；　　n3—锁定销；
k4—活塞；　　t—盘形弹簧；
m1—螺母；　　F—弹簧储能缸的压力空气接口；
m2—螺杆；　　K—锥体联接器。

图 10-16　带停放制动器的气缸结构（复位就绪）

此锥体联接器（K）中的摩擦连接断开，螺母（m1）不再处于防扭转保护状态。由于有非自锁的螺纹，在活塞（k4）继续向上运动的同时，螺母也在螺杆（m2）上向上旋拧。当活塞（k4）向上运动到终点时，锁定销（n3）被向上顶。棘爪（n1）因此与齿轮（n2）咬合，从而使齿轮（n2）和螺杆（m2）重新处于防扭转保护状态。一旦活塞运动结束，则锥体联接器（K）自行关闭。当到达图 10-16 所示的终端位置时，储能弹簧（f4 和 f5）被张紧，停放制动器为下一次制动做好了准备。

任务 10.2 盘形制动装置

【学习目标】

① 熟知盘形制动的本质及主要优点。

② 了解盘形制动装置的种类。

【教学环境】

可利用多媒体设备进行直观的理论教学，利用图片和录制的视频进行初步认知教学，也可以到现场参观城轨车辆实训设备或实物。

【教学设施】

教学用的 PPT、视频以及相关教学引导资料。

【理论模块】

10.2.1 概述

盘形制动又称摩擦式圆盘制动，是在车轴上或在车轮辐板侧面装设制动盘，用制动夹钳将合成材料制成的两个闸片紧压在制动盘侧面，通过摩擦产生制动力，把列车动能转变成热能，耗散于大气之中。

与闸瓦制动相比，盘形制动有以下优点：

① 可以大大减轻车轮踏面的热负荷和机械磨耗；

② 可按制动要求选择最佳“摩擦副”，制动盘可以设计成带散热筋的，旋转时具有强迫通风的作用，可改善散热性能；

③ 制动平稳，几乎没有噪声。

但盘形制动也存在下列不足：

① 车轮踏面没有闸瓦的磨刮，轮轨黏着将恶化，所以为了防止高速滑行，既要考虑采用高质量的防滑装置，也要考虑加装踏面清扫器；

② 制动盘使簧下重量及其引起的冲击振动增大，运行中还要消耗牵引功率，车速越高，这种功率损失越大。

10.2.2 盘形制动装置的种类

按照摩擦面配置的不同，制动盘可分为单摩擦面（单面盘）和双摩擦面（双面盘）

两类，一般为铸铁圆盘。按照制动盘的形状不同，可分为整体式和由两个“半圆盘”组合而成的“对半式”。按照制动盘的安装位置不同，可分为轴盘式和轮盘式，如图 10-17 所示。

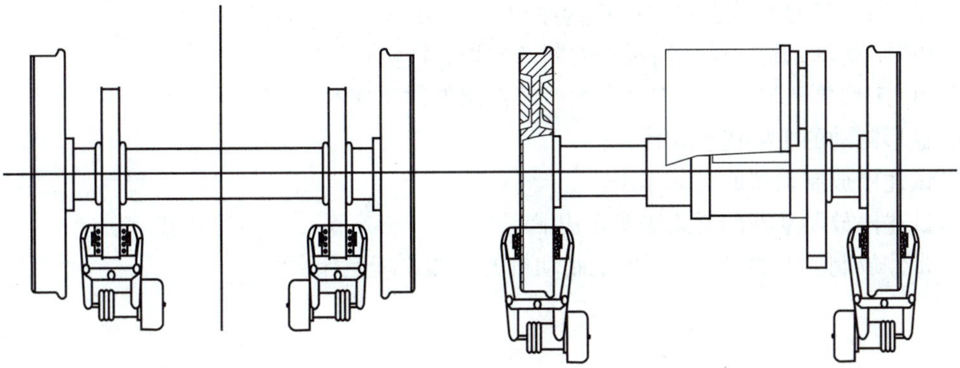

(a)轴盘式　　(b)轮盘式

图 10-17　盘形制动装置分类

非动力转向架一般采用轴盘式，当动力转向架轮对之间由于牵引电机等设备使制动盘的安装发生困难时，可采用轮盘式。制动时，制动缸通过制动夹钳使闸片夹紧制动盘，使闸片与制动盘产生摩擦，把列车的动能转变为热能，热能通过制动盘与闸片逸散于大气。由于盘形制动装置采用了高性能摩擦副材料，具有良好的散热结构，所以它可以获得比闸瓦制动大得多的制动功率。

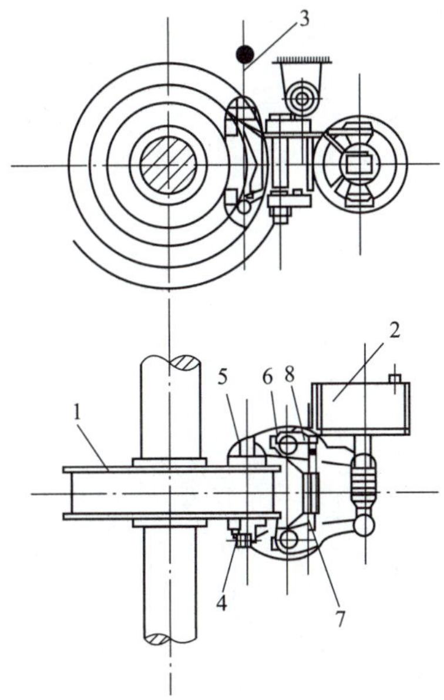

1—轮对；2—单元制动缸；3—吊杆；4—制动夹钳；
5—闸片托；6，7—杠杆；8—支点拉板。

图 10-18　盘形制动装置的组成

盘形制动装置一般由单元制动缸、夹钳装置、闸片和制动盘组成，如图 10-18 所示。其中，单元制动缸中包含闸调器，夹钳装置由吊杆、闸片托、杠杆和支点拉板组成。夹钳的悬挂方式为制动缸浮动三点悬挂，即两闸片托的吊杆分别为一个悬挂点，另一悬挂点是支点拉板。

盘形制动装置在制动时，制动缸活塞杆推出，制动缸缸体和活塞杆带动两根杠杆，通过杠杆和支点拉板组成的夹钳，使装在闸片托上的闸片同时夹紧制动盘的两个摩擦面，产生制动作用。

复习思考题 10

1. PC7Y 型单元制动机的作用是什么?
2. 试述 PEC7 型单元制动机的结构原理。
3. PEC7 型单元制动机常用制动的制动作用怎样实现?
4. PEC7 型单元制动机常用制动的缓解作用怎样实现?
5. 盘形制动的主要优点是什么?
6. 试述停放制动器的制动作用。
7. 试述停放制动器的紧急缓解作用。
8. 带停放制动器的 PEC7 型单元制动机的工作原理是什么?

参考文献

[1] 王慧．城市轨道交通车辆制动系统[M]．成都：西南交通大学出版社，2015.

[2] 周江涛，周珩．城市轨道交通车辆制动系统[M]．北京：中国铁道出版社，2017.

[3] 杨鲁会，卢桂云．城市轨道交通车辆制动系统[M]．北京：中国铁道出版社，2012.

[4] 应云飞，秦娟兰．城市轨道交通车辆制动系统[M]．成都：西南交通大学出版社，2016.

[5] 刘柱军，佟关林．城市轨道交通车辆制动系统[M].2 版．北京：人民交通出版社，2017.

[6] 陈凡．城市轨道交通车辆制动系统检修与维护[M]．北京：电子工业出版社，2016.